传播学系列丛书

融合新闻实务

梅　红　胡明川　吴　军◎著

西南交通大学出版社
·成　都·

图书在版编目（CIP）数据

融合新闻实务 / 梅红，胡明川，吴军著. -- 成都：
西南交通大学出版社，2024. 10. -- ISBN 978-7-5774
-0178-2

Ⅰ. G210

中国国家版本馆 CIP 数据核字第 2024WE3529 号

Ronghe Xinwen Shiwu

融合新闻实务

梅　红　胡明川　吴　军　**著**

策划编辑 / 罗小红　韩　林　吴　迪
责任编辑 / 居碧娟
封面设计 / 原谋书装

西南交通大学出版社出版发行

（四川省成都市金牛区二环路北一段 111 号西南交通大学创新大厦 21 楼　　610031）
营销部电话：028-87600564　　　028-87600533
网址：http://www.xnjdcbs.com
印刷：成都勤德印务有限公司

成品尺寸　185 mm×260 mm
印张　11.5　　字数　287 千
版次　2024 年 10 月第 1 版　　　印次　2024 年 10 月第 1 次

书号　ISBN 978-7-5774-0178-2
定价　39.00 元

课件咨询电话：028-81435775

马歇尔·麦克卢汉说："任何媒介的'内容'都是另一种媒介。文字的内容是言语，正如文字是印刷的内容，印刷又是电报的内容一样。"①新媒介的内容是旧媒介，或说，一个或多个旧媒介以新的组成方式来组成新媒介。由此思路来看，人们头脑中关于世界的形状、颜色、位置、运动及速度等电化学信号符号的内容是先天感知器官所抽取的世界特征；人们头脑中时空虚像符号的内容是对抽取的多维度特征如形状、颜色、位置、运动及速度等信号符号以时空方式的综合；表情、动作、姿态、简单声音、简单图画、简单记号等符号的内容是对人们以时空虚像符号方式理解世界意义的外显表达；复杂口语符号系统的内容是对以时空虚像符号存在的万事万物更高抽象程度的命名，并用因直立行走而能让喉咙发出的更复杂声音作为能指符号来表达复杂意义，这让人们所使用的媒介符号从简单的声音表达发展到复杂的口语符号系统，人类对世界意义的理解和表达由此比其他动物更为精细和深入；文字的内容是口语；书籍、报刊、传真等印刷的内容主要是文字和图片；电报、电话、录音机、广播等的内容主要是口语、音乐或文字；网络的内容，融合了口语、文字、图片、图表、音频、视频、超链接、海报、动画、H5、VR、直播等多种媒介形式。

多媒介融合的现象其实很早以前就已存在，但人们在网络媒介出现之前对此没有清醒的觉察。就如同鱼儿很难明白其生活于水中，人们很晚才了解自己生活在空气中。对世界意义理解的表达呈现与传播手段的多媒介融合现象，也是人们在网络媒介出现之后才逐渐意识到的。人们为了表达和传递信息，一直以来都是在当时的技术手段基础上，有意识或无意识地组合使用当下能够使用的多种媒介呈现手段，以更准确、更深入、更形象、更快捷、更方便、更有效率的方式，有机地融合多种媒介表达形式来传递信息。在原生口语文化时代的面对面交流情景中，人们可以用表情、动作、姿态、口语、画画、记号等多种媒介呈现形式及其多重组合方式来传递信息；在书面文化和次生口语文化时代，人们可以选择包括文字在内的多种媒介形式来面对面或超时空地传递信息；在电子媒介时代，人们可以根据复杂的传播环境和目的来有机地选择包括文字、图片、音频、视频、VR、直播、链接等多种媒介形式的多重组合方式来同步或异步地传递信息。

① 马歇尔·麦克卢汉. 理解媒介——论人的延伸[M]. 北京：商务印书馆，2000：34.

尽管网络媒介的内容基本上囊括了所有的新旧媒介形式，但这些媒介形式在网络新闻中的组合呈现状态却有一个逐步融合发展的过程。

在21世纪的最初十年，新闻中的文字、图片、声音与视频等多媒介表现手段往往仍是相互分离的。当时的网络新闻主要呈现形式还是文字，只有一小部分网络新闻配有少量图片。由于图片比较稀罕，当时的网站还专门开辟有图片新闻频道，以图片为主发布新闻报道。现在，网络新闻已进入多媒介融合新闻报道的阶段，几乎每篇新闻中都有大量配图。

网络新闻中的音/视频信息，早期也与文字信息严重分离。视频新闻常单独放在视频频道，一般新闻里少见插入视频。即便后来有少量视频插入新闻正文页中，点击该视频也不是在当页直接播放，而是跳出另一页播放，视频信息与文图信息的当页融入体验很差。智能手机流行起来之后，音/视频信息真正丰富起来，可以根据更好地为网友呈现新闻信息的需要，有机地把新闻现场短视频插入适当的正文图文信息之间，点击播放可当页播放，甚至可以实现无须点击自动播放或自动停播、滑动往下看文图时视频小窗随行播放等多媒介融合效果。这样，文、图、音/视频等多种媒介形式在新闻正文页当页有机融合的一体化程度不断加深。

最早粗略实现多种媒介共同组合在同一页面上报道某个新闻的融合新闻形式，是以小巧极简方式出现的微博新闻：140字的文字+图+视频+全文链接+当页跟帖。现在，各大平台上普普通通的一篇新闻，都已是多媒介融合新闻：文字+图片/图表+视/音频+新闻链接+网友跟帖等多种媒介共同组合在同一页面上对某个新闻进行报道。不仅如此，随着技术手段发展，动画、直播、海报、H5、新闻游戏、360度全景、720度全景、VR等更多新媒介形式不断涌现，人们将有更多媒介呈现手段的组合选择来更好地以融合新闻的方式去传递信息。

多媒介融合新闻的实践如火如荼，对融合新闻的研究也不断展开：从早期关注媒体融合，到探讨新闻机构内部如何进行组织结构调整和操作思路调整以适应跨媒介新闻生产，到提出新闻记者、编辑等从业人员需要掌握哪些多媒介信息采集和处理技能，到思考如何才能在了解多种媒介特点的基础上根据具体报道内容选择适当的多媒介组合形式来更有效地报道新闻……

对融合新闻的定义，中外学者也从各自的经验出发做出了各自不同但又大同小异的界定和阐释。里奇·戈登归纳了五种融合新闻类型：所有权融合、策略性融合、结构性融合、信息采集融合、新闻表达融合。[1]珍妮特·柯罗茨在《融合新闻学实务》中提出："一则多媒体报道可以包含文字、静态图片、采访的音频片段、视频片段（采访展示新闻事件）、视频包、音频包、音频幻灯片、信息图形（地图、走势图、要点图和曲线图）、动画（游戏和演示），还有通过评论和社交网络的互动性的选择。从最广泛的意义上说，网络新闻报道中，任何不同媒体的组合都可以看成是多媒体新闻。"[2]斯蒂芬·奎恩在《融合新闻报道》中说："融合新闻学的一个关键组成部分是在多平台上用不同方式讲述新闻的能力。"[3]乌尔里克·哈格吕普说得更为简洁："媒介融合即通过最合适的媒介来做更好的新闻和为大众更好地服务。"[4]刘涛

① 李沁. 融合新闻学概论：理念、实务、操作解析[M]. 北京：中国人民大学出版社，2021：前言12.
② 珍妮特·柯罗茨. 融合新闻学实务[M]. 北京：清华大学出版社，2016：148.
③ 斯蒂芬·奎恩. 融合新闻报道[M]. 北京：北京大学出版社，2015：100.
④ 斯蒂芬·奎恩. 融合新闻报道[M]. 北京：北京大学出版社，2015：11.

在《融合新闻学》中说:"广义的融合新闻强调一种总体性的新闻观念和实践,侧重'跨媒体'和'全媒体'意义上的'融合',主要指媒体融合生态体系中新闻生产、发布、组织、运营等活动的理念与实践;狭义的融合新闻侧重内容层面的新闻形态,强调'新媒体'和'多媒体'意义上的'融合',主要指媒体融合背景下基于新兴媒介平台或技术制作而成,并融合了多种媒介元素的新闻形态。"[①]李沁在《融合新闻学概论:理念、实务、操作解析》中提出:"融合新闻学基于数字和网络技术发展而产生,是技术逻辑与新闻价值判断相结合的产物。融合新闻学具体研究的是信息传播模式变革带来的新闻生产和发布方式的变革,新闻信息的生产由单一形态向多元沉浸的全媒体信息生产形态转化,新闻采编人员结构及工作流程被重构,虚拟现实和人工智能的加入使新闻要素、新闻时空、新闻采编主体、媒介产品生产方式、信息流通机制等发生巨变,重视用户连接和新闻体验,形成全新的新闻报道及呈现形态。"[②]

从 21 世纪的第二个十年以来,网络新闻报道中多媒介融合的特点越来越明显。了解文、图、音/视频、直播、VR 等多媒介信息的优、劣势,考虑如何才能更好地让具有不同优劣势的多媒介信息有机地融合起来,更好地协同呈现新闻,让用户能更有效率地接收相关新闻信息,成为进行融合新闻报道时重要的判断内容。基于上述对融合新闻报道过程的理解,本书尝试对"融合新闻"作如下定义:融合新闻是指为了更好地向公众呈现、传递新闻信息,在深刻了解文字、图片、图表、音频、视频等基本媒介表达形式以及随技术进步而不断发展出的超链接、海报、动画、H5、VR、直播等多种媒介表达形式的优劣及适用情景的基础上,尽量合理地利用当下能够使用的媒介技术手段进行新闻选题与多媒介协同策划、采用多种手段获取与核实多媒介新闻信息、快速进行多媒介新闻写作与呈现等,有机地融合多种媒介表达形式来进行的采、写、编、评、互动的新闻报道。

正是基于上述对融合新闻的理解,本书设计的章节安排如下:

第一章是"融合新闻的组织结构",介绍了媒体融合浪潮中报纸、广播电视和网络平台等新闻机构组织架构的变化,关注新闻媒体机构在跨媒介生产中对管理机制的不断调整和创新。

第二章是"融合新闻思维",深入探讨了在融合新闻时代应从用户思维、数据思维和协同思维等方面转变新闻信息生产和传播的思路,以提高传播效果及影响力。

第三章是"多媒介协同策划与操作",在深入论述多种媒介的优劣及适用情景的基础上,用大量实例呈现了如何根据多种媒介的特点进行多媒介协同策划、如何安排好现场报道与深度报道的多媒介协同报道层次、如何进行前方与后方的多媒介协同操作。

第四章是"快速判断新闻点",通过分析大量相关实例,总结出全局法、细节法、现场法、预测法等四种判断新闻点的有效方法。

第五章是"快速获取照片、音/视频",对记者去现场进行多媒介融合报道的大量实际案例进行详细分析,列出记者现场技术装备清单,并总结了获取现场多媒介信息的多种方法。

第六章是"快速核实要点",从快速查看权威网页核实、快速寻找新闻当事方核实、快速寻找发出新闻信息者核实、巧用多种 App 找人核实等方面分析了大量实际案例,总结出多个实用的新闻信息核实方法。

① 刘涛. 融合新闻学[M]. 北京:高等教育出版社. 2021:10.
② 李沁. 融合新闻学概论:理念、实务、操作解析[M]. 北京:中国人民大学出版社,2021:前言 13.

第七章是"快速写微博新闻"，在分析实例的基础上总结了微博新闻标题写作、话题设置和正文写作的技巧。

第八章是"融合新闻中的文字编辑"，就新闻标题、导语以及微博短新闻、微信公众号新闻、平台长新闻等不同形态的新闻样式进行分析，探讨了如何做好融合新闻的文字编辑。

第九章是"融合新闻中的多媒体编辑"，分析了如何做好融合新闻中的图片及图表编辑、音/视频编辑、链接编辑和新闻推送。

第十章是"融合新闻评论"，在分析了融合新闻评论写作多样性的基础上，探讨了融合新闻评论的选题，分析了融合新闻评论的写作，并着重关注了网络突发事件中新闻评论的运用。

本书从融合新闻采、写、编、评等报道的日常工作具体情形出发，从关注跨媒介生产所需要的组织结构调整和融合新闻思维出发，在深入论述多种媒介的优劣及适用情景的基础上，通过大量案例对多媒介策划及前后方协同操作、快速判断新闻点、快速获取照片及音/视频信息、快速核实要点、快速写微博新闻、融合新闻的文字编辑、融合新闻的多媒体编辑、融合新闻评论等方面进行融合新闻实务分析，试图从中提炼出融合新闻采写报道过程中值得学习的经验。

期待本书能够为广大读者带来启发与帮助，并期待在融合新闻实践中看到更多创新和进步。

目 录

第一章　融合新闻的组织结构

2014 年 8 月，中央出台《关于推动传统媒体和新兴媒体融合发展的指导意见》，要求推动传统媒体和新兴媒体在内容、渠道、平台、经营、管理等方面深度融合，着力打造一批形态多样、手段先进、具有竞争力的新型主流媒体，建成几家拥有强大实力和传播力公信力影响力的新型媒体集团，形成立体多样、融合发展的现代传播体系；强调要一手抓融合，一手抓管理，确保融合发展始终沿着正确的方向推进。此举标志着我国传统媒体和新兴媒体正式走向融合发展之路，因此业界通称这一年为中国"媒体融合元年"。媒体融合是一项系统性工程，它要求传统媒体不仅要强化技术支撑、加强平台建设、构建全媒体传播体系，还要对媒体内部的组织结构和管理机制进行优化调整。在媒体融合的过程中，媒体内部组织结构的变革和调整起着关键的作用。传统媒体需要破解长期存在的条块分割和部门壁垒状况，推动跨部门的协作与整合；需要采用更加灵活的工作流程，利用先进的技术工具，优化新闻采集、编辑和发布的各个环节；团队成员需要具备跨媒体的采编能力，能够从宏观和整体的视角出发，设计报道框架，实现内容的创新和优化。

第一节　纸质媒体融合中组织架构的变化

我国传统纸媒在融合发展的实践中，对媒体内部的组织结构进行了不断调整，以适应媒体深度融合的要求。本节主要以人民日报社为纸媒的代表，分析媒体融合改革以来，传统纸媒内部的组织结构和管理机制创新的过程。从成立新媒体中心到打造具有融合意义的"中央厨房"，再到启动传播内容认知的国家重点实验室建设，"人民日报"已经不仅仅是一份报纸的名称，而且是新兴信息技术驱动下成功转型的"人民媒体方阵"。人民日报社的数字化转型、媒体融合探索、组织架构改革、新型主流媒体建设，一直走在我国媒体融合改革的最前列，它在每一个融合阶段的模式创新都是我国纸媒融合转型发展的范例。

一、"+互联网"，设置新媒体部门

人民日报社最初与新兴媒体融合的方式是"+互联网网站"。1997 年，人民日报社推出了网络版，将报纸内容以 PDF 等形式呈现给受众，成为我国党报中首家"触网"的传统纸媒。与当时的大多数传统媒体一样，这一阶段人民日报社以报纸传播为主、网站传播为辅，在网站上刊发的内容大多数都是纸媒上的文章，被称为"网上的人民日报"。人民日报社最初设置了网络版编辑部，后更名为网络中心，主要承担网站创建、维护和纸媒内容的分发任务。在人民日报社的带动下，此后两年多时间内，我国开通网络版的传统新闻媒体就超过 130 家。

2000 年，人民日报网络版更名为人民网，域名也由此前的 www.peopledaily.com.cn 变更为 www.people.com.cn。在内容方面，人民网不再满足于"搬运工"的角色，一方面对报纸的内容进行"选料加工"，转换为符合互联网特性的网络新闻；一方面主动发现选题，协同报纸

记者共同开展重大新闻的采访。此外，还积极探索报网联动，报纸上的内容可以在网站上实现评论和互动，网站上的精彩评论也可以在报纸上刊发。

2010年以后，人民日报社媒体融合进入"+移动互联网"阶段。2012年，"人民日报"官方微博启用。2013年，"人民日报"微信公众号开通。2014年，"人民日报"手机客户端上线。规模越来越大的新媒体矩阵，对人民日报社内部的组织结构提出了变革的要求。2015年10月，人民日报社成立新媒体中心，负责"两微一端"内容产品生产，推动自身的新媒体矩阵和产品创新，在各类新媒体平台竞相涌现的过程中，逐步形成了以"人民日报"手机客户端为核心的移动传播新格局。

总体上看，20世纪末至21世纪初的十余年属于人民日报社媒体内部组织的增量改革时期，是传统媒体与新媒体的"相加"阶段，其组织结构和管理机制没有发生根本性的变化。

二、设立"中央厨房"，进行业务流程改造

进入移动互联网时代，由于媒介环境、传播格局发生深刻变化，传统纸媒组织结构的增量变革，已经越来越难以适应媒体深度融合发展的要求。为了推动全媒体融合发展，人民日报社着力构建集内容生产、传播和运营于一体的新系统，称为"中央厨房"。

2015年，人民日报社在全国重大事件的报道中，开始尝试启用"中央厨房"新机制。2016年2月，人民日报社宣布"中央厨房"（如图1-1所示）正式上线。依托新的技术平台、业务平台支撑，人民日报社突破了传统媒体的"采编发"流程，通过建设"中央厨房"，实现集媒体策划、采访、制作、播发等多种功能于一体的流程重塑和组织再造，成为改革组织架构、推动传统媒体与新兴媒体融合的重要创新探索。"中央厨房"的管理架构以总编调度中心为主，以总编协调会为决策核心的指挥中枢，整合采访中心、编辑中心、技术中心力量，组成采编联动平台，采集制作融媒体产品。这三个中心是相互平行的关系，成员来自报、网、端、微各个部门，负责全媒体产品的前端生产；报社总编室、人民网总编室、新媒体中心总编室则负责筛选稿件或二次加工。此举迅速产生了良好的改革效应，使"中央厨房"成为我国媒体深度融合的"标配"。

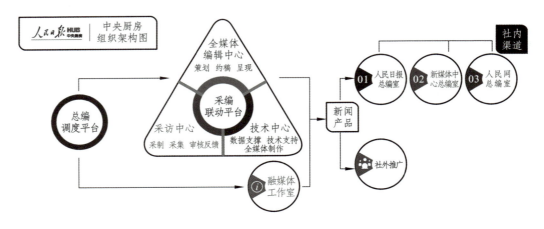

图1-1 "中央厨房"组织架构图

　　传统媒体的组织结构及流程重塑，是传统媒体和新兴媒体从"相加"阶段迈向"相融"阶段的重要标志。全国各级地方媒体在此之后也纷纷进行"中央厨房"建设，以推动媒体融合发展。除人民日报之外，广州日报报业集团将新闻中心、全媒体新闻中心（两微一端）、大洋网"三合一"，研发数据库型新闻线索素材采集系统，成立中央编辑部，所有采编人员集中办公，以"滚动采集，滚动发布，统一指挥，统一把关，多元呈现，多媒传播"的理念推动资源整合。

三、设立融媒体工作室，推动组织结构的柔性化发展

　　纸质媒体促进媒体融合的一个有效手段是推动采编人员的结构重组，以解决内部横向信息互通性差、资源共享性低、任务协同性不足等问题。在媒体融合改革过程中，我国各大报业集团均不同程度地强化了组织结构的扁平化改革，激发团队或项目组的活力。

　　2016 年，为了提升内容质量、拓展产品的多样性，让媒体人的创意产生更大的内容价值，人民日报"中央厨房"在媒体融合的道路上再次开展深入探索，启动了融媒体工作室计划。人民日报社积极吸纳内外部人才力量，整合报社内部的各种资源，鼓励报、网、端、微各部门采编人员按兴趣组合、项目制施工、资源嫁接、跨界生产，充分释放融媒体内容生产能力，用源源不断的创意和专业能力保障内容品质（如图 1-2 所示）。融媒体工作室以项目为中心，以员工兴趣为导向，自主建立相对松散的创意团队。它打破了人员相对固化的部门隶属关系，既可以发挥每个工作团队的优势、价值和创新能力，又可以敏锐地感知环境变化，扩大传媒体系与市场的接触面，增强对用户和市场需求的感知能力。与"中央厨房"的流程再造和组织重构相配套，人民日报社通过成立跨部门、跨媒体、跨地域、跨专业组成融媒工作室，在资金、技术、传播推广、策划运营、线下活动等方面给予支持，使之迅速成为全媒体产品创作和分发推广的特色团队。人民日报社 15 个部门的 260 多名编辑、记者在不影响原部门、单位工作的前提下，组建了"侠客岛""麻辣财经"等 45 个融媒体工作室，并投入设计师、动画师、前端开发、运营推广人员支持工作室的内容创新和产品孵化。

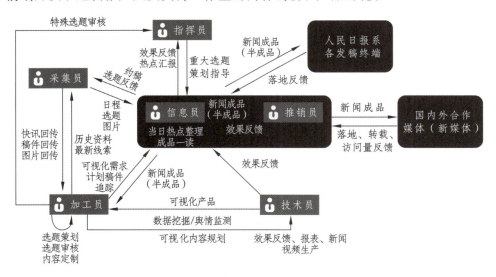

图 1-2　人民日报全媒体平台运行流程图

四、创新体制机制，打造市场化新媒体运营主体

我国传统媒体长期实行的是事业单位企业化经营，随着我国经济技术的发展和媒介环境的变化，这种管理机制和经营方式使其在市场化、资本化方面受到一定程度的束缚，制约了媒体的融合发展进程。传统媒体需要突破原有的管理框架，创新新媒体业态的管理运营机制，通过培育新的新媒体市场主体，最大限度实现媒体内外资源的有效配置，进一步激活媒介生产力。2005 年，人民日报社等联合发起创办了人民网股份有限公司，实行公司化运营和管理。2012 年人民网登陆 A 股市场，成为我国第一家整体上市的传媒文化公司。凭借"资本+技术"双轮驱动，人民网逐步发展成为拥有人民在线、海外网、环球网、人民创投等多家控股公司，致力推动传播智能化发展的"内容+科技"企业。2023 年，人民网提出，要瞄准"智能"的方向，积极推动"内容—数据—智能"三层业务协同融合发展，加快人民网全体系向智能互联转型升级。

第二节　广播电视台组织结构的变化

20 世纪 80 年代，我国的广播电视台主要实行职能型组织管理模式。当时中央电视台实行台长分工负责的集体领导制度，台务会议是全台的领导机构，台务会议以下设立十多个部、处、室，进行相对集中的垂直化管理。这种管理机制被称为节目行政中心制模式，即在总台下设立多个节目中心，由节目中心管理 10 多个频道，频道部门再向下管理各电视栏目。典型的中心制，包括技术开发中心、新闻中心、制作中心、广告中心、播出中心等模块，节目的生产与播出需要各中心的集体配合与参与（如图 1-3 所示）。20 世纪 90 年代起，国家要求广

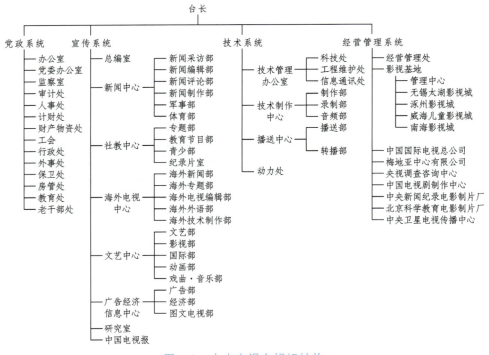

图 1-3　中央电视台组织结构

播电视要从事业型向经营型转变，实行企业化管理，做到自主经营、自负盈亏。在此期间，广播电视领域开始引入"制播分离"理念，推动新闻生产方式改革，将部分节目制作剥离出电视台，以增加节目产量、提高内容质量、提升生产效率。

20世纪末开始，地方卫星电视台迅速崛起，国内电视格局发生重大变化。面对日益激烈的收视率竞争，央视着力通过内部组织机制变革挖掘潜力。2005年，中央电视台全面推行"频道制"管理运营机制改革，其中最重要的是组织架构变革：从"中心—部门—科组—栏目"的四级体制变为"频道—栏目"的两级体制。在电视台管理层之下，设立以频道为单位的管理层，频道之下设有各种职能部门和中心。随着频道制改革的推进，中央电视台由以前中心制下的金字塔形事业部组织结构向扁平化管理的频道总监负责制组织结构转变。在考核上，中央电视台给每个频道均下达了收视率和广告收入"双指标"，鼓励各频道内部各栏目之间开展竞争，实行优胜劣汰。这种管理方式有助于更好地激发各频道团队的积极性和创造性，更为有效地适应全国电视媒体的收视率竞争，在一定程度上去除了"中心制"的弊端，提升了不同频道的专业化分工水平。

在此期间，不少省级电视台也迈开了公司化、集团化改革的步伐，着力探索建立新的组织架构，提升电视台的生存力、竞争力和市场影响力。2000年，湖南广播影视集团挂牌成立，这是我国第一家省级广电集团。

21世纪以来，面对新媒体迅猛发展的冲击，与纸媒一样，我国广播电视体系同样受到了巨大影响。中央电视台及多数省级广播电视台在继续完善频道制、促进集团化的基础上，顺应新兴媒体喷涌发展的形势，在传统广电媒体与新媒体的融合发展的组织架构建设方面同样做出了大量的创新探索。

一、传统媒体内部设立新媒体部门

20世纪90年代后期，我国多个大型互联网门户网站渐次出现，网易、搜狐、腾讯、新浪等上线后纷纷推出新闻及内容频道，加速了新闻、信息传播格局的转变。随着互联网技术的发展，我国广播电视媒体的互联网布局与数字技术覆盖也在加快推进。21世纪初，我国一批广播电视网络纷纷创办兴起。1996年，中央电视台成立"国际因特网站"，这是央视网的前身。1998年，中国国际广播电台互联网站"国际在线"开通并开始对外播出，中央人民广播电台网站注册英文域名 www.cnradio.com 和 www.cnradio.com.cn。2000年，中国广播网、中央新闻网、中广在线注册成立。2001年，中央人民广播电台网站实现全台8套节目全部上网。2004年，央视开办数字付费频道。2005年，中国广播网开通网络电台银河台。

为了高效、有序接入互联网平台，我国广播电视台普遍采用设立新部门和新机构的办法，加快外延式扩张。有的广播电视台成立了专门的新媒体部门，负责互联网平台搭建和业务开展；有的成立新媒体公司，加强新媒体业务的推广和运营。广电媒体往往单独或联合建立新闻网站、网络电视台等官方新媒体平台，这些平台最初作为传统媒体的一个部门而存在，人员身份属于事业编制，建设和运营经费多来自传统媒体内部的资金投入或政府财政拨款，经营压力较小，但后来都纷纷走上了项目化运维的道路，组织架构趋向柔性化、灵活化。

随着数字技术的广泛应用，广播电视系统的重要变革持续涌现。2007年，央视移动传媒频道开播，随后又开启了IP电视频道。2009年，经央视网改版建立的中国网络电视台（CNTV）

开播。同年 6 月，央视进行管理机制变革，包括组建新闻中心、新闻联播变脸、新闻频道开路等。经过改革，央视组建了中央电视台新闻中心，整合央视新闻、经广（经济广告）、海外、社教、文艺五大节目中心的新闻采编系统，这五个中心所属的新闻类节目被全部整合至新成立的新闻中心；增设了大型节目制作中心和节目采购中心。

2009 年，全国广播影视科技工作会议中，就推动互联网、大数据、云计算、人工智能与广播电视的融合达成了高度共识。2010 年，国务院决定加快推进广播电视网、通信网和互联网的融合，正式提出三网融合的阶段性目标。此后几年间，三网之间逐步做到了互联互通、资源共享，在同一个网络上实现了语音、数据和图像的传输。2010 年，中国国际广播电视台电视网络台、央广广播电视网络台、新华社网络电视台、人民日报旗下的网络电视台相继成立，标志着广播电视、报纸、通讯社等传统媒介机构全部进入网络视频领域。

二、通过行业合作开展新媒体业务

传统广电媒体的融合化变革，既有内部的模块化改革（目的是理顺各频道、部门与新媒体平台之间的关系，释放内部要素的潜力），又有与外部机构合作的探索，通过与其他行业市场主体开展合作，实行柔性、弹性的管理运营方式，适度增强组织的开放性，提高传统媒体组织的反应速度与创新能力。

在媒体融合和产业化实践过程中，基于不同行业的特征差异，各地广电媒体根据自身的基础和优劣势，与不同行业展开广泛的合作。例如，湖南广电集团在传媒领域零售行业、互联网行业均有探索和布局，与阿里巴巴、淘宝网合资成立了快乐淘宝文化传播有限公司，与上海洪福网络开展战略合作，共同推出新 App。2015 年，湖南广电组建芒果传媒这一新的市场主体，以市场化、资本化运作方式进行芒果 TV 等新媒体建设。同年，湖南广电通过快乐购公司实现 IPO，2018 年更名为芒果超媒。2019 年芒果 TV 手机 App 下载安装激活量超 8.59 亿，日活近 8000 万，有效会员突破 1800 万，盈利 11.56 亿元，同比增长 33.59%，稳步进入行业第一阵营，成为高市值的国有传媒企业之一。浙江广播电视集团与腾讯、华一浙江电信公司、浙江广电新媒体有限公司等合作，分别推出了互联网共享平台三网合容、三网融合 IPTV 等营业部。

三、搭建全媒体平台

在移动互联网技术催生的全媒体发展时期，各大广电传媒集团和省级广播电视台纷纷开展了全媒体平台建设。中央电视台通过统筹央视优势资源，搭建了全媒体技术平台，全面融合资源，促进台网联动。新媒体平台拓展方面，2013 年，央视新闻客户端上线；2016 年，中国国际电视台开播。中央电视台的全媒体平台率先实现了体系化，囊括电视媒体、平面媒体等传统媒体资源，以及网络、手机、户外、车载等新媒体资源，是名副其实的全媒体传播平台。我国广播电视领域的一项重大改革事项，是依据 2018 年 3 月中共中央印发的《深化党和国家机构改革方案》，组建中央广播电视总台，撤销中央电视台（中国国际电视台）与中央人民广播电台、中国国际广播电台建制。近年来，中央广播电视总台为加强内部资源整合，专门成立了总经理室，统筹广告经营、战略投资和版权运营等部门职能，积极创新总台及旗下传统媒体、新媒体矩阵的经营模式。

　　江苏、浙江、上海、山东等地的省级广电媒体集团成立了融媒体新闻中心，在不断拓展完善全媒体体系的同时，建立"中央厨房"运行机制，搭建了多媒体一体化采编平台，重构采编流程，加强内部采编一体化、数字化改革，使选题策划、任务发布、新闻采访、编辑、发稿、推广等环节集成到一个平台上，形成了台网整体联动与融合指挥调度、新闻选题信息与素材融通共享、新媒体与传统媒体集成报道的一体化机制。管理机制上，省级融媒体新闻中心与央视一样，由过去相对集中的管理方式转变为扁平化管理，在集团或总台的领导下，构建统一指挥调度的采编平台，由频道总监或中心主任负责日常运作，在一定程度上减少了频道制管理中存在的条块分割、多头管理现象。一些地方广电媒体也在积极探索优化媒体经营方面的管理机制，例如湖南卫视成立了商业运营中心，与天娱广告公司合并并实行公司化运行，新成立了新营销事业中心，确定了电商、产品和内容营销三大板块，力图通过组织架构的调整提升卫视与新媒体资源的整体经济社会效益。一些地方广电媒体也在尝试平台售卖、会员付费、事件营销、内容定制、全域流量运营等措施，着力实现以内容带动广告、以内容重构连接，努力提升地方广电媒体的品牌价值与生存能力。

第三节　网络平台的组织架构

　　网络平台与报纸、广播电视等传统媒体的组织架构存在着显著差别。尤其是商业网站，其组织架构从诞生伊始就与传统媒体不一样。2009 年 8 月，新浪推出"新浪微博"内测版，成为国内几大门户网站中第一家提供微博服务的门户网站。自微博上线之时起，新浪就成立了专门的团队负责微博运营，后来又以这一团队为人员基础，成立了微博产品事业部，全面负责微博产品的开发、运营和规划。

　　新浪微博平台是在移动互联网技术发展的基础上搭建起来的，因此新浪微博平台十分重视发挥新兴信息技术、数字技术、传播技术在整个组织结构当中的作用，技术部门也一直是微博平台中的基础性部门。新浪微博平台架构的发展经历了几个阶段，第一个和第二个阶段分别是推消息模式和订阅发表模式。结合前两种模式，微博又推出了新的框架（如图 1-4 所示）。

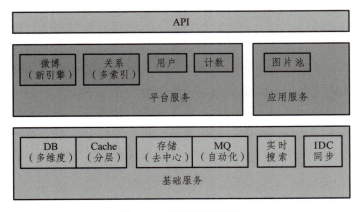

图 1-4　微博现行框架

　　微博技术系统分为三个层次。最下层是基础服务层，提供数据库、缓存、存储、搜索等数据服务，以及其他一些基础技术服务。这些服务支撑了新浪微博的海量数据和高并发访问，是整个系统的技术基础。中间层是平台服务和应用服务层。新浪微博的核心服务是微博、关系和用户。这些服务被分割为独立的服务模块，通过依赖调用和共享基础数据构成新浪微博的业务基础。最上层是 API 和业务层，各种客户端和第三方应用调用 API 集成到新浪微博的系统中，共同组成一个生态系统。新浪微博被分层和分割后的业务模块与基础技术模块分布式部署，每个模块都部署在一组独立的服务器集群上，通过远程调用的方式进行依赖访问。在新浪微博的早期架构中，微博发布使用同步推模式，用户发表微博后，系统会立即将这条微博插入数据库所有粉丝的订阅列表中，当用户量比较大时，会引起大量的数据库写操作，以至于超出数据库负载，导致系统性能急剧下降，用户响应延迟加剧。后来新浪微博改用异步推拉结合的模式，用户发表微博后，系统将微博写入消息队列后立即返回，消息队列消费者任务将微博推送给所有当前在线粉丝的订阅列表中，非在线用户登录后再根据关注列表拉取微博订阅列表。由于微博频繁刷新，新浪微博使用多级缓存策略，热门微博和明星用户缓存在所有的微博服务器上，在线用户的微博和近期微博缓存在分布式缓存集群中，对于微博操作中最常见的"刷微博"操作，几乎全部都是缓存访问操作，可以获得很好的系统性能。

为了提高系统的整体可用性和性能，新浪微博建立了多个数据中心。这些数据中心既是地区用户访问中心，用户可以就近访问最近的数据中心以保障访问速度，改善系统性能，同时也是数据冗余复制的灾备中心，所有的用户和微博数据通过远程消息系统在不同的数据中心之间同步，以提高系统的可用性。同时，新浪微博还开发了一系列自动化工具，包括自动化监控、自动化发布、自动化故障修复等，这些自动化工具仍在持续开发中，以改善微博的运维质量。由于微博的开放特性，新浪微博也遇到了一系列安全挑战，如垃圾内容、僵尸粉、网络攻击等。除了使用一般网站常见的安全策略，新浪微博还在开放平台上使用多级安全审核的策略，以保护系统安全和用户权益。新浪集团成立了信息安全管理委员会，建立分层分级管理制度和以技术、管理、审计、情报四个方面为主轴的信息安全风险防控机制，从数据安全、算法安全、网络安全、物理安全、员工安全教育等多维度着手，提高微博安全管理效率。

微博作为一个商业化新媒体平台，其市场运营的成效关系到其生死成败，因此除在强化最核心的技术、安全部门的同时，尤为重视商业运营团队的搭建及商业模式的探索。新浪微博诞生于 2008 年，但其商业化运营则始于 2012 年。其采取的主要商业化策略包括：第一，实施垂直化战略，与新浪门户垂直频道深度合作，扶持垂直类自媒体，加强热点消费领域的内容渗透，提升微博的行业影响力；第二，实施移动化战略，在微博移动端开展创新性的内容营销，与阿里等平台开展深度合作，实现了内容与平台的有效结合；第三，实施短视频战略，在短视频刚刚兴起之际，就将微博与短视频的融合作为一项战略性任务，全力拓展植入型短视频广告产品，使微博在短视频时代占据了先机。作为一个与技术演进、时代变迁、用户需求等因素息息相关的新媒体平台，微博面临的挑战始终是不容忽视的，它必须动态处理好作为新媒体平台与商业化平台之间的平衡，其在组织架构与运营机制上的调整和适应值得我们继续观察。

第二章　融合新闻思维

2014 年以来，经过十年时间的持续推动，媒体融合浪潮已经深刻改变了我国的媒介生态与格局。这种变化，既体现在传统媒体与新兴媒体在内容、渠道、平台、经营、管理等方面的融合上，又体现在新闻单位与广大新闻工作者融合意识的提升上。对于新闻工作者来说，仅仅有融合意识是不够的，要通过学习与实践，把融合意识转变为融合思维，把融合思维转变为融合能力，积极推动新闻传播实践与移动化、数据化、智能化的变革趋势深度融合。

第一节　用户思维

用户思维是从个体用户的需要出发考虑事物的思考模式，通俗地说就是以用户为中心，像用户一样去思考。用户思维与用户的属性有紧密的关系，用户的所思所想、思考问题的习惯就是用户思维的底层逻辑。在新闻传播领域，用户思维强调从用户的角度出发，了解他们的信息需求、阅读习惯和互动偏好，以此来指导新闻内容的创作和呈现。这种思维模式要求新闻媒体深入理解用户，不断优化新闻产品和服务，以满足用户的期望和需求。

用户思维在新闻行业的应用，不仅改变了新闻的生产流程，也促进了新闻内容的创新和多样化。例如，一些新闻机构通过用户数据分析，发现特定主题或形式的新闻内容更受欢迎，从而调整内容策略，提高用户参与度和满意度。此外，用户思维还推动了新闻叙事方式的创新，如采用非线性叙事、多媒体融合等手法，提供更加丰富和吸引人的新闻体验。用户思维提升了新闻内容的吸引力和影响力，还能够促进新闻行业的创新和发展。

一、用户思维的核心要点

（一）直击用户痛点

"最重要的事，只有一件"——这是曾稳居亚马逊总榜第一的畅销书 *The One Thing* 的核心观点，书中作者认为成功的秘诀在于聚焦，启发人们找到最关键的第一张"多米诺骨牌"，以小牌推倒大牌取得几何级增长，最终通过一件"最重要的事"达成宏伟目标，而洞悉用户的需求显然就是媒体做到用户思维的"最重要的事"。

新媒体常提到"用户痛点"，其实质就是用户面临着什么亟待解决的问题，比如，你是否知道你的用户需要什么，有什么方法能让用户为你的创意买单。站在用户的立场上，我们获取新闻信息无非是为了了解外界变动、丰富自我认知、提供社交谈资、进行休闲娱乐等。这些其实在赖特的大众传播四功能观中有所体现——环境监视、解释与规定、社会化功能、提供娱乐。但是上述需求是广泛而普遍的，也就是说我们每个人在阅读时都有这样的目的，但是这并不能成为媒体的产品吸引我们的因素，或者说这些是我们的基础需求。

所谓"痛点"，自然是要精准直达的，这是就用户的个性化需求而言的，用户需要的是个性化、多样化、精确化的服务。例如，因为不想拿快递，所以有了送货上门服务；因为在麦当劳不想排队,所以有了手机点餐到桌;因为大学生开学不想买新书,所以有了校园二手书平台。这些都是新媒体解决用户痛点的优秀案例,并且至今仍在便利我们的生活,而产品本身也凭借其解决痛点的能力,成为我们日常使用的工具。

因此,媒体在洞察用户特点时,要根据自己的品牌调性以及特定的用户群体,分析该群体中绝大部分人所面临的问题,再据此不断细化,不断提升品牌的精细度以及用户的契合度,真正做到润物细无声,悄无声息地融入用户的日常生活中,形成依赖。

(二)满足个性需求

用户使用产品出于满足个人特别需求的目的。20世纪70年代,传播学家卡兹在发表于1974年的《个人对大众传播的使用》一文中将媒介接触概括为"社会因素+心理因素→媒介期待→媒介接触→需求满足"的基本模式。使用与满足理论模型分别包括心绪转换、人际关系、自我确认和环境监测四个层面。心绪转换效用强调产品可以提供消遣和娱乐,能够帮助人们逃避日常生活的压力和负担,带来情绪上的解放感。人际关系效用是用来满足人们社会交往和交友需求的。这里的人际关系有两种类型:一种是"拟态"人际关系,即对节目中人物产生朋友或熟人的感觉;另一种是现实人际关系,即通过谈论节目内容,融洽家庭关系、建立社交圈等。自我确认效用是指自我参照、探索现实、强化价值观。人们通过媒介内容获取自我考评的参考框架,从而进行反省。环境监测效用是指寻求信息的方式。人们通过使用媒介获取信息,以满足生活中和社会中了解新近变动信息的需求。

上述四种效用基本涵盖了用户媒介接触的需求与满足,然而用户的需求是因人而异的,是根据场景包括时地、设备等动态变化的。这就要求媒体经营者针对个性化需求,综合运用多种媒介和终端,选择合适媒体形式、渠道,全天候、全方位、立体化地互动展示传播内容,实现对受众全方位覆盖和细分,达到最佳传播效果。

除了得到媒介产品所提供的效用满足,用户还强调主动参与到幕后的内容创作中。媒介公司利用大数据技术收集分析用户偏好,以此来调整自己产品后续的走向与发展。这种依托用户喜好而生产的作品,更能够迎合大众的口味,从而赢得消费者、赢得市场。一个成功的案例就是美国电视剧《纸牌屋》的生产与营销。《纸牌屋》的创作是基于2700万付费用户的数据分析,这些数据包括用户的收视选择情况、用户的3000多万个网络点击行为(比如暂停、回放或者快进)、用户发出的400万条评论、用户进行的300万次主题搜索等内容。通过对用户规模、用户的信息偏好和行为偏好等内容的了解,以及对用户访问的深度分析,拍摄方决定了拍什么、谁来拍、谁来演、给谁看、怎么播等具体操作环节,所有这些具体操作环节都由这几千万观众的喜好数据来决定,每一步都由精准细致的数据引导,实现了用户创造的"C2B",即用户需求决定了内容生产。

(三)提供多元体验

多元体验强调媒体要创新视觉传达、报道形式,对用户的体验和观感的视角进行转化,进而对技术和形式进行创新应用。此前一些主流媒体的新闻样态较单一,呈现形式较枯燥,局限于简单的文字报道,难以吸引受众注意,削弱了媒体的传播力。而技术的发展是融媒体建设过程中的底层逻辑,也是加速融合进程的重要引擎。媒体应以技术为支撑,改变过去"文字+图片+音频"的新闻样态,利用新技术创新发展多样的移动化新闻产品。"5G+"的新闻生产模式、人工智能、虚拟现实技术等塑造了多样化、立体化的新闻产品。因此,主流媒体应当创造性地运用各种新媒介技术,创新新闻样态,在提升可读性和趣味性的同时,增强在场感,达到 1+1>2 的效果。例如河南广电全媒体报道团队采用"5G 支撑云媒直播"技术手段,利用新闻、专题、H5、Vlog 等多种传播方式,全方位聚焦两会盛况,为观众带来真实的两会现场,增强了媒体的传播力;CGTN 的记者借助 Vlog 的形式,以第一人称的视角帮助观众深入直观地理解两会议程,增强了报道的吸引力与感染力。

2021 年 5 月 15 日,经过近 300 天的长途跋涉,"天问一号"探测器成功着陆火星。新华社推出"3D 全仿真"报道,让主持人站在"火星表面"讲解"天问一号"着陆过程以及"祝融号"构造,令人眼前一亮。这是新华社首次运用新立方智能化演播室制作航天类原创报道,并首次将三维模型和沉浸式场景相结合,打造出虚实结合的创意空间。"3D 全仿真"报道开辟了一种业界领先的报道形式,让观众获得了一种全新的视觉体验。

除了视觉上的创新,写作互动上的创新也是给用户带来新体验的一种方式。与传统新闻消息的平铺直叙、严肃刻板相比,人们更喜欢阅读那些亲和力强、诙谐幽默的文字,于是许多媒体纷纷改变了以往的叙事方式,非虚构写作和特稿受到了用户的欢迎;也有一些媒体塑造出亲民、接地气的媒体形象,与用户进行亲密互动,深入群众内部。例如"四川观察"抖音号常以一个名为"观观"的有情绪的人设身份在评论区与用户对话,实现与用户的情感共鸣。

(四)增强品牌黏性

增强品牌黏性,就是要增强用户黏性,这就要求媒体深挖内容、重视用户价值,以满足需求提供服务来培养忠诚度,建立牢固关系。

增强用户黏性可以建立奖励机制。也就是说,媒体不仅要提供优质资讯,而且要懂得让用户有利可取,也就是所谓的奖励机制。媒体可以通过垂直领域的社群化运作,将志趣相投的用户集中起来精准放送福利,这将是增强用户黏性的一剂良方。例如都市快报的"快抱"、上观新闻客户端的"上观读书会"都是文化软新闻的衍生产品,都需要用户在客户端中报名参与活动,增加了客户端点击流量,也起到了固粉作用。

增强用户黏性可以建立参与机制。随着用户的地位不断提升,他们早已不再满足于做单纯被动的信息接收者,而要求主动参与到信息生产的环节当中。因此,对于媒体来说,想要增加用户量,就要给用户营造一个环境,让每个用户都可以找到存在感。2017 年 5 月,上观新闻曾携手上海地铁,从 3000 多条网友留言中精选出 340 条"爱上海的理由",印在上海地铁上长达 2 个月之久。2019 年 8 月,人民日报新媒体发起的"我爱你中国"网络征集活动则让用户的表达除了在一些地铁上被看到,还有机会出现在人民日报新媒体出品的庆祝新中国成立 70 周年作品中。

增强用户黏性需要增强新鲜感。用户早已看腻了文字叙述的呈现形式,而那些新颖的、具有互动感的方式往往更能吸引用户浏览。在微博平台上,我们常常可以看到各种投票。以新华网为例,它每天都会推出几个投票活动,这些投票有些结合了当下最热话题,有些仅仅是以娱乐性为主,但持续推出互动话题,同样有利于提升用户黏性。此外,不少传统主流媒体会将视频、H5 等产品的二维码放在报纸版面中,让读者可以在看报纸的同时,也去看看这些新媒体产品。这些报纸上的二维码也被一些传统媒体玩出了心思、玩出了巧意。例如《四

《川日报》几乎已经放弃了传统的二维码，采用 AR 扫码的方式，如遇到活动，还会加上活动简介。

综上所述，用户思维不是一朝一夕可以培养出来的，媒体必须时刻厘清自己的品牌和受众定位，精准洞悉用户痛点，以用户需求为中心来指导产品的生产，做到集互动、快速、深度、导向、服务于一体，同时创新表达形式，给用户带来多元体验，最终达到增强用户黏性、提升品牌知名度的目的。

（五）挖掘服务需求

尼葛洛庞帝在《数字化生存》中说："在后信息时代，大众传播的受众往往是单独的一人，所有商品都可以订购，信息变得极端个人化。"在媒介融合背景下，媒体产业的生产与传播链条经历了显著的结构性变革。前端内容生产环节呈现出融合趋势，后端传播链条则展现出分化特征。这一现象导致大量媒体产品汇聚于统一的广阔市场，并进一步细分，流向多样化的终端设备。用户在这一过程中扮演着核心角色，他们根据个人偏好主动对信息进行筛选、配置，从而形成个性化的信息消费模式。

掌握用户资源的媒体实体或平台将在媒体竞争与市场运作中占据主导地位，拥有更大的市场影响力和控制权。在信息量爆炸式增长的当下，用户资源变得愈发稀缺与宝贵。用户作为信息消费的主体，其偏好和行为模式对媒体产品的分发和组合具有决定性影响。依托大数据，媒体能够对受众的心理、需求以及行为习惯等进行分析，从而提供更符合受众需要的内容。根据用户的需求推送与之相匹配的内容，英国《卫报》就是一个很典型的例子。它专门为通勤者开发了一个新闻产品，以确保读者在通勤路上总有可读的新闻内容。在碎片化而又无趣的通勤过程中，应用程序会触发内容，以提醒读者阅读。该软件可以让读者设置早上和晚上上下班的具体时间和时长，以便在相应节点收到内容通知。通过读者自行设置的通勤时间，该软件可以每天两次在适当的时间自动更新新闻内容。同时，读者自行设置的通勤时长能够让软件对新闻内容的长短进行计算，以便收到数量适当的新闻报道来填充这段通勤路程。

丰富的数据资源能够不断优化新媒体的服务方式。政务新媒体要做到第一时间发布信息、引导舆论。如 "@北京发布" 对突然发生的交通状况问题进行了发布，及时提醒广大市民出行注意。除了通过大数据优化服务方式提升用户黏性，还可以通过发起线上线下主题活动，增强新媒体的活跃度，吸引粉丝关注。

除了服务用户的日常起居、政务办理，满足用户的个性需求也是媒体所必须提供的价值。在 5G 时代，个性传播是主要趋势。媒体不仅要向用户提供独特的个性内容和推送渠道，更重要的是要生产能够满足用户选择和定制需求的信息与服务。面对用户手中的移动终端，大众传播的信息和内容将越来越没有"落脚"之地，只有被用户选择或由用户定制的信息与服务才是有效的和有价值的，才能真正落到用户的移动终端上。

这就要求媒体对用户进行画像，同时，基于观感和情绪等心理因素的优化也是服务用户意识的一个体现。比如在一天的劳累后，读者晚间的放松需求与早晨获得新闻简讯的需求不同，因此有媒体创建了一款晚间版本的新闻产品。为了最大限度地为读者提供放松的阅读体验，该产品使用舒适扶手椅的图标视觉，以缓解读者的劳累情绪。这个晚间放松阅读项目推出后，其用户数量得到大幅增长。

只有真正站在用户的角度上思考、分析他们的真实需求，并根据场景有针对性地分发新闻信息，才能做到服务用户，提升用户的阅读体验，以此来培养用户的品牌忠诚度，增加用户黏性。

二、用户思维带来新闻叙事的变化

用户思维是互联网时代的重要基石，用户理念以使用者为核心，以用户体验为出发点和原动力，以用户参与和用户作为信息的自主使用者为特征。媒介融合背景下，"用户观"成为新闻生产逐渐加强的理念。新闻需要面对更细分的"用户"，重视传播活动中的用户体验。用户体验成为媒介影响力的重要因素之一。用户思维在新闻行业的应用促进了新闻叙事内容的多样化和个性化。在新闻叙事上，用户思维促使媒介生产者改变传统新闻的线性模式，搭建互动平台，发展 H5 写作，在作品中使用非线性叙事、多媒体融合等手法，提供更加丰富和吸引人的新闻体验。

（一）H5 沉浸式新闻

H5 是 HTML5（Hyper Text Markup Language 5，超文本标记语言第五版）的简称，是国际中立性技术标准 W3C（机构万维网联盟）制定的网页技术标准。相比 HTML 的早期版本，H5 很大程度上是为了适应移动端的变化推出的，它很好地支持了手机上的各种新的媒体内容形式和交互方式，给新闻内容的呈现带来革命性的变化，给媒体创新带来了技术支撑和巨大的想象空间。

H5 新闻作品的生命力在于其互动性强，拉近与用户之间的距离，能够给用户带来沉浸式的交互体验。以往的新闻产品往往只注重新闻的传递，而忽略了用户的反馈，导致新闻传播没有达到预期效果，而用户也没有获得自己真正关心的新闻内容。H5 新闻在内容上选取与大众切身利益相关的事件，大众在阅读这些信息时还能够通过 H5 的网页技术与媒体进行互动，表达自己对事件的看法并提出自己的诉求。在 H5 技术的支持下，媒体也开发了一些体验型新闻产品。在这些产品中，用户可以选择自己感兴趣的角色，并在参与角色的过程中获取相关信息，从而实现新闻传播的交互性。

H5 新闻的阅读方式也有了巨大的革新，用户可以在移动终端的屏幕上按照内容指示，通过触摸、点击、滑动等互动形式来阅读内容。由于 H5 能够承载文字、图片、视频、音频、动画、游戏等几乎各种形式，其内容作品的互动创新形式也多种多样，例如点击播放短视频、发送语音祝福、发送弹幕互动、参与与内容相关的简单小游戏等。同时，由于人工智能、虚拟现实等新技术的应用，H5 作品的互动形式又增添了更多真实、新鲜的色彩。以《环球时报》和腾讯新闻共同制作的 VR 重现抗美援朝空战经典案例为例，进入作品后，点击左下角触点可查看战机介绍，然后选择一幅画面。每个画面都是 VR 第一视角，有的可以看到盘桓的敌机，有的是驾驶舱内的样子，还有的可以看到冒烟坠落的敌机等；点击右上角触点查看案例介绍；点击"向英雄致敬"可生成海报，包括人数、场景图、飞行员照片和生平简介；还可点击触点进入腾讯新闻。

这些真实而富有创意的互动新形式无疑更能激发用户的阅读兴趣。用户摆脱了枯燥无味的文字阅读，以新鲜多元的主体参与方式加强参与感和体验感。新闻作品也能够更加深入人心，获得更高的认可度和传播度。

（二）弹幕

弹幕是观众在观看视频时弹出的评论性字幕。"弹幕"一词最早源于日本。2007 年我国第一家弹幕视频网站 AcFun 成立，俗称"A 站"。发展到今天，各大视频平台几乎都推出了弹幕互动功能，其接受度在大众心中也不断提高。

弹幕的场景能够架构一种充满意义感的故事或叙述，这样一个象征性和虚拟的空间是社会角色的设计和展示的"情境"——例如促进近期某一类具体的亚文化现象的扩散；又如以接龙、计数、刷屏等形式开展的弹幕互动，让观众参与到令人振奋的宏大叙事的体验中。

弹幕墙统摄了阅听者的感觉，让用户浸没在全神贯注的无意识状态中。弹幕场域从感知和心理两个不同层面唤起使用者的在场感，五颜六色的海量弹幕在精神层面呼唤用户富有想象力的投入，参与到对新闻作品的生产中。

（三）新闻写作中非线性叙述

传统媒体新闻报道呈现出线性的叙事结构。传统讲故事是以事情发生的时间为顺序，按照"开端—发展—高潮—结局"这样的逻辑结构来组织内容，即突出故事内在因果联系。这种平铺直叙的方式已无法适应当代新闻传播的需求。

融媒体时代的新闻叙事呈现出非线性叙事结构，以数字媒体的超文本与互动性为特征。在超文本结构中，新闻涉及的每个关键人名、地名、时间，甚至每个词语、句子都可联结另一声音、图画或影视文本。主干新闻与解读文本之间，各种媒介内容和形式互为表里。在非线性讲故事方式中，超文本技术从层次、时间、因果关系等方面打破了情节组织的线性约束，可以组织多种情节结构，从而使叙事结构更加多元化。此外，数字技术的发展也为新闻传播带来更加丰富的叙事内容，如文字、图片、声音、3D 模拟动画、视频，从而建构一种更加全面完整、立体连贯的新闻素材报道，同时设置及时互动的环节，激发受众参与的兴趣，进而提升新闻传播的活跃指数。

例如，融合新闻作品《三星堆新发现：古蜀国的青铜时代》是中央广播电视总台系列融媒体直播特别节目《三星堆新发现》第三季的第一集，节目围绕三星堆 7、8 号坑进入大规模文物提取阶段报道考古最新发现，特别是以青铜器为线索讲述古蜀王国的青铜文明。公众通过扫描大屏直播挂出的二维码即可登录《三星堆奇幻之旅》大型数字交互空间，穿越 3000 多年进入古蜀王国，感受以青铜器物为主的祭祀场景和古蜀人艺术与技术的辉煌成就。总台首个"元宇宙"概念的大型数字交互空间《三星堆奇幻之旅》创新性地将三星堆考古发掘大棚、三星堆数字博物馆以及古蜀王国等场景，通过即时云渲染技术展现在用户面前，为用户提供全新的新闻场景沉浸式体验，实现"破屏"融合传播。这也是国内首次打造的新闻场景沉浸式数字直播现场，将新闻内容与 H5 动画结合，涵盖图文、奇幻之旅、相关直播、评论四大板块，选择人物形象带领小人进入古蜀国文化，答题正确后开启旅程探寻三星堆，利用现代科技手段，跟随光标穿越丛林，身临其境感受神秘的古蜀王国，打卡未来三星堆博物馆，前往三星堆考古发掘现场，超高清扫描技术近距离观赏文物细节之美，让用户在互动中感受三星堆的魅力。该空间由 H5 互动板块、直播板块、评论板块三部分组成。H5 互动板块包含了游戏和答题环节；直播板块向观众展示了考古人员的挖掘和修复工作，还包括专家解读三星堆文明的历史背景、文化内涵。近年来，融媒体作品大多将短视频、图文等各种技术呈现与 H5

形式相结合，使得新闻作品从单一的线性报道方式转向了多样的非线性叙事方式。这一叙事方式也受到了受众一致好评。

用户思维促使新闻叙事结构更加开放和动态化。新闻故事不再有固定的结构，而是可以根据用户互动和反馈进行调整和延伸。这种开放式叙事结构为拓展新闻内容的深度和广度提供了新的可能性。用户思维也要求新闻机构通过分析用户数据了解受众的兴趣和偏好，从而生产更符合用户需求的新闻故事。

三、注意用户思维的新闻伦理边界

以用户为中心也给新闻伦理带来新的思考。用户思维必须是在国家法律规范之下来灵活运用，既要坚持正确的舆论导向，又要避免过度迎合用户，还要保护用户的隐私。

（一）坚持正确的舆论导向

媒体是形成和传播舆论的重要渠道。通过新闻报道、评论分析等形式，媒体可以引导公众对某一事件的关注和看法，从而影响舆论的形成。

坚持正确的新闻导向，是新闻媒体的立身之本，也是新闻工作者的职业追求。正确的导向不仅关系到新闻媒体的公信力和影响力，也关系到社会稳定和国家发展，坚持正确的导向是确保新闻传播活动健康、有序进行的重要原则。新闻记者树立导向意识至关重要，这不仅关系到新闻报道的质量和社会效果，也是新闻职业责任和社会责任的体现。

网络传播的开放性、互动性、匿名性令我国主流媒体开展舆论引导的环境更趋复杂。新闻媒体作为党和人民的喉舌，必须坚持正确的政治方向，宣传党的理论和路线方针政策，引导舆论，凝聚人心。新闻报道应弘扬社会主义核心价值观，传播正能量，倡导文明、和谐、诚信、友善的社会风尚。新闻要坚持真实性原则，报道事实，客观公正，不夸大、不歪曲、不捏造，确保新闻信息的真实性和准确性。

新闻报道要传承和弘扬中华优秀传统文化，推动社会主义文化繁荣发展，提高国民文化素质。在实践中，新闻媒体和工作者要不断增强导向意识，提高导向能力，确保新闻传播始终沿着正确的方向发展。同时，要坚持导向与创新相结合，既要坚持正确的导向，又要不断探索创新，使新闻工作更加生动活泼，更加贴近实际、贴近生活、贴近群众。

（二）避免过度迎合用户

融媒体时代，虽然媒体的样态和运作方式日新月异，但是媒体作为社会的守望者，其监督功能、舆论引导功能、文化传承等功能没有变化。用户思维强调用户的体验、参与、感受，但如何平衡用户参与度是一个难题。过度的用户参与可能会影响新闻内容的专业性和权威性，而参与度不足则无法充分发挥用户思维的优势。

过度迎合受众，容易损害新闻的专业性和公信力。网民通过点击、转发这样的"鼠标投票"，可以决定什么内容上头条，成为"10万+"。过去是媒体把关，现在变成了全民把关。但集体的判断与选择并非总是优于专业媒体的判断和选择。传统媒体时代的"把关人"模式确保了媒体实现其社会功能和社会责任，而在人人都有麦克风的时代，新闻的专业性和公信力受到了很大的挑战。在新闻传播渠道上，精准推送新闻一味迎合受众的阅读偏好，让读者尤其是青少年越"好"越"窄"，从而受困于"信息茧房"。

新闻媒体需要坚守新闻伦理和社会责任。在追求用户参与和个性化体验的同时，新闻机构必须确保新闻内容的真实性、公正性和客观性，避免陷入"点击诱饵"或"假新闻"的陷阱，在保障内容质量的同时，应设计合理的用户参与机制，如评论审核、用户贡献奖励等。

（三）保护用户隐私

融媒时代平台的功能多元化包括新闻、游戏娱乐、交通出行、电子商务等多个领域，使得侵犯隐私权的方式同样随之多样化。

用户隐私的泄露方式非常多，比如通过公开的帖子、分享的位置信息、在线购物行为等。此外，一些应用程序可能将用户的个人信息出售给第三方。以微信为例，"朋友圈""附近的人""摇一摇""漂流瓶"等功能在被使用时，信息也容易随之泄露。保护用户个人隐私势在必行。2021年11月起施行的《中华人民共和国个人信息保护法》更从国家立法层面为保护个人隐私提供了强有力的法律支撑。因此，无论从用户思维角度，还是法律要求的角度，各个机构都必须保护好用户的隐私。

第二节　数据思维

有专家认为，分析数据将成为未来新闻的一大特征。不过，针对数据在新闻中的应用也存在一些担忧与质疑。无论如何，数据都已经成为新闻报道中的"常客"，其形态也正愈来愈多元化，比如数据新闻、大数据新闻、数据可视化等。当前，数据在财经新闻、科技新闻、社会新闻、调查报道、新闻评论中都广泛应用。恰如其分的数据利用能够丰富新闻报道内容、增强新闻事实支撑、描述事态趋势走向，但数据的抽象性也容易让人感到枯燥乏味，影响新闻作品的可读性。如果出现数据误用，还会对新闻事实表达形成损害，造成新闻稿的失实。对于一些新闻从业者来说，利用好数据、解读好数据中蕴含的意义存在一定的"门槛"。因此，驾驭好数据既是新闻采编人员的一门"必修课"，也是摆在采编人员面前的一道难题。

在现代融合新闻的写作中，树立数据思维，要求新闻采编人员既要增强对数据的敏感性，学会恰当地利用数据，丰富新闻事实的表现力和说服力，又要学习数据新闻的表现方式，避免对受众阅读造成影响，甚至出现滥用与误用数据的情况。

一、数据的直接利用

数据新闻能把复杂的事实组织成条理清晰、易于理解和记忆的故事，方便公众从中获取更多信息。在日常新闻采编中，数据的简单应用通常有以下几种方式。

（一）从数据中发现新闻

在报道和解读经济社会现象的时候，数据的利用非常普遍。数据本身就是经济社会运行状况的集中反映，是构成经济社会事实的重要组成部分。可以说，每一个经济社会领域的权威、客观数据，都具有一定程度的报道、解读价值。因此，新闻媒体普遍重视从数据中发现新闻，将有代表性、说服力的经济社会运行数据作为新闻由头开展报道。

2024 年 8 月 16 日，《人民日报》头版用红色字体打上"新数据　新看点"的标签，刊发了题为《七月经济运行总体平稳、稳中有进　消费潜力继续释放　新兴产业快速成长》的报道。该报道依据国家统计局 8 月 15 日公布的 7 月国民经济运行数据，通过分析生产供给、市场需求、货物进出口、新兴产业发展等方面的数据，得出了"经济运行延续总体平稳、稳中有进的发展态势，高质量发展扎实推进"的总体结论。为了支撑这一结论，该报道坚持以数据说话，每一个具体方面都援引相关数据进行论证。例如，在生产供给方面，报道使用了工业和服务业两组数据反映"稳定增加"的态势：7 月，规模以上工业增加值同比增长 5.1%，环比增长 0.35%。服务业生产指数同比增长 4.8%。其中，暑期旅游出行人数增多，带动相关的交通运输、仓储和邮政业生产指数同比增长 5.3%。又如，在市场需求方面，该报道利用"社会消费品零售总额同比增长 2.7%，比上个月加快 0.7 个百分点""1 至 7 月，全国固定资产投资（不含农户）同比增长 3.6%，扣除房地产开发投资，全国固定资产投资同比增长 8.0%"这两组数据，反映"继续恢复"这一状况。

（二）用数据论证新闻观点

将数据作为论据，不仅越来越多地体现在评论性新闻中，也表现在观察性、调查性、行业性分析报道中。在反映或评价某个地方、某个行业发生的某种现象的时候，我们经常可以看到一些新闻报道使用发生了"很大变化"、出现了"很大改观"等模糊性语词等来形容事态变化趋势。这类语词表述通常都会依据上下文的场景呈现，有时候也能够表述事实或事态，但有的时候就显得准确性不够、说服力不足。用数据论证新闻观点，在新闻报道中合理利用数据，能够避免论述过于空洞与模糊，增加论证的严谨性与准确性。

《21 世纪经济报道》2019 年 2 月 13 日刊发《开启中国电影工业化的新时代》的报道，开篇便列出这样一组数据："2019 年春节档，中国本土制作的 7 部影片竞争激烈，整个假期期间电影票房达 58.4 亿元，观影人次达 1.3 亿。其中，2 月 5 日，正月初一的单日票房达 14.43 亿元，刷新了去年正月初一 12.68 亿元的单日票房纪录。"我们注意到，静态数据往往难以刻画出某一现象的新闻价值，因此，该报道中加入了与上年同期的数据比较。尽管只是对当期数据与历史数据作了简单的对比，增加了"刷新了去年正月初一 12.68 亿元的单日票房纪录"这个句子，但能够使受众清晰地了解事态的变化趋势与报道的观点指向。

由以上示例可以发现，在新闻报道中，将数据作为论据与作为新闻由头是并行不悖的。区别在于，将数据作为论据，旨在更加准确、明晰地论证某种观点；而单纯将数据作为新闻由头，有时只是为了反映新闻事实，并不一定会用来论证这些新闻事实背后的规律性、趋势性特征。将数据作为论据，不能止步于使用当期的静态数据，往往需要作同比环比、横向纵向对比分析等简单处理，从而更好地反映事态变化，为新闻观点论证提供支撑。

二、数据的深度利用

当前我们所处的时代，是一个充满数据的时代。数据的深度利用能力，既从一个维度体现采编人员的新闻专业能力，又影响新闻媒体的综合竞争力。新闻媒体不仅要在新闻报道中准确地呈现数据，还要善于做好数据解读，挖掘数据背后的事态，引导受众对数据的理解。在一些情况下，对数据的直接利用就能够准确反映事实与事态，反映经济社会的发展与变化，呈现新闻报道的主题，增强新闻的说服力与可信度。而在另一些情况下，有的报道中的数据具有一定的专业性，不易被受众理解；有的数据可能在受众中引发不同看法，需要发挥新闻媒体的舆论导向作用，对数据做出必要解读；有的数据与数据之间存在相关性，需要做出分析处理或必要解读，以便更加清晰地描述事实状况，分析事态走势。

（一）开展行业数据分析

对于政府发布的经济社会运行数据、各行业和研究机构发布的不同领域的数据，记者在采访报道中应当扮演好数据"解读者"的角色，做好数据的解码与"祛魅"，及时有效、通俗易懂地向受众传递行业数据中所包含的信息。例如，在日常生活中，受众普遍关注与自己息息相关的经济信息，经济新闻则是最为重要的传播载体。记者从事经济新闻的采编工作，应当具备必要的经济、财经、金融等方面的专业知识素养，了解国家的相关经济政策，理解经济数据的含义与意义，对于不同专家的观点有必要的鉴别力，能够利用自身的新闻传播专业素养对相关数据作出解读。同样，科技、能源、环保、工业、农业、物流等各行各业都不断地产生着专业性、行业性数据，新闻机构应当结合自身媒体平台的关注领域和报道特点，对采编人员的知识结构与专业结构做出合理配置，保障对行业数据的解读能力。

概括地说，在行业性新闻报道中，记者应当具备必要的数据素养，坚持用数据说话，把数据作为论证新闻观点的重要依据；要有获取数据的来源和手段，根据新闻报道的主题，能够及时掌握行业内的最新数据和关键数据；要善于开展数据对比，把行业发展的历史数据、常态信息作为参照系，能够从同比环比、横向纵向的比较分析中发现当前数据的变化，反映事态发展的走向；要注重数据解读的科学性，把握行业数据分析的科学方法，把行业术语、时间空间、基本思路、论证逻辑、数据来源、数据相关性、数据涉及的概念边界与适用条件等理解清楚，结合具体的传播需要在报道中作出必要的分析说明；要善于运用政府部门、行业专家的观点，做到数据有出处、观点有来源、自己有态度，保证新闻报道的客观性。

（二）丰富数据挖掘手段

数据新闻的核心在于通过对大量数据进行分析和挖掘，包括利用分类、聚类、关联分析、预测分析等方法和工具，发现数据中包含的有价值的信息，揭示出隐藏在数据背后的事实、事态、特征、趋势，为受众提供有价值的信息。大数据技术和行业的快速发展，正在开启新闻报道的新景观。数据分析和挖掘技术的应用，既为当前新闻传播行业的发展演变带来了新机遇，又给新闻机构的数据平台支撑、新闻从业者的专业能力带来了新挑战。

数据分析与挖掘技术在数据新闻中的应用主要有以下几个方面。一是数据搜集与整理。通过对政府公开数据、行业数据、机构数据、企业数据、互联网舆情数据等开展数据挖掘并进行整理、清洗，去除重复、错误和不完整的数据，采编人员可以从海量数据中快速筛选出有价值的信息，为开展特定主题、行业的新闻报道提供数据支撑。二是辅助发现新闻线索。新闻机构的策划人员和采编人员通过分析所关注领域的各类数据，可以发现一些潜在的有新闻价值的线索，例如可以将政府、机构和行业发布的数据与现有数据库当中的历史数据开展对比，发现经济社会运行的特征、趋势与问题；可以对多种数据开展关联性分析，从中发现隐含的相关性或因果结构，从中提炼出新闻线索或新闻主题。三是数据的可视化呈现。新闻从业者可以利用数据可视化技术，将复杂的数据转化为多种图表、动画等可视化形式，使受众能够直观地理解数据代表的含义与意义。四是个性化新闻推荐。利用数据挖掘技术，互联网新闻平台可以对自身发布的各类信息的传播状况和受众反馈进行监测，根据用户的浏览历史、兴趣爱好、地域特征等为其提供个性化的新闻推荐，增强新闻平台的用户黏性。

基于数据分析和挖掘技术的创新利用，大数据时代下的新闻生产模式和产品形态正在发生显著变化。以 2014 年中央电视台综合频道在《晚间新闻》栏目中推出的"据说春运"专题报道为例，这组报道采用台网合作的方式，利用百度地图等大数据系统沉淀的人口流动数据，引入百度地图的定位系统，以动图形式向观众展示全国春运期间的人口迁徙轨迹。在传统的新闻生产模式下，这样的新闻产品是无法想象的。

（三）注重数据新闻解读

有不少新闻报道涉及对经济社会、行业发展的现状和趋势的叙述或评论，其中的数据引用以及对相关数据的解读，可能对市场信心、行业发展、公众选择等造成某种程度的影响。在对相关数据的利用和解读中，新闻从业者应有政治敏锐性，能前瞻性地预判数据新闻报道可能产生的社会传播效果，做到数据引用与数据分析、解读紧密结合，切实发挥好舆论引导作用。

2021 年 5 月 11 日，新华社刊发《第七次全国人口普查数据结果十大看点》。该报道依据第七次全国人口普查的公开数据，从不同方面进行聚类分析，提出了许多反映我国人口变化趋势的观点，比如人口规模增速放缓、低生育率问题突出、家庭越来越小，东北人口减少、性别比例逐步趋向正常、老年人口比重上升、人口受教育水平明显提高等。针对数据分析中发现的这些趋势和问题，新华社采访了国家相关部门负责人和相关领域专家，力图引导人们客观、正确地看待我国的人口变化趋势及对经济社会产生的潜在影响。

例如，针对人口增速放缓这一问题，报道引用国家统计局负责人的观点指出，"我国人口今后会达到峰值，但具体时间现在看还有不确定性，预计在未来一段时间内我国人口总量会保持在 14 亿人以上"；针对家庭规模缩小，既强调这主要是受我国人口流动日趋频繁和住房条件改善以及年轻人婚后独立居住等因素的影响，又指出这"意味着需要更多来自家庭外部的社会政策支持"；针对东北人口减少较多这一问题，指出"新一轮振兴计划必将带来东北地区人口发展新变化"。

三、数据利用的注意事项

数据在新闻中的利用也面临多方面的风险和挑战，包括可能出现数据质量问题、数据来源问题、数据解读偏差、用户的数据隐私保护问题、数据利用的技术门槛与专业人才保障问题等。这些问题需要新闻机构、新闻工作者、相关领域的研究者共同分析探讨，以下主要从新闻采编人员的日常数据利用角度提出几点注意事项。

（一）保证数据的准确性

新闻采编人员在数据利用中，首先要保证数据的可靠性，尽可能掌握第一手数据。第一手数据包括来自政府统计公报、统计年鉴、财政预决算报告、上市公司财报、权威研究机构报告等的数据。新闻采编人员应当养成从权威机构、可靠来源获取第一手数据的习惯，对于从新闻报道、非权威渠道获取的数据应当进行检索验证，对于从新闻发布会、新闻通稿、一线采访等渠道获取的数据，同样也应当进行可靠性验证。各新闻单位为了保障新闻数据的可靠性，应当建立新闻数据审核机制，确保新闻数据的准确性和完整性，避免因数据误用造成新闻失实。

（二）数据引用与解读结合

除了保证数据来源的可靠性，适度引用数据也是一个需要注意的事项。在新闻生产中，适当地利用数据，可以使数据与文字内容相得益彰，增强新闻报道的说服力；过多地使用的数据，则可能造成数据冗余，影响新闻作品的可读性，给受众阅读造成障碍。无论综合新闻、行业新闻还是新闻评论，都应当避免出现过度量化、滥用数据的情况。在数据的利用中，不能局限于对数据的罗列，应当依据新闻观点清晰表达、准确论证的需要，将重心放在对数据的解读上，通过解读让数据开口、让数据说话，通过解读释放数据的新闻价值，将数据利用与深入采访、一线调查、访谈评论、个性化表达有机结合起来。

（三）紧跟大数据技术利用

受大数据技术飞速发展、应用场景不断拓展的推动，数据分析与挖掘技术目前正在向新闻行业全面渗透。在大数据时代，仅仅强调新闻采编人员增强数据意识、树立数据思维、提升数据利用的专业能力是不够的。新闻行业、新闻机构应当把大数据技术的利用作为提升自身品牌度和竞争力的现实需求与重大机遇，紧跟大数据技术的演进和应用场景的拓展，对大数据技术与产品形态、新闻选题、内容生产、产品分发、矩阵建设、平台支撑、机制优化、人才培养、人机协同、用户分析、传播分析等方面的关联做出动态研判，并结合自身实际加强对大数据技术的利用。同时，在新闻采编中利用大数据技术，要更加重视网络安全、数据隐私保护，确定技术应用与新闻伦理指导原则，避免对数据过度依赖，防范算法可能带来的社会偏见，发挥好新闻把关人作用，确保新闻内容的真实公正。

第三节　协同思维

融媒体时代，新媒体平台空前增加，不同平台的属性、产品的类型都存在着一定程度的差异。要实现内容生产一体化，达到多平台同向发声的融合传播效果，完善协同机制、树立协同思维、构建全媒体唱好"同一首歌"的融合传播格局十分重要。2019 年 1 月，中共中央政治局召开第十二次集体学习会，要求要运用信息革命成果，推动媒体融合向纵深发展，加快构建融为一体、合而为一的全媒体传播格局，形成资源集约、结构合理、差异发展、协同高效的全媒体传播体系。这一要求把"协同高效"作为全媒体传播体系的一个基本要求。要发挥"一次采集、多次生成、全媒发布"的全媒体传播体系的作用，不仅需要在内部管理体系与流程建设上贯彻协同思维，构建有利于全体系、跨平台协同生产和传播的机制，而且需要在媒介产品生产和传播的实践或专题培训中，培养和强化员工的协同意识、协同思维和协同能力。

一、内部协同

协同关系的构建，是媒体融合本质的体现，也是实现融合传播效果的基础保障。媒体融合发展中的协同，首要的就是各个融媒体机构内部的部门之间的协同。融媒体机构内部的协同关系，不是简单的媒体与媒体之间、"策采编发"各环节之间的"相加"关系或前后的业务衔接关系，而是通过融媒体机构内部要素、流程的融合，在媒介主体、媒体渠道、生产机制、受众接受等方面形成的持续的连接和耦合。融媒体机构的内部协同，需要整个融媒体体系真正建立起"协同"的思维，从机制建设和员工能力两方面着手，形成有机的协调和互动关系。

（一）协同机制与平台建设

依托融媒体"中央厨房"搭建的协同平台，是保障选题策划、流程管理、内容生产机制相互衔接的一种融合新闻生产机制。它既是协同思维在融媒体机制建设中的具体体现，也是融合新闻协同生产的有力保障。

各融媒体中心的"中央厨房"云平台建设，在技术框架上要实现传统媒体与新媒体之间、各新媒体平台之间的紧密协同，满足融媒体机构的各个部门、各类媒体平台对选题策划、线索汇聚、任务指派、素材共享、融合生产、矩阵发布的共同需求，以提升融合生产效率，规范和保障"策采编发"业务流程的协同。

一是选题策划与采编发协同。坚持"策"字当头，围绕融媒体机构编委会的统一选题策划，通过"中央厨房"云平台，实现选题的确立、审核、挑选与任务指派紧密衔接，便于前端采访团队和后端各新媒体平台的内容生产团队开展业务协作。

二是传统媒体的业务流程协同。"中央厨房"依托其技术平台，可以衔接报纸业务中的稿件编辑、审核流程，以及电视生产业务中的文稿、节目、串联单的编辑和审核流程，为多平台的新闻产品生产协作提供技术条件。

三是新媒体业务的流程协同。"中央厨房"云平台需要为各个新媒体平台渠道数据的整合、多平台终端的稿件编辑、编排和统一分发提供支撑。协同平台的搭建及融合功能的开发，使传统媒体和新媒体的记者、编辑能够准确把握编委会的选题指令，及时安排采编相关新闻素材。不同媒体平台可以依据自身的平台特性，快捷地在"中央厨房"云平台挑选自身需要的选题和素材。融媒体"中央厨房"机制及云平台建设，为融媒体机构各业务板块之间的协同生产提供了基础性的技术支持，也使编委会的选题策划意图能够贯彻在采编过程当中。

协同平台搭建中，任务管理及集成生产工具的设计非常重要。在全媒体协同平台的搭建中，要依据协同生产系统设计完善的移动采编工具，满足新闻采编团队的工作需求；要结合不同融媒体机构的实际，充分考虑协同平台与传统媒体、新媒体的功能匹配，解决好全媒体协同技术体系与产品生产系统的兼容性问题。由于媒介实践在不断发生变化，不同融媒体机构的媒体平台和产品也在发生变化，因此协同平台还需要做出动态调适，使协同生产系统能够稳定运行，保障融媒体体系高效运行。

（二）采编人员的协同思维培养

融媒体机构为了保障协同机制的运行，普遍对媒体内部的组织架构和部门岗位进行了全新的设置，构建起扁平化、融合型的组织架构。这种扁平化的结构，使融媒体机构编委会事先做出的选题策划、明确的发布平台、预期的发布效果等，更易被一线新闻采编人员理解和把握，便于新闻采编人员与技术支持人员、产品分发和推广人员等开展协作交流，使其在具体的采编活动之前就能够根据多元产品的需求，精准采集文字、图片、视频、语音等素材，为后期的二次加工、多平台传播创造条件。融媒体机构的管理人员和采编人员，应当注重培养协同思维，积极参加相关专题培训，开展跨界学习和技能更新，加快从专业型人才向全能型人才转变，以协同能力的提升保障融媒体体系对多样化产品的需求。

二、垂直协同

我国已经建成了中央级、省级、市级、县级四级媒体融合体系。从整体上观察，可以把我国的四级主流媒体体系看作一种自上而下的垂直传播体系。在媒体融合实践中，中央级媒体的大量新闻稿件被地方三级融媒体机构转发，地方三级融媒体机构的部分新闻产品和新闻线索也被中央媒体新闻媒体刊载，形成了垂直协同、立体传播的局面。无论哪一级主流融媒体平台，其管理、经营与采编人员都应当增强垂直协同意识，共同提升主流新闻传播的影响力。

（一）向下协同

体系化的垂直传播结构，能够确保党和国家的权威声音能够快速、准确地实现自上而下传播，也能够使各地的新闻素材从全国的层面、国家的层面、经验典型的层面等视角进行重新表达与传播。

在垂直化的主流媒体传播结构中，下级媒体要承担上级主流媒体重要新闻的垂直分发职能。上级媒体对下级媒体虽然在原则上没有管理权限，但是在实际运作过程中，大量下级媒体都承担着向上级媒体供稿或提供新闻线索的责任。在互联网媒体尤其是移动新媒体广泛兴起之前，这种垂直化、属地化的新闻传播建制主导了我国主流话语的生成格局，对我国的社会公共舆论发挥了强有力的建构作用。

互联网技术催生的现代传播渠道变革、方式变革、话语变革，推动了传播的圈层化、社交化，四级主流媒体都面临着提升主流话语的引导力、影响力的重要责任。在整体融合时代，促进向下协同具有以下几方面的有利条件。一是垂直分发的渠道更宽。除了可以利用地方的报纸、电视台等传统媒体转载、刊播上级媒体的重要新闻，还可利用地方媒体的"两微一端"等新媒体平台进行转发。二是垂直分发的内容更广。可以发挥互联网媒体信息容量的"海量"优势，通过地方新媒体矩阵转发、链接、聚合上级媒体的相关报道。三是时效性更强。地方融媒体平台通过定向抓取、精准筛选、二次加工等方式，能够在第一时间将上级新闻机构的重要报道内容在本地传达。四是主题契合度更优。地方融媒体机构可以针对本地受众的差异化需求，促进本地新闻平台与上级媒体在报道主题上的视域融合，增强上下级媒体协同传播的效果。

（二）向上协同

对于各地方主流媒体来说，在媒体融合时代做好向上传播具有更多的有利条件。移动互联网催生出大量的新媒体平台，使各级融媒体机构的信息载量得到巨大提升，尤其是中央级新闻单位的移动传播平台实现了大幅拓展，为地方新闻平台的主流信源在上级融媒体矩阵中呈现提供了有利契机。

　　不同于过去"逐级向上"的供稿模式，在四级主流媒体协同传播的格局下，省级、市级、县级主流媒体平台都可以作为本地权威信息的生产者、主流信源的提供者，有更多的机会直接获得中央主流媒体的关注。我国不少县级融媒体平台，尤其是经济相对发达区域的县级融媒体中心，都主动增强与中央级融媒体矩阵的对接，积极推荐当地的新闻素材和新闻线索，努力在中央媒体上增加宣传报道的机会，从而更好地服务当地的营商环境建设和经济社会发展。这方面的案例很多，例如，无锡宜兴市融媒体中心着力畅通新闻信息的向上报送渠道，2021 年被中央级媒体采用报道 12 条（篇）、省级媒体采用超过 300 条（篇）；成都高新区融媒体中心以定制化思维精准匹配传播渠道，制定了区级、市级、省级、中央级媒体梯级推广传播方案，增强了融媒体产品的传播效果。

三、圈层协同

　　我国四级主流媒体矩阵之外，还存在着难以计数的海量社交媒体。在做好融媒体机构的内部协同、优化四级主流融媒体矩阵的垂直协同以外，我国越来越多的主流媒体机构已经认识到水平协同的积极功能，主动强化主流媒体平台与互联网社交媒体的水平连接，着力通过"扩圈"和"破圈"来提升主流话语的渗透力与影响力。

　　我国各地都有不同数量级的市场媒体、社会媒体和自媒体，它们持续广泛地传播各行业、各地域的信息以及多层面群体或个人的观点与诉求。互联网社交媒体是对主流媒体矩阵传播的补充，它有助于提升社会的信息化、公开化水平，更好地满足公众对多元化信息与服务的需求。

　　主流媒体机构开展水平维度的圈层融合，就是发挥自身融媒体矩阵的社会连接功能，通过新闻传播活动连接不同地域、行业、层面的公众意见以及公众服务需求，探索增强与互联网社交媒体的协同，积极推动社会公众意见与主流话语更好地融合。通过促进主流话语的柔性表达、广幅传播、垂直渗透，不仅有助于提高主流话语在公共舆论中的竞争力，而且能够减少"噪声"对公众和社会的干扰，更好地助力打造网络"清朗空间"。

　　近年来，我国基层融媒体中心在促进圈层协同方面，已经做出了不少成功探索。例如，成都高新区在宣传部门的推动下成立了新媒体孵化器，在政府提供的引导性支持下，聚合了为数众多的、传播属性较强的市场化新媒体，通过互联网文化协会来实现对孵化器的日常管理和服务，有效扩大了主流声音的传播力和引导力。四川省仁寿县融媒体中心利用政务微信等新媒体平台，聚合了当地受众较多的新媒体和自媒体，通过推动新媒体的跨圈层融合，增强了融媒体中心"引导群众、服务群众"的效果。

第三章　多媒介协同策划与操作

现在的用户都是多媒介用户。所以，在融合新闻报道中，需要思考如何根据多种媒介的特点进行多媒介协同策划，如何安排好现场报道与深度报道的多媒介协同报道层次，如何进行前方与后方的多媒介协同操作。

第一节　多种媒介的特点

不同的媒介有着不同的特点。要想以更好的内容和形式来报道新闻事件，需要了解多种媒介的特点与适用情景，如此才能选择出最适合呈现该新闻事件信息的多媒介融合的表达呈现方式。

陈作平在《媒介分析》中提出："不同媒介有不同的个性特征和'语法规则'……媒介的个性特征是基于媒介技术的物理属性而形成的信息传播属性，媒介的'语法规则'是基于媒介的传播属性而形成的信息'传递—接收'关系规则。……（物理属性）包括媒介的传播符号、传播载体和传播方式三个部分。……传播方式包括以下几层含义：一是终端信息的呈现方式，包括平面方式、线性方式、非线性方式、同步方式、延时方式、可保留、不可保留，等等。二是接收终端信息所需要的人体感官，主要包括视觉接收方式、听觉接收方式和视听觉接收方式。三是传播者与接收者形成的交流方式，主要包括单向传递和交互传递。"[1]了解不同媒介的特点，可以从该媒介的传播符号、传播载体、传播方式、制作流程，以及该媒介的好处与不足、采写需注意的方面等角度来思考该媒介的信息传递特征与适用传播情景。

一、口语

大约 7 万到 3 万年前，人类发明了语言。[2]人类直立行走让喉咙可发出更复杂的声音，在人类合作互动的过程中，逐渐发展出一套能更精细地表达意义的口语符号系统。

（一）口语符号：概念化抽译大脑感知信息并可推理判断

口语，是人类在发展出身体语言、图像语言、记号语言等粗略的前语言表达媒介之后，发展出的精细化地对大脑感官层层抽取世界特征信息而抽象出的感知虚拟信息进行进一步概念化抽象、转译、表达并传递的复杂语言符号系统。

口语对大脑信息的复制、抽译与传递有着线性化转译的特点。"大脑中枢神经系统感知到的信息有全息化的特点，而口语对大脑信息的复制，有着线性化转译的特点。口语的出现，使纷繁复杂的、全息化的大脑感知信息，能被线性地说出来，能被对方感知为客我情境而加以理解并反应行动，加强了主客我符号互动的明晰化程度，从而人能够尽量清晰准确地表达

---

① 陈作平. 媒介分析[M]. 北京：中国人民大学出版社，2015：4-5.
② 赫拉利. 人类简史：从动物到上帝[M]. 林俊宏，译. 北京：中信出版社，2014：23.

出自己的感知让别人知晓。虽仍有'言不尽意'的缺憾，但语言符号的发展，让人类拥有了表达自我意识与认知、控制遥在世界的利器。语言作为一套表意的符号，可以让人们的知觉世界与控制能力扩展到语言能够到达的地方。"①

人为万物命名，对人感知到的各种存在物命名，实际上是对通过感官层层抽取多种特征而感知到的形象情境再抽象，把喉咙发出的声音作为能指符号来抽译、表达其感知理解到的关于世界的复杂意义。例如，人们从几把椅子的具象感知中抽象出"椅子"这个词，实际上是意指具备一束抽象特征的物：椅子是可坐、可靠、用某种材料做成、样式多样的物。只要遇到符合这束抽象特征的物，都可判断为椅子。柏拉图提出的"理念"，其实可看作包含一束抽象特征的概念。这些由抽象特征所指的概念，能泛化概指多样化的物，从而让人拥有借助概念来泛化认知更多物的认知能力。苏珊·朗格把符号分为模拟符号和推理符号。推理符号是指人类为万物命名后可把这些概念符号用句子组织起来，从而形成命题，表达对世界状态的认知。比如，"这是一个杯子"，这句话就表明人通过"这""是""一""个""杯子"这些概念符号表达了对状态的认知。

口语作为可推理的概念符号，因可推理而有助于清晰的逻辑判断。亚里士多德分析，人们可通过"大前提"和"小前提"推理出一个"判断"。也就是说，人们可通过语句的组合来进行复杂的推理判断。比如，"杯子掉地上会碎""这是一个杯子""这个杯子如果不小心掉地上会碎"。从具体抽象出一般的知识，又把这些知识运用到具体情境中去的过程，是一种归纳和演绎的过程。爱德华·萨丕尔说："语言的基本事实毋宁说在于概念的分类、概念的形式构造和概念的关系……语言，作为一种结构来看，它的内面是思维的模式。"②人类借助复杂语言符号对现象界进行抽象、归纳和演绎，从而具有了从主客体互动中学习到知识的学习能力，并具有了把这些知识泛化迁移到更多具体情形下去运用的学习迁移能力。

与此同时，口语也打开了操纵意义的潘多拉魔盒。想象一下人感知外部世界的过程：通过你的眼睛、耳朵、鼻子、手等器官获得的感知信息，传递到你的大脑中枢神经系统中。在依照一定量的阈值决定"传"或"不传"的规则下，信息通过电化学信号，在神经元之间进行传递。多种信息在视觉区、听觉区等区域进行信息综合后，在你的头脑中形成了现在你看到的这个世界。但实际上，你看到的这个世界，是在你的头脑中综合各种感知器官所传递进来的信息形成的一个虚像。你现在看到的是我的虚像，我看到的是你们的虚像，只不过这个虚像太直接了，它简直就在我的眼前，所以我认为它是真实存在的客观的东西。口语所描述的那些事情并不是全息化影像的全部，你只选择了你注意到的一小部分细节中的某几个细节进行描述。你的描述，强调了某些细节，淡化了某些细节，忽略了某些细节，刻意隐瞒了某些细节；你的描述，安排了先后顺序，选择了不同词语，给词语注入了某种特定的含义；你的描述，基于你主观的认知判断，你为这段描述赋予了某种意义。也就是说，在你感知信息情境并以口语的形式传递出来时，操纵口语符号的意义就成为可能。③

① 胡明川. 复制对作为信息体的人的影响[J]. 天府新论，2017（1）：55-62.
② 爱德华·萨丕尔. 语言论[M]. 陆卓元，译. 陆志韦，校订. 北京：商务印书馆，1985：19.
③ 胡明川. 网络新闻编辑[M]. 北京：中国人民大学出版社，2020：5.

（二）音频中的声音：言语、音响、音乐①

口语在新闻中的运用，主要体现为在采访中录制的被采访对象的言语，或记者与访谈对象的对话，或记者对新闻事件的解说，或记者在新闻现场或演播室进行的直播。口语经过机器转录播发后，可直接作为音频新闻或插入文字新闻中成为组成多媒介新闻中的一部分。在网络音频新闻中，口语的传播载体，从传统的自然人声，延展到机器录音、网络语音、机器语音、网络直播等多种多样的形式。音频新闻中的声音，不仅包括口语，还常配有音响和音乐。

1. 言语

音频新闻中的言语，主要有对话言语和独白言语两种表现形式。对话言语可以是几个新闻人物之间的对话，可以是几个传播者之间的对话，也可以是传播者与新闻人物的对话。独白言语可以是新闻人物的独白，也可以是传播者的独白。

音频新闻中采集的新闻人物的独白、几个新闻人物之间的对话、传播者与新闻人物的对话等叫作人物同期声。采录人物同期声时，应注意突出人物所说的有个性、有特点、有感情的话，突出人物所描叙的有具体形象、具体事实和经过的话。

传播者的独白、几个传播者之间的对话叫作新闻解说。新闻解说常常起到交代新闻发生的时间、地点、人物、原因、背景，对音响做必要的解释、补叙和衔接，揭示新闻的内涵以深化主题等作用。

由于通过软件可以方便地把文字转成语音，因此，考虑为网络新闻配上一键转语音播报的功能，或者直接在新闻中放置已转好的语音新闻控制进度条，可以让网友接收信息的方式更多样化，更有利于不同网友进行个性化选择。

2. 音响

音响可分为主体音响、背景音响、结构音响。

音响报道中的主体音响，指被报道的主要事物或人物发出的声音。主体音响能够直接展现人物的个性和事物的特征，揭示主题，增强新闻的说服力。

背景音响又叫环境音响、气氛音响，指与被报道的事或人发生联系的其他事物发出的声音，以及被报道的事或人所在环境中的各种声音。背景音响能再现新闻现场场景，烘托气氛，表现新闻时间、地点、场合等要素，增强新闻的现场感和感染力。

结构音响指贯穿整个音频新闻节目的线索音响和衔接时空变化或转场连接的过渡音响。结构音响在音响与音响、场景与场景、段落与段落之间起连接作用，达到连贯上下、照应首尾的效果。结构音响以前常常被运用在栏目化的电视节目中，主要起到分割节目及转场的作用。但讲求短、平、快报道的网络音频新闻，除了专业媒体展示其标志的片头片尾音响，已经很少使用结构音响来分割节目及转场。

3. 音乐

音频新闻中的音乐，除了采录中刚好录到的环境音响，或者被采访对象刚好弹、唱、播放出的音乐，更多的是直接在后期剪辑制作中为音频新闻配上的背景音乐。

---

① 胡明川. 网络新闻编辑[M]. 北京：中国人民大学出版社，2020：163-166. 此节的"音频中的声音""音频的好处与不足""音频的采制原则"部分来源于该书。

不过，笔者强烈建议不要在音频新闻中配背景音乐。因为，背景音乐常常起到的是干扰作用，会遮挡住更具有新闻信息价值的现场同期声。无论新闻现场是静寂无声还是声音杂乱，只要是真实采录到的现场同期声，都应该真实还原。杂乱但自然的现场同期声所呈现出的信息是更有新闻价值的。另外，很多背景配乐已经模式化到陈词滥调甚至错误释义的地步，不仅不能起到吸引人、愉悦人、凸显新闻意义的作用，反而让网友产生不适感并为之心烦不已。

（三）音频的好处与不足

1. 音频有兼容性、伴随性、强制性

音频在网络时代最有优势的特点，莫过于其兼容性了。占用眼睛的信息有很多种，如文字、照片、图表、图像等，而占用耳朵的信息只有音频。这个特点看来平常，实际上却很有用，它决定了你在网上用眼睛阅读文字、图表等信息的同时，还可以用空出来的耳朵，同时收听网上用音频传递的信息。这个特点给了网上音频发展的广阔空间。

2. 声音会透露情感

一个人的声音，其音色、音调、强度等，都会与别的人有差异。是低沉？是轻快？是圆润？是尖利？每一个人的声音都有他独有的特色。即使是同一个人，在不同的环境和条件下，其声音也会有很明显的变化：或透露出沉稳，或透露出慌张，或透露出得意，或透露出失望，或透露出伤心，或透露出欣喜，等等。

3. 可以通过声音想象视觉形象，让人重回"现场"

加入采访对话音频的网络新闻，可让用户听到采访者与被访者的对话和采访现场环境中的各种声音。用户能通过人们发出的声音，想象当时人们在新闻事件中的情感、视觉形象和行为动作反应。用户还可通过现场环境的各种声音，想象出新闻事件发生现场的场景。这些能引起人们丰富想象的声音信息让用户有重回"现场"的感觉。采访者的提问、被访者的诉说、新闻发生现场的各种声音，这些信息汇集在一起，能以富媒体的形式来让用户了解新闻现场曾经发生了什么。

声音还有叙述新闻事件的功能，通过新闻人物的言语和新闻工作者的解说，听众甚至可以视觉化地想象出新闻事件的起因、发生、发展等经过。

4. 网络音频在跨时空信息中重新加入口语和声音信息

传统的人际传播中，有六成多靠神情、姿态、动作等某个场景下的身体语言进行信息传递，有近四成靠语言交流进行信息传递。

口语交流中，不仅语言词汇本身表达一定的意义，说话者的声音状况也会透露出一些信息。口语交流，能传递更微妙的情感信息。说话者的话语和声音状况，通过网络音频进行跨越时空的信息传播，使原来偏文字的传播重新具有了人际传播的某些特性。网络音频信息使人们能够重新加入口语和声音信息，不必非得把想表达的意思转换成正式、书面的文字，而是可直接、快速地转换成更灵活、更直抒胸臆、更直抵核心的口语信息，更便捷地进行互动交流。

5. 音频是线性接收、稍纵即逝

音频信息是随时间流逝而被听众线性接收的信息。传统音频稍纵即逝，难以回放，容易

漏听而影响理解。

不过，音频信息稍纵即逝、难以回放的不足之处，已经可以通过网络软件进行录音播放控制来稍作弥补。通过显示音频控制条及音频时长、给出"倍速""快进""快退""前15秒""后15秒""上一条""下一条"等多种音频控制键，网友可对音频收听方式进行个性化控制。通过音频转文字功能，网友还可以把音频信息转成文字阅读，或者边看边听以视听双通道接收信息，更便于接收、理解和记忆。

但是，音频线性接收信息方式仍然有不足之处，即便可以任意选择从某处开始播放、回放、倍速、与文字配合阅读等，但想听音频仍然需要在一定长度的流逝时间内去倾听，还是比较费时的，有时候信息接收效率显得很低。

6. 音频有"证实"作用，但需要警惕生成的虚假音频

录下了新闻现场声音和采访对话的新闻音频，因为有事件现场声音作证，有事件当事人、目击者、知情者、第三方、记者等的声音作证，常比记者用文字转写的信息更具"物证"和"人证"的证实作用。

不过，现在的技术手段已能很方便地进行音频的生成、剪辑、歪曲、变化等处理，尤其是AI技术已发展到只需要采集3秒人声片段就可大段生成以假乱真的人声的程度，音频的"证实"作用很可能被刻意拿来骗人。所以，记者采制音频新闻时，应特别注意对网络音频"证实"作用持审慎怀疑的态度，对存疑的音频要进行核实、求证。

7. 网络音频有可控性、可编辑性、可转译性、可整合性、可对话性、可连接性

除了传统音频的兼容性、伴随性、强制性等特点，网络音频还有一些传统音频所没有的特点，如播放过程的可控性、可编辑性、可转译性、可整合性、可对话性、可连接性。

网络音频，可借助一些音视频软件很方便地剪辑、分合音轨、变化声音风格；可通过机器转译，很方便地进行声音转文字、文字转声音等信息呈现方式的转译；可与文字、图片、视频等不同的信息呈现方式整合在一起，发挥各自的长处，共同配合起来完成对网络新闻信息的呈现；可通过不断迭代更新训练AI机器人，与用户进行对话式交流，实时向用户推送用户当时最需要的新闻信息及其他资讯信息；可借助网络音频对话的灵活性，连接起用户各种信息和行为的需求，响应用户的各种信息搜寻、信息播放、信息发送、社交互动、电商购物、日常生活等要求。音频可成为像水泥、胶水一样的连接物，连接起用户生活中几乎一切信息和行为反应的需求。

（四）音频的采制原则

1. 形象化、现场化

人的听觉和视觉具有"通感"功能，这是中外一些生理和心理学家的研究结论。听众收听广播的心理转换过程可以大致分为三个阶段：感知阶段、想象阶段、转换阶段。这是一个在瞬间完成的心理运动过程。听众在听到某些声音后会产生联想，在大脑中建构声音表述的具体形象、具体景象、具体场面。听众可以通过现场说话、音响、音乐等声音的传递，经过再造想象，将新闻现场的情景再现在眼前，幻化为有声有色的活动立体画面。听众甚至能够感觉到传递声音的这个人的存在，仿佛看到他站在自己面前，从而产生挥之不去的现场感。

这也是配上新闻人物声音、现场背景音响、新闻记者解说的音频幻灯片（audio slide show），让人"看"到现场的基础。这就要求在音频采制时，要尽量多采用新闻人物声音、现场背景音响，以及记者在新闻现场采访的声音。

2. 情感化

采制音频新闻时，应突出声音的情感化特点，突出有个性的声音、有情感的声音、有感染力的声音，让声音随着情感情绪的变化动感起来。"用有声语言来表达事物，除了通过语言和词语的选择来体现作者的态度以外，还可以通过声音来体现出说话者的情绪、态度和情感。在现实生活中，人们有许多方式可以传达情绪和感情，声音便是其中的一种重要方式。凡是人直接发出的声音都会带有情绪和情感等心理属性，而笑声、哭声、呻吟声、尖叫声等更是情绪的直接表现。同样，人的说话声也能体现出情绪，人们说话的内容可以用大脑思考和琢磨，可以进行有效控制，但是说话时声音所传达出的情绪是很难控制住的。说话的语气、语调是人内心情绪的体现，有时候，有声语言所体现出的情绪甚至超过了体态语言。而说话者的语气、情绪和情感自然会影响到听众的情绪和情感，形成很强的感染力。"[1]

3. 口语化

声音稍纵即逝。句子长了，容易听漏某些部分；用倒装句，常常让人听得突兀；用插叙，容易把人搅糊涂；代词用得太多，会指代不明；用单音节词，听来总觉别扭；用数据过多，不仅枯燥还难以听一遍就记住；深奥的专业术语用声音念出来，很难一下听懂。

因此，音频新闻中传递的新闻人物言语、新闻解说应该尽量口语化，做到简短、简单、明白、晓畅、通俗、生动。具体来说，应多用短语，多用口语词汇，多用双音和多音词，言语要有适当的重复，句式应连贯，少用长句，不用口语里很少说的书面词汇，少用单音词，少用代词以避免指代不明，对数字尽可能做形象的说明，防止过多的数字连用，一般不用倒装句式和插叙、倒叙结构，不用或少用专业术语，或者给专业术语做一个通俗的解释，或者给专业术语换个通俗的说法。

音频新闻的主题最好集中单一，结构要简单明晰，叙事时应尽量按事物的发展过程来叙述，稿件宜短、内容宜浅、语气宜软、结构宜简。[2]

二、文字

文字是最常用的媒介，也是最灵活、表意能力最强、适用情景最广的信息表达方式。

（一）文字符号：条分缕析与深度思辨

麦克卢汉说，新媒介的内容是旧媒介。没有一种媒介能够独立存在，一种媒介总是充当另一种媒介的"内容"。语言的内容是实际的思维过程；文字的内容是语言；图像的内容是图片；书籍、报纸、传真的内容是文字、图片；电话、广播的内容是声音；电影的内容是声音、图像；电视的内容是文字、声音（广播）、图像（电影）；网络的内容是几乎所有的旧媒介：文字、图片、图像、声音等。

---

① 陈作平. 媒介分析[M]. 北京：中国人民大学出版社，2015：78.
② 陈作平. 媒介分析[M]. 北京：中国人民大学出版社，2015：59-61.

新媒介是旧媒介的进一步发展，会产生不同于旧媒介的新特点。例如：语言的出现，使非线性的纷繁复杂的思维能被线性地说出来，能被理解，加强了人际沟通，但也有"言不尽意"的缺憾。文字的出现，使稍纵即逝的声音能被记录、保存、超时间空间传递，使人类的知识能积淀下来，因此，人类文明的历史常常从文字出现开始算起。但文字之间的交流缺乏言语间面对面交流的丰富意味。书籍的出现，使知识的积累更有条理。报纸的出现，使信息的传播更为迅捷。广播、电话的出现，使声音能被超空间传递。电影、电视的出现，使声音、图像能被传递。传真的出现，使文字、图片能被传递。网络的出现，使文字、图片、音频、视频能被无限量传递，而且能实时地交互，超越时间和空间。

"当大脑感知信息可以用文字记录下来以后，文字这种信息复制技术，不仅可以把大脑中感知复制的信息，比口语更精细化、更复杂化地复制转译出来，虽线性化地、然而是条分缕析地、讲究逻辑地书写下来；而且可以超越时空地传播这些信息。人们借由文字符号在承载媒介上延续对世界的认知、记忆与思维，让人们对世界的认知和思维的能力变得更为强大。每个人的自我，都有了通过文字超越时空地互动认知他人认知的遥在世界，而不断在自我中涌现更多新东西的可能性。历代人们的生活经历及对生活的思考，经由文字固化下来，制成书籍流传下来，促进了知识的积累与发展。人类文化的传承不再依赖于神话或传说，而有了可靠的文献和资料。"[1]

有了文字，人们可以把自己的思想用文字保存下来，既延伸自己的记忆，也能撒播开去让更多人知晓。与消散在风中的声音相比，固化在物质承载媒介上的文字，完全可以洋洋洒洒数万言来全面、系统、深入地记录分析某一件事情，可以对事件和现象从多种角度进行分析和综合，从逻辑推理中去发现因果规律，由此不断积累知识，以加深对世界的认知。人类的抽象概括、深度思辨、因果分析的能力在这个过程中得到了提高。[2]

（二）文字的好处与不足

1. 文字阅读方式自由、灵活

文字被记录下来，就不会稍纵即逝，可在任何时候去阅读。文字信息被阅读调取的方式非常自由、灵活、方便。

比如，你既可以快速浏览，又可以慢慢品味，还可以随处停留，可以按照自己喜欢和适合的阅读速度进行个性化的阅读。

你既可以只观其大概，又可以在重点处反复推敲，可以根据自己的需求来灵活地选取阅读策略，以更好地理解信息意义。

虽然文字写作是线性顺序呈现的，但阅读者可以在一定程度上打破其线性顺序安排，可以前后顺序随意变换着看，甚至反复地前后跳跃着看；可以根据自己的需要，灵活地寻找文字之间的联系，以更好地思考其意义。

2. 文字带有一定的"直观"特点，特别"标出"的方式多样、醒目

文字被呈现在纸张或网页的平面上，虽然不如形象的图片那样直观，但依然也带有一点像是在平面上作画一般的"直观"特点。

---

① 胡明川. 复制对作为信息体的人的影响[J]. 天府新论，2017（1）：55-62.
② 胡明川. 网络新闻编辑[M]. 北京：中国人民大学出版社，2020：6.

例如，同一平面上的字，会有字号大小的区别，有不同字体的区别，有不同颜色的区别，有放在平面不同位置上的区别，有被平面上其他线条或图标所区隔在不同位置上的区别。

例如，呈现在页面上的字，根据新闻文体的特别规则，可以区分为标题、摘要、小标题、正文、关键字词、重点词句、图片说明、音频说明、视频标题、视频说明、视频字幕、带链接的文字、括号附注解、文后附注释、相关新闻链接、发布媒体、采写摄编等责任人、广告、网友跟帖、赞评转等功能键说明，等等。

文字在页面呈现上的这些多种多样的区别手段，可以用来表示和突显很多不同的信息意义。新闻记者和编辑，可以根据自己的意图，灵活、多样地选择文字在页面上的呈现组合方式，以更好地呈现和传递想要表达和突显的信息及其意义。阅读者也可以从页面上文字的呈现组合方式，结合文字运用常识来快速地接收并理解这些文字信息组合起来所呈现的意义。

3. 文字报道的采访方式非常灵活多样

文字报道对采访阶段所用的采访方式限制最少。"文字符号的抽象性和间接性为记者采集信息活动留下了自由空间。文字记者的采访以获取有效信息为目的，至于采用何种采访方式，可以灵活选择。既可以通过现场观察方式获取报道所需要的信息，也可以通过当面访问、电话访问方式获取报道所需要的信息，还可以通过资料收集方式获得报道所需要的信息。文字记者对采访的时间、地点、方式以及采访对象的外在形象、表达能力、体态语言等均没有电视采访要求苛刻，只要能获取有效信息，记者尽可以用各种方式灵活采访。"[1]

相比起来，音频报道需要录音，视频报道需要摄像，缺乏声音素材和视像素材，很难进行音视频的报道。相反，音视频的素材资料却可以很方便地用文字表达转述出来，作为文字报道的一部分。从新闻源来看，新闻发生时记者刚巧在场的可能性是很小的，有时虽然新闻仍在持续，但记者因多种原因难以及时赶到或进入新闻现场，有时连寄望于恰巧有网友现场摄录下声像的希望也破灭了，导致想要获得新闻事件发生现场的声像素材是非常困难的。在采用声像报道新闻现场成为不可能的情况下，记者总是可以进行文字报道的，可以采访多方人士和搜集相关资料，然后用文字来叙述和描写以还原新闻现场和新闻事件的多种细节和多方情况。从选题范围来看，文字报道不用像视/音频报道那样考虑有没有适合的画面呈现的问题，选题范围更不受素材获取的限制，不管记者是看到的、听到的，还是想到的、搜集到的各种不同种类的信息，都能用文字表达出来。从采访方式来看，文字记者的采访方式更灵活多样，采访时既可以录音录像辅助，也可以不录音、不录像，只是用笔记，甚至只是用脑记、心记；文字记者常常单兵出击，一个人行动更灵活自由，而音/视频记者更经常是记者、主持人、摄像师、录音师、灯光师等多人配合。即便技术发展后，可能一个人兼任多个角色，变成单兵出击，但需要带的摄录器材仍然比文字记者多，行动方便上仍不如文字记者；文字记者采用暗访的形式也更自由和安全，不用必须带暗访器材，冒着被暴露的安全风险去摄录现场，而可以只是不动声色地暗暗观察，回头再用文字叙述出来。[2]

① 陈作平. 媒介分析[M]. 北京：中国人民大学出版社，2015：21.
② 陈作平. 媒介分析[M]. 北京：中国人民大学出版社，2015：22-23.

4. 文字既能促发想象，又能引导思考，还能影响判断

文字是符号的符号，即口语的符号。既然口语是对层层抽取世界特征信息而抽象出的感知虚拟信息的概念化抽象，那么，作为口语的符号的文字符号，本质上也是对层层抽取世界特征信息的抽象。任何一个文字或者说理念，本质上都是一束抽象特征的表达。由该理念或者说文字，可以逆向回溯或者说想象出该理念或文字表达的那束特征的多种可能形象。比如，"桌上放着一杯咖啡"，阅读者即可从这些文字或说抽象概念或者说理念或说特征束中，从概念抽象回溯或者说想象出时空世界里可能的多种具体形象。"这杯咖啡凝聚着多少人的劳动。""这杯咖啡是打工人开始一天劳作的提神醒脑的神器。""现在很流行 city walk，逛累了，可随处找个咖啡店坐下，喝杯咖啡休息一下。"阅读者可从这些文字及其组合中，理解到说话者或者说写作者想要表达的意思，包括表层意思和可能的深层意思，可能被写作者的遣词造句引导到某方面的思考中去，从而出现"既能告知你想什么问题，又能告知你该怎么去想这个问题"的议程设置现象。

文字可分为描述性文字、分析性文字和评论性文字。"描述性文字采用描绘和叙述方法，对事物'是什么样子'进行交代。读者通过描述性文字，可以唤起想象，将事物的样子呈现在大脑中。……分析性文字是对事物'为什么是这样'的解读，它通过提供与报道主体相关的信息和进行逻辑分析，引导读者认识和理解事件的走向。具体来说，分析性文字主要是通过两方面努力来实现这一目标的。一是对'前因'进行分析。这是通过提供比描述性文字更多的信息，拓展人们的视野，获得对导致该事物出现的他事物的认识，即对'前因'的认识。二是对'后果'进行分析。这是通过提供比描述性文字更多的信息，获得对该事物导致的他事物的认识，即对'后果'的认识。分析性文字常见于报纸上的深度报道和理论文章当中，它通过提供更多的信息，对事物进行分析、推理、比较、综合、抽象等，加深人们对事物的理解。由于人脑就是通过语言来思考问题的，只要是人脑具备的思维功能，分析性文字都可以承担。事实上，报纸上的分析性文字也都是文字作者思考过程和认识结果的反映，自然而然地，读者沿着作者提供的思路也可以由浅入深、由此及彼地思考。……评论性文字就是由对客观事物的认识转变为作者主观态度的构建，是一种价值判断，是作者根据一定的利益关系，对'提倡什么'和'反对什么'的认识。"①文字作为一种从具象世界中抽象出特征形成概念的符号，读者既能由抽象文字回溯还原为想象出的具象世界，又能由作为特征束的概念化文字泛化开来指称符合该特征束的其他事物，从而获得可迁移的学习能力，且能够通过由推理符号组合而成的句子形成命题，由此而能对世界状况进行认知，还能够由大前提和小前提推理出一个判断，由此而能对世界状况进行分析判断，通过多个句子的连接，文字所组成的描述、分析与评论能够引导思考，还能影响判断。方便记录更复杂信息的文字，可以对某件事以某种逻辑来不断进行因果分析、逻辑推理，进行条分缕析以及综合分析，使人们的抽象思辨能力大大增强。

5. 无法直接形象直观现场的文字，却能更好地呈现现场之外更复杂的事实脉络之网

虽然文字在页面上可以通过字体、字号、颜色、位置、功能等不同来稍微"直观"呈现其重要性，但文字毕竟是抽象概念的符号化呈现，文字的不足是不能像图片、音/视频那样直

---

① 陈作平. 媒介分析[M]. 北京：中国人民大学出版社，2015：32-35.

接形象直观地呈现三维时空中的具象事实，人们无法从文字中一眼就看到发生事件的现场情况。

不过，虽然文字无法形象直观事件发生现场，却可以或详或略地描述事件发生现场，可以有所强调、有所忽略地特别关注某些关键的、别具意味的现场细节，可以刻意选择某些措辞、句子、段落、篇章结构等，以表达某种特别的分析判断。

另外，正是无法直接形象直观现场的文字才可以更好地呈现现场之外更多、更复杂的事实脉络之网，才可能把事件放在时空范围更广的事实脉络之网中去勾勒出其意义。《一个自由而负责的新闻界》中对新闻提出的要求是"一种就当日事件在赋予其意义的情境中的真实、全面和智慧的报道"①。也就是说，对"当日事件在事实脉络之网中的意义"的勾勒与呈现对于新闻报道来说，才是更重要、更关键、更本质、更有价值的。所以，很多情况下，可以把文字与图片、音/视频结合起来，各取所长，共同完成对新闻事实的多角度呈现。

6. 文字的意义相对固化，缺乏现场及时互动，容易误解

作为一种偏重页面上呈现的一串抽象符号媒介的贫乏化的视觉化媒介，与口语这种常与现场结合呈现的富媒介比起来，文字是一种意义相对固化、缺乏现场及时互动、易生误解的贫媒介。

口语交流，配合着当时整个场景，可以有临场发挥的即兴表达、有相互触发的对话互动、有及时灵活的调整应对，交流的信息有着更丰富、更灵活、更不易误解、更直达本质的可能性。而文字由于缺乏口语丰富的语调和语气，离开了具体丰富的语境，不能及时互动释疑，与口语这种富媒介比起来，是一种容易产生多种解码、滋生误解的贫乏的媒介表现方式。不过，文字缺乏现场及时互动的缺点中依然有一点相对的优点，即非现场的文字交流同时也让人获得了一些不被迫立即现场反应的自由。但这优点又催生出缺点：可以不做出立即整体场反应的文字交流带来的社会和心理效应，是偏向分离和分裂的。

柏拉图说："没有一位有理智的人，胆敢把他理性思考过的东西转换成语言，尤其不敢把它转换成一种不可改变的形式——凡是文字表现的东西都是不可改变的。"②不过，尽管固化的文字容易让人误解，但也只有写下来，我们今天才能看到《理想国》，才能因之而知晓更多的古代文化。所以，尽管文字的意义相对固化，在缺乏现场及时互动的情况下容易引起误解，但其依然有着突破现场限制而能传播到远离现场的更远的空间和更远的时间的阅读者那里的优点。如果可以，我们当然应尽量选用当面的口语交流，尽量少用文字类的交流以避免误解，但在很多情况下，我们可能需要适当地根据口语与文字各自不同的优、劣势来选择不同情况下不同的媒介组合运用方式，以更好地沟通交流。

7. 文字比口语更容易被操纵

口语作为对具象世界层层抽象而形成的以概念表达某种特征束的符号，其对世界中的物的指称，已经具有了被歪曲、被错指、被混淆，甚至被故意歪曲、被故意错指、被故意混淆等种种被操纵的可能。

文字作为把口语记录下来、突破原有现场而传播到更远时空场的符号，其对世界中的物

---

① 新闻自由委员会. 一个自由而负责的新闻界[M]. 展江，等，译. 北京：中国人民大学出版社，2004：12.
② 哈罗德·伊尼斯. 传播的偏向[M]. 何道宽，译. 北京：中国人民大学出版社，2003：32-35.

的指称与复杂分析，比起结合着现场来传播的口语来说，更容易被故意错指、被故意歪曲、被故意混淆、被故意操纵。

文字的意义，是在长期的发展中不断被约定俗成的，也是还在不断发展变化过程中的。在一定的时空背景下，文字的意义，大致上有着被大多数人公认的某种指称意义。人们基本公认的这些文字的意义，是构成人们相互理解的"常识知识库"的很重要的一部分。写作者基于文字意义的"常识"编码，阅读者基于文字意义的"常识"解码，从而达至写作者与阅读者之间对所谈论事物的意义的沟通理解。在这个基于文字意义"常识"而沟通理解的过程中，一些操纵者会刻意地把一些有利于其利益的意义灌注于一些文字符号中，渐渐地占据这些文字符号的"常识"意义，形成"伪共识"。这些"伪共识"，是看似自然而然的、天生如此的、极有道理的"常识"，因此常常是不容易被质疑的。这些"伪共识"，常常引导着人们从某方面意义去理解一些事物，而这样的理解有利于某些人的利益，很多时候不利于很多人的利益。但利益被损害的人们，常常很难识破"常识""伪共识"中隐藏的被歪曲、被错指、被混淆等被操纵的手法。相反，在应遵循"常识"、应遵循"共识"的朴素想法下，很多利益被损害的人主动地、自觉地按照该"常识"和"伪共识"来认知判断和行动。

当手写文字发展到印刷文字阶段后，文字更容易操纵人的特点被更广泛和深入地利用起来。有了报纸和小册子之后，很多人通过看报纸和小册子了解时事，能了解更详细的、更多的、更大范围内的事情，更多的公众可以就涉及公众的一般性问题进行讨论、发表意见、影响公共政策的制订与实施，参与到民主化的进程当中。但报纸书籍等大众传媒是偏单向的传播，受众很难在报纸书籍上及时回复自己的意见让更多人看见。因此，报纸书籍等制作者就可以通过选择性的事实、选择性意义的灌注，来传播有利于某些人的意识形态观念，从而控制受众。

而进入资本主义大生产阶段的这些受众，从原来的家族关系、邻里村落关系那种密切联系的关系当中抽身出来进到大城市，在各大厂矿、企业、跨国公司里成为孤独的人群中的一员，成为孤独的大众。且大众媒介传递的很多信息，常常超出了个人的专业知识和常识。大众对呼啸而来的信息，很难进行真伪程度的判断，很难对它灌注在里面的意义进行协商性、对抗性的解读。人际关系弱化的原子化的大众对信息的判断力在下降。

霍尔提出，受众在接收信息的时候，有三种典型的接收方式：第一种是接受式解码，第二种是协商式解码，第三种是对抗式解码。虽然受众并不一定会根据传播者想灌输的意义去理解，但受众对于同样的文字编码是可以有不同的解码的。从更多的研究发现来看，接受式解码常常占到了七成左右，而协商式解码常常只占两成左右，对抗式解码常常不到一成。由此来看，虽然受众不一定接受传播者想灌输的意义，但能够自由独立地思考判断的受众极少，大部分受众更容易被传播者所编码灌输的意义影响。所以，我们应特别关注文字意义被操纵的可能。在新闻报道中，记者、编辑只有不断学习，不断提高自己的认知判断能力，做到对世界状况的接近"真实"的理解，不被收买，做到"独立"地、"真诚"地沟通交流，才能真正负责任地为公众报道"新近发生的事"。作为阅读公众，也只有特别关注文字意义被操纵的可能，不断学习，不断提高自己的认知判断能力，才能真正接近真实状况地理解"新近发生的事"。

（三）文字常见的适用情景

1. 突发新闻

当突发新闻发生时，最快的信息传递方式是文字！

就如丛林社会时一句"狮子来了！"能最快提醒周围人避险一样，一句"着火了！快逃！"也是比拍图、拍视频更快传递信息的方式。哪怕进入网络时代，文字依然是最快地传递突发新闻信息的方式。

目前，绝大多数突发新闻是通过微博尽快发出的，大多数突发新闻微博内容首先是文字。当然，如果能够方便地获得相关现场照片、视频，也可能与微博正文文字配合着一起发布出来。

微博内容可以只发文字，但很少见到只发图片和视频却没有文字说明的。因为仅有文字就能比较清楚地说明何时、何地、何人、发生了何事、为何、怎样等新闻六要素，而仅有图片或视频却很难让人弄清楚到底是哪里、什么时候、什么人、什么事、为什么、怎么样。

2. 事件发展脉络

要更好地呈现一个突发事件现场具体发生了什么，最适合的媒介方式当然是核心事发现场的视频。不过，哪怕是想呈现一个突发事件现场具体发生了什么，依然需要文字的助力：一是需要为核心事发现场视频配字幕，让观看者能够配合着文字字幕更清楚地了解这个现场视频到底是什么。二是核心事发现场视频常常不可能把所有现场内容都拍摄呈现出来，而那些没有拍摄到的现场内容需要用文字补充呈现出来。三是现场视频中所发生的新闻事件往往并不是孤立存在的，而是与此前、此后很多事情相关联的，是有着前因、后果、多重影响的。这些复杂相关事件的发生、发展脉络也非常需要用文字来描写、叙述和分析。

3. 人物经历

不管是人物报道还是事件报道，常会涉及对相关新闻人物经历的呈现。人物经历不只涉及具体的一时一地，而且常常时空跨度极大，虽然可以适当地使用一些相关照片或音/视频来凸显某时某地的现场情况，但更广阔时空场景下的多线条的复杂经历仍需要用文字才能更好地描写、叙述和分析。

4. 突出细节描写

文字的好处之一是很容易特别"标出"某些特定信息。比如，在呈现现场时，现场图片和视频可以通过选择拍什么、不拍什么、怎么拍、某些部分拍特写、画面的某些部分配上特别字幕或特效等手段，来对想要传播的现场信息进行一定程度的"强调什么或淡化什么"的议程设置。文字虽然不能直观呈现现场，却可以更方便地用文字叙述、描写甚至白描，通过选择写什么、不写什么、怎么写、具体如何用词造句等手段，更为灵活地强调、凸显出某些特别的细节。这些被文字特别"标出"的细节信息，能让读者更容易注意到该细节及其特别的蕴涵。

5. 背景内容

新闻背景，是指与该新闻事件有关的其他相关事实。按照不同的区分标准，新闻背景可分为不同的种类。比如，可分为历史背景、社会背景、个人背景；可分为知识背景、数据背景；可分为宏观新闻背景、中观新闻背景、微观新闻背景；可分为采访者背景、采写过程背景；等等。"广义的新闻背景涉及新闻报道的全过程，包括：① 宏观新闻背景，亦即新闻事件发生时其所处的时代面貌与社会形态。例如 20 世纪 70 年代初，中国乒乓球队访美是一起新闻事件，中美关系在经历 30 年的对抗之后即将全面解冻这一状态，则为新闻事件发生的宏观背景。② 中观新闻背景，亦即与新闻事件、新闻人物直接相关的背景材料。如在报道新闻事件中，对主人公此前所接触的人、物、事、环境的具体介绍，就是该报道的中观背景。③ 微观新闻背景，亦即在新闻事件中，在新闻人物身边附着的事实细节，它比一般的中观背景细小，但通常能起到生动、凸显真实或画龙点睛的特殊作用。④ 采访者背景，在报道中，记者把介绍自己或新闻同人作为记述的一部分，这可以有助于受众了解发掘新闻事件的视点，进而更好地感知新闻事件本身。⑤ 采写过程背景，与采访者背景的作用相似，过程背景有助于再现新闻全貌，使受众得到立体、可信的感知。在范长江的不朽之作《中国的西北角》中，我们看到，约有 1/3 以上的篇幅是在记述作者自成都至陕甘、祁连山南北、贺兰山四周勘遍西北大地的采访过程，但正是在对艰苦困乏的旅程的记述，才使广大读者更真切、更深刻地了解了当时神秘西北的黑暗和危机。狭义的新闻背景，通常仅指中观新闻背景。"[①]新闻报道中对新闻事件相关的各种背景内容的呈现，因其复杂、多元、时空跨度大，最适合的媒介表达方式依然非文字莫属。

6. 解释、说明和分析内容

新闻报道中，不仅需要描写、叙述发生了什么事，有时还需要对这件事究竟意味着什么进行解释、说明、分析。解释报道就是一种用相关事实来解释和分析新闻事件的报道方式，其写作特点是"用事实说话"，比如，用相关数据、相关背景事实、相关人士的话等多种相关事实来解释此新闻事件意味着什么。不仅解释报道中经常使用解释和分析的写作方式，其他报道中也会用到解释、说明、分析的写作手法。很多消息或深度报道常会添加更多相关事情来解释这件事情意味着什么，有时也需要对一些不太容易懂的问题、专业词汇、程序过程或复杂状况等进行解释和说明，甚至有时还需要对该事情究竟意味着什么直接进行全面系统的深入分析。而这些需要解释、说明和分析的内容，最适合的媒介表达方式依然是文字。

7. 概述内容

文字作为一种抽象概念化的符号，其概述能力极其强大。在信息爆炸时代，最节约时间的信息获取方式常常是文字概述信息。新闻中的文字概述信息，既包括标题、导语、摘要、小标题等文字概述信息，又包括新闻正文中对相关新闻人物经历的文字概述信息，还包括新闻正文中对新闻事件发生、发展、高潮、结果、原因、影响等方面的文字概述信息。尤其是标题，常常是只用十几个字、二十几个字就概述了整个新闻事件，起着非常重要的概述新闻事实的作用。

---

① 杜骏飞. 深度报道写作[M]. 北京：中国广播电视出版社，2000：27-28.

三、新闻照片[1]

（一）新闻照片的特点及作用

（1）易读。

（2）一图值万言。

（3）客观呈现的"证实"作用，但需要警惕伪造照片，应想办法核实照片真实性。

（4）不是绝对静态。比如，可用软件产生推、拉、摇、移等多种镜头运动和多种特技画面切换效果。

（5）导航信息组织手段。

（二）新闻照片的好处与不足

（1）好处：能把新闻事实一下子就送到人们眼前，只消一瞥人们就能大致了解、受到震撼，还能展现出文字所难以展现的动作、表情、环境、气氛等。

（2）不足：有时候，如果没有说明文字相配合，难以知晓这照片讲的是什么事情，而且难以深入、详细地描写、叙述、分析、评论该新闻事件。

（三）拍摄新闻照片需要注意的方面

1. 表现人物反应

与用文字描述新闻人物不同的是，新闻照片能形象地展示新闻人物，让人看到新闻人物的喜、怒、哀、乐，细致而真切地反映新闻人物在特定环境下的动作、表情等反应，从而展现出人物当时的内心感受。

拍摄新闻照片时，应选取反映出新闻人物丰富的面部表情的照片、反映出新闻人物个性化的身体语言的照片、反映出新闻人物在特定场景下的强烈的内心情感的照片。

2. 动感

虽然新闻照片展现的是静止的空间，人们却能利用它抓拍出很有动感的瞬间。展现人物的动作、动态，将之表现得淋漓尽致，会给人以非常动感的想象。新闻照片能抓拍出一个或多个新闻人物在新闻事件中的聚合交流与动作、表情等，让人从小小一幅图片中看出丰富的事实信息和图之意味。动态越明显的照片，越激发人想象，也就越具有感染力和动人的魅力。体育报道中的照片就常常摄取动感强烈的瞬间。

3. 冲击力

新闻照片能逼真地展现新闻事件发生的场景，省去了许多用文字常常烦琐而又难以面面俱到的场景描写。照片一下子就向受众推出富有冲击力的新闻现场，极富冲击力。它常常捕捉到惊心动魄的一刹那，拍下重大新闻事件或人物处在生死关头的瞬间。同时，照片上拍出的人物、事件、场景，又为受众细心观察、揣摩每一细节提供了可能，让人在瞬间受到震撼的同时，又能长久地观看、体味，从而对其印象深刻、回味悠长。

① 胡玥川. 网络新闻编辑[M]. 北京：中国人民大学出版社，2020：147-152. 此节的"新闻图表""新闻视频"部分亦来源于该书第 154-160、171-177 页。

4. 构图方法

（1）三分法。在将主体置于画面中心以外时，可用三分法作为构图指导。在拍照之前，先想象一下将整个画面纵横均分为三等份，得出四个交叉点，这便是良好构图中主体应处的位置。而具体将主体置于哪个点上则取决于主体本身和你想如何表现它。如果你想令主题产生一些动感，可以将其稍微偏离画面中心。主体居于画面中心的构图会产生静止的感觉，而主体偏离画面中心的构图会更有趣些。在主体移动的情况下，一定要考虑路径问题，通常要在行进方向的前方留下足够空间。在画面纵向分割时也可应用三分法，地平线最好不要在正中，纵向物体也最好不要摆在中间位置。

（2）线条。线条在构图中起着重要作用。很多图片利用对角线条构图，能让画面更有灵动感和纵深感。你可以利用对角线条作为视线进入画面的引导，这是一个简单容易的方法，使观众的视线随着线条的指引而投向主体。你还可以利用重复线条来将观众的注意力吸引到主体上。在构图中最常见也最优雅的线条是 S 形线条。

（3）框架。框架是指利用前景中的物体将主体框起来，这样做可以赋予照片纵深感，使其有别于一般的快照。是否在照片中利用框架取决于主题，每张照片的主题都不相同，当然用来作为框架的物体也不会相同。

（4）避免遮盖。不管你选择拍摄什么样的主题，都要注意不要让主题被遮盖。人观看物体的方式是三维的，因此实际上我们很容易只盯着主体而忽略了背景。反之，照相机却总老老实实地拍下所有东西。

5. 裁剪方法

（1）不能直接对新闻照片进行随意的、不按比例缩放的拉伸变形，只能按比例缩放。

（2）当新闻照片经过适当裁剪能获得更佳的呈现效果时，可以对新闻照片进行裁剪。应根据新闻照片的信息呈现意图，裁剪掉与主题无关或影响主题呈现的部分，让主题更好地凸显出来，让相关新闻事实的信息能更好地呈现出来。但应注意的是，不能采用抹去或遮挡新闻照片中的物体、变换新闻照片中物体的颜色、移动新闻照片中物体的位置、变动新闻照片中物体的大小等破坏新闻照片真实性的做法。还应注意不要刻意地通过裁剪来隐瞒事实真相，不要刻意地通过裁剪来歪曲事实真相。在裁剪新闻照片时，应遵循客观真实的原则，尽量做到不以主观故意来妨碍对新闻事实的客观呈现。

（3）新闻照片在拍摄时，因时间紧迫，为了快速抓取转瞬即逝的新闻现场信息，记者常常采取的拍摄方法是：框住核心信息就按键拍下来，不用管构图，后面再来按需裁剪。只要新闻人物、新闻现场、新闻事件相关信息等需要拍摄下来的新闻核心信息被快速框在了拍摄框里，就立刻按下快门或拍摄键，首先保证该核心信息被拍下来了。多拍摄几张框住核心信息的图片后，若还有更多时间，才从构图角度与取景方面考虑更佳的拍摄方式。

因此，记者在后期选择、裁剪新闻照片时，常常采用裁剪掉四周边缘、保留新闻照片中心画面信息的方法。可以根据更好地凸显新闻现场主要信息的需要，更好地凸显新闻人物的神情、姿态、动作的需要，考虑核心新闻事实信息的呈现效果和构图效果，删去匆忙拍照时没来得及注意到的框得过宽的边缘，删去影响新闻现场核心信息呈现的边缘的杂乱无关信息，删去影响凸显出有意味的新闻人物神情、姿态、动作等特别信息的其他无关信息。

6. 选择新闻照片的方法

记者应该懂得不同景别的新闻照片分别适合呈现什么样的人物和新闻现场信息，才能根据信息表达的需要，选择适合的景别的新闻照片放入新闻中。

新闻照片的景别主要可以分为大远景、远景、全景、小全景、中景、中近景、近景、特写等景别。

大远景、远景是视距最远的景别，远景镜头以介绍环境、渲染气氛为主。远景中可以没有人物，有人物也只占很小的位置，故有"远景取势"之说。

大远景、远景的功能是能够呈现很广阔的视野，能够展现有很多人聚集的新闻现场的大场面，能够让你快速地了解这个新闻事件发生的大的现场环境如何。

全景能包括主要新闻人物的全貌（如人的全身、物的整体）和他周围的环境。全景的作用和远景差不多，主要用来介绍人物及人物所在的周围环境。全景中的人、物，应是画面的视觉中心，展现的是人物与环境的关系。

小全景是把新闻人物从头到脚比较完整地照下来。当把一个人完整地照下来时，因为照片常是个矩形框，这个人所在的旁边的那些景物、环境，也就能够通过小全景这张照片展现出来。小全景不仅可以展现出这个人的完整形象，而且可展现出人物在什么样的环境下生活、这个新闻事件是在什么样的环境下发生的。

有时，小全景的矩形框里可以出现两个人、三个人或更多至四五个人。你能够呈现出这几个新闻人物在新闻现场的表现如何，他们之间在发生什么样的动作与神情的交流状况，他们之间的动作姿态如何，他们身边的环境如何。

中景能包括新闻人物的主要部分，能包括头部至膝盖以上的部分。在中景中既可以看到一个新闻人物或两三个新闻人物之间的大的动作，看到几个新闻人物之间的聚合、交流的状况，又可以看到他们身边或身后的一小部分环境信息。中景适合用来表现几个新闻人物在某个现场环境下的存在状态。

中近景能包括新闻人物头部至腰以上部分。中近景的矩形框里可以呈现出一两个或两三个新闻人物的上半身尤其是手的动作和脸上的神情姿态，以及他们身边近身的环境信息。中近景常用来表现几个新闻人物之间的动作与神情姿态的互动状况。

近景能包括新闻人物头部至胸以上部分。近景的矩形框里可以呈现出一个或两个新闻人物的胸部以上的形状、人的清晰的面部表情和手上的动作变化。近景常适用于展示新闻人物比较细微的表情、动作等反应。

特写是视距最近的景别，用以突出刻画新闻人物或新闻现场的特定部分。特写可以是对新闻人物的任一部分的特写，也可以是对新闻现场的任一部分的特写。脸部特写可以包括人物由肩至头的部分，也可以特写脸部的任一部分。新闻图片常常拍摄新闻人物面部表情的特写，尤其是眼睛的特写，因为新闻现场的人物的内心世界常常无从显现，但"眼睛是心灵的窗户"，不太受人控制的面部表情，也能泄漏新闻人物内心的一些信息。所以，新闻图片常常用人物面部表情特写来呈现新闻人物在新闻现场里复杂的内心世界的信息。

美国《生活》杂志要求一个图片故事要包含以下类别的照片，由它们完成对一个故事的渐进刻画：① 全景：对主题带有介绍性的照片。② 中景：对一群人或一些活动的描写。③ 近景：把镜头集中到专题中的一个元素。④ 肖像：或者是人物表情丰富处于情感高潮的面部特写，或者是人物处于他的生活环境中的照片。⑤关系照片：表现人物之间交流的照片。⑥典型的瞬间：对这个专题具有概括意义的照片。⑦过程照片：包括开端、经过、结束，或者前后的对比。⑧结论性照片：专题的结尾。

（四）新闻照片数字化加工的原则

用软件对新闻照片进行图片处理时，原则上是不可以改变图片信息的。改变任何视觉的或其他的信息，使之与事实迥异，都无异于对真正的新闻事业的背叛。不过，为了更准确地描述现场而对新闻照片进行裁剪、调色，以及去掉图中与新闻报道无关的枝叶，这些都是可以接受的。

在新闻照片数字化加工时应遵循哪些具体的要求，《华盛顿邮报》等7家报纸制订的图片编辑的15项原则非常值得借鉴。以下是这15项原则及《人民日报》许林对这些原则的逐项解读[①]：

（1）所有的原始数码图像都必须由数码相机直接下载到图片库以备所需时编辑和回顾。在进行本地传输时，原始文件需存盘。所有用于编辑目的的打印输出都必须来自数码相机的原始文件。

解读：

像保存底片档案一样，对原始数码图像下载和存档，是确保数码摄影采访新闻摄影信息真实性的一条极其重要的原则。

每一位摄影记者或签约摄影师必须做到，不允许拍摄者对原始数码图像文件的数据做任何修改，以确保提供给图片编辑和版面编辑的照片是原始图像信息。

在实际中，许多人对原始数码照片的构图、影调、色温、色相、色明度、色彩还原和色彩饱和度等不满意，经常自己动手在Photoshop上修改，这是可以理解的。但是，你要注意：第一，要把修改的照片另存一个文件；第二，提交编辑部时，把你修改的文件连同原始数码图像文件一起上交。这是摄影记者和签约摄影师必须做到的。

"在进行本地传输时，原始文件须存盘。"我理解，拍摄的数码原始文件不管传输与否，必须及时下载存盘。

"所有用于编辑目的的打印输出都必须来自数码相机的原始文件。"这句话是说编辑在选稿过程、编稿过程、排版过程、打印印刷过程中，"都必须"使用来自数码相机的原始文件，以确保照片信息的准确性。

"以备所需时编辑和回顾。""编辑"是指图片编辑或版面编辑对你修改后的照片不满意，需要重新编辑和修改；"回顾"是指编辑要对照原始文件所有信息的核查。

每一位图片编辑和版面编辑也必须履行和遵守这条原则，确保原始数码图像资料的完整性和真实性。

（2）图片应标注清晰的图片说明。

解读：

"清晰的图片说明"就是新闻的基本要素：5个"W"加一个"H"，即何时、何地、何事、何人、何故、如何。

---

① 许林. 解读《华盛顿邮报》图片处理的15条"军规"[J]. 新闻实践，2005（7）：58-60.

（3）读者认为图片应当是对事件的真实记录，我们决不能背叛这种信任。纪实照片的完整性具有最高优先权，纪实照片边框内的所有内容都不能改变，包括改变背景，增加颜色，制造图片蒙太奇或者拼接图片。不能对图片中的内容做任何的增减，这意味着即使是一只手或者一根树枝出现在图片中的不合适的位置，我们也不能去掉它。

解读：

"读者认为图片应当是对事件的真实记录。"新闻学关于新闻的定义有几种说法，大多数人更愿意接受"新闻是新近发生的事实的报道"。根据这个定义，作为报道摄影的新闻图片，也是对新近发生的事实的真实记录和报道。

记者是什么？记者是新闻事件的记录者和传播报道者。记者有权采访新闻事件的瞬间、片段和全部过程，通过报道传播给大众，形成社会舆论，并以社会舆论促进或者推动社会问题和矛盾的解决。但是，记者无权改变新闻事件的全部、片段和每一个瞬间的事实。对于摄影记者来说，就是无权改变新闻照片中的每一个细节新闻信息。

"纪实照片的完整性具有最高优先权。"这里的"纪实照片"就是特指作为报道的新闻摄影。新闻照片原始图像的"完整性"是至高至上的、神圣的、不可侵犯的。

"纪实照片边框内的所有内容都不能改变。"任何人不能对图片中的内容做任何的增减，尤其是不能"制造图片蒙太奇或者拼接图片"，以确保新闻照片的原始信息。

（4）摄影记者不能对新闻事件进行设置、重现、导演或者采取其他人为行为干扰新闻事实。

解读：

不能策划新闻。

不能人为地干扰、摆布、导演正在发生着的新闻事实。

不能在新闻事实过后再重新演习、摆拍。

不能摆拍。

（5）报纸的任务是刊发纪实图片，导演现场只在下列状况下被允许：肖像摄影、时尚或室内设计摄影、工作室摄影，这些照片在使用时必须加以区别，其图像不能给人以纪实照片的错觉。一般情况下，在使用这些照片时应做文字说明。比如某人是为了被拍照而在现场工作，则图片说明不能是"某人正在办公室工作"。

解读：

新闻人物的肖像照、文体明星的时尚照、室内设计照等允许现场"导演"。

"这些照片在使用时必须加以区别，其图像不能给人以纪实照片的错觉。"这句话的意思是：这些照片不能作为新闻照片来使用，不能让读者产生是新闻照片的错觉。

新闻人物肖像照"使用时应做文字说明"。比如写作"某人是为了被拍照而在现场工作"，不能写作"某人正在办公室工作"，以此区别于在现场抓取的新闻照片。

（6）纪实照片应尽量减少侧面影像的使用，这些图片容易造成特征性元素的缺失。

解读：

既然是"减少"，就不是不允许，不能绝对化。

但是，作为新闻照片，确实应当注意对影像"特征元素"的表现，尽量不要造成缺失现象。

（7）纪实照片不得被拉伸、变形以适应版面需要。

解读：

新闻照片不是哈哈镜，不能随意变形。有的编辑看到版面空一块，为了不改排文字，图省事，把照片拉长或是压扁，使照片变形，借以填补空白。

首先，这样做违背了新闻摄影的真实性原则，他们在做变形处理的同时，把被报道对象的真实、客观的形象也改变了。

其次，这种版面处理还涉及四个问题：一是照片中人物形象被歪曲了，不尊重被报道对象；二是摄影作者作品的完整性被破坏了；三是读者一般不会认为是图制作得不好，而会责怪摄影者拍得不好，作者的名誉权也被损害；四是从美学角度来看，随意把人物形象拉长或压扁，在多数情况下，扭曲了正常的人体结构，丑化了形象。

新闻照片一般不存在侵犯肖像权问题。但是，使用新闻照片时改变了被报道者的形象，是不是侵犯了被报道者的肖像权呢？

（8）应减少标题压图片的用法，如需使用，则必须与摄影者和图片编辑共同论证。

解读：

"应减少标题压图片的用法。"这里说的是"减少"，不是不能使用。

"如需使用，则必须与摄影者和图片编辑共同论证。"这里有两层含义：强调尊重摄影者作品的完整性；使用压题图片时，是否对图片的基本信息构成了伤害？需要论证。这个论证，除了需要论证可行性，还要论证不可行性。

压题图片是一种标题与图片的版面组合，是一种版面手段。标题字压在图片的什么部位，才能达到既突出整体新闻，又美化版面，同时又不会破坏图片的基本信息？这些都需要论证和正确设计。

（9）数字图像改造技术的使用必须明显地显示出其虚构性。如果必须使用图片说明才能让读者明白此图片经过了数字技术的处理，那么这张图片就不能被采用。

解读：

这是说制作数码照片一定要在视觉上有明显的符号特征，要让读者不用看文字说明，只要看照片本身就可以明白是经过数字处理过的图片。

（10）可以创造性地使用照片图示（photo illustration）来表达编辑思想。照片图示一般不使用纪实照片。照片图示的制作必须会同摄影者本人、图片编辑、文字编辑、美术设计，使用的手法必须明显或者夸张，以避免读者误认为其为纪实照片。这种方法使用时必须得到新闻美术总监或其助理编辑的同意。

解读：

"照片图示"是一个好办法，也为版面选择和使用图片开辟了一片新天地，增加了一个新的、强大的图片品种。

"照片图示一般不使用纪实照片。"这句话在强调图示图片与新闻照片之间的区别，一般情况下不使用新闻照片，而使用那些新闻性不强或者没有新闻信息的照片。这种照片一般可以作为插图照片使用。

"必须明显或者夸张。"这句话说明了两点：在视觉符号上，与新闻照片的区别必须是明显的；画面形象应当是夸张的，而不是纪实的。

"必须得到新闻美术总监或其助理编辑的同意。"这句话是在说图示的美术设计很重要。当编辑要用作者拍的一张照片做图示使用时，应当而且必须得到美术总监或美术总监助理编辑的同意才能进行。这里强调的是团队协作精神，是 WED 工作模式——写作、编辑、设计三合一概念：图文总体设计。

（11）应读者需要刊登的从读者那里获得的有关婚礼、讣告等的图片不能做任何改动。比如，讣告图片必须与原图保持一致，重现性是最重要的。

解读：

这是指应读者要求的有约定性的图片，要尊重读者意愿，保持图片信息的"重现性"。

（12）允许为了使图片有更好的效果而对于锐度和对比度的一般性调整。为了增加清晰度和精确度而对色彩或灰度进行的调整必须被限制到最小程度。

（13）可以通过加光或者减光改善图片的技术质量，可以使用数码技术修补照片中由于过多的灰尘和其他非人为因素造成的图片缺损。

解读：

"允许为了使图片有更好的效果而对于锐度和对比度的一般性调整。"这里讲的是"一般性调整"。

"加光或者减光"，如同在暗房放大时对影调的调整。

"其他非人为因素"，比如照片划痕，冲洗放大过程中由于药水和镜头有杂物造成照片出现的脏点等。

在电脑上能不能修改新闻照片？修改新闻照片有没有底线？

a. 能修改。

就像我们过去在暗房中冲洗放大照片一样，除用药水冲洗之外，电脑可以担当起传统暗房的全部工作。另外，在编辑、制版过程中，编辑也可以对照片做一些局部的修改和调整，例如对影调、色彩、剪裁等的局部处理。

我所说的"局部的修改和调整"与"一般性调整"大体相同。

b. 修改有底线。

这里需要注意的是，所谓"局部"，是指对照片基本影像信息不构成伤害的修改。

例如：

没有改变照片中影像主体形象的真实性。

没有改变照片中影像信息的结构和布局。

没有对影像进行变形处理。

没有张冠李戴的"换头术"。

没有移花接木的集锦……

一句话，在不违背新闻真实性包括影像信息真实性原则基础上的修改，就是电脑修改新闻照片的底线。

（14）美术总监、责任编辑和编辑部应当对有疑点的图片及时质疑，必要时总编辑应参与决策。

解读：

使用图片要高度负责，对有疑点的照片，要行使把关人的职权，把住出口，不让有问题的照片传播出去。

（15）所有在本报刊登过的照片在参加摄影比赛时都必须遵照本报图片处理原则，依照原始图片加以调整。

解读：

"依照原始图片加以调整"，即使是参加比赛的照片，也还是以不破坏原始照片的基本新闻信息为尺度进行调整。

四、新闻图表

（一）新闻图表的好处与不足

（1）好处：那些需要受众费不少精力从文字、照片、视音频中理清的信息，运用新闻图表就能够帮助受众更简洁、更有条理、更直观、更形象地掌握。

（2）不足：不够详尽，需要和文字或音频配合使用。

（二）新闻图表的种类及作用

1. 表格可把复杂繁多的数据条理化

表格能将复杂而繁多的数据分类列于表格中，使数据呈现丰富而有序。如果把大量数据罗列于文字中，既不便于阅读，也不便于分析，反而让人看着一大堆数据觉得枯燥无味。有序呈现在表格中的数据，便于人们分析数据，更容易让数据的意义明白地表现出来。

2. 清单以条目罗列头绪繁多的信息，更易读

清单能将头绪繁多的信息以条目式的方式，一条一条罗列出来，看起来更清晰、明白、易读。

很多复杂的新闻事件，尤其是在一段比较长的时间内跟踪报道的新闻事件，不少读者并不一定实时跟读最新消息，导致对该事件中间的发展变化过程不太了解。这时，利用"时间+事件发展主要内容"的清单形式，把历时的事件发展信息展现出来是很好的进行事件梳理、帮助读者快速了解复杂事件发展经过的编辑信息的方法。

3. 柱状图是进行数据比较的可视化最佳方式

柱状图是以柱状的形式，以不同高度的柱子形状表现出不同方面的数据量的多少。柱状图能够形象地比较多个方面的数据量的相对大小，直观易懂。

条形图其实是柱状图的一种，只是把竖着的柱子，倒横放，成了条形图。条形图与柱状图一样，以条形的长短，表现出不同数据量的多少，直观易懂。柱状倒横放成条形以后，更适合从上往下一溜儿排列更多行数据，特别适合竖着的手机屏幕，方便进行十几行，甚至几十行的数据量的长短比较。

有时候，条形图会根据情况在显示上稍有变化，不一定是有宽度的条形，也可能用其他图形来表示，如用多个图标来表示某种东西的个数，又如直接用细细的横线条来表示条形，等等。

4. 线形图叠加时间维度，适于展示依时序发生的数据变化

柱状图、条形图、线形图叠加时间维度，能够很清晰地展示出某方面或某几方面随着时间流逝而不断变化的数据信息变化。在与时间序列相关的数据图表里，最常见的是作为柱状图之变种的线形图。

线形图其实也是从柱状图变化而来的，只是没有画出柱子的形状，而是相当于把多个柱子最顶端的点连成了一条线。线形图常常用来反映一个数据随着时间流逝而产生的变化。

5. 饼状图可以更清晰地表现局部在整体中的占比

饼状图以圆饼或圆环的形式表现一个或多个数据在总体中所占比例的情况。饼状图非常适合直观地比较多个数据在总体中的不同占比情况。

6. 树状图能更好地表现分层的结构

树状图是像树的形状那样，树干分出树枝，树枝分出树叶等，一层一层地分叉。树状图适合表现分层的结构、人物之间的复杂关系和事物之间的多层级关系。

7. 散点图一般用来表现两个线性度量的相关性

散点图是用两组数据构成多个坐标点，考察坐标点的分布，判断两变量之间是否存在某种关联或总结坐标点的分布模式。

8. 示意地图适宜展示与地理位置相关的信息

地图可用来展示新闻事件发生地的具体位置。在有需要的时候，新闻正文中可考虑插入新闻事件发生地点的地图链接，以方便读者快速跳转查看新闻事发地的相关信息。

示意地图是在地图的基础上进行某种信息的展示，可用来图示与地理位置相关的多种信息。比如，可以将新闻事件的复杂发展过程标注在地图上，以示意地图的方式把新闻事件发展过程简洁形象地传递给受众；还可以用示意地图来展示难以拍摄到视频的新闻事件（如三峡大坝截流）、自然现象（如龙卷风的形成、地震发生过程）和社会现象（如禽流感的传播途径）等。示意地图能让复杂的过程简洁展示，让难以用视频呈现的事件、自然现象和社会现象具象化，给人以直观的印象，更有利于读者理解复杂事件和现象的发生、发展过程。

五、新闻视频

（一）视频的特点及作用

1. 再现连续生活影像

借助人眼视物的延迟效应，以每秒 24 帧以上的速度播放静止图片，就能给人以连续影像的感觉。视频是在两维的平面上，再现三维的空间画面，再加上时间这一维度，就能再现生活中人们所经历的四维生活。出现视频以后，人们终于可以不用再把头脑中所全息感觉到的外界信息转换成图画、口语、文字来传递信息，而是可以"直接"把人眼所见，转换成日常生活所见的连续影像传递出去。

在网络新闻中，视频被用来大量摄录新闻事件现场，尽量提供给用户"直接"看到现场的机会。在 4G 手机出现后，随身携带的手机可以很方便地摄录。人们作为目击者，常常上传刚巧拍到的新闻事件发生现场的视频，记者、编辑们也经常有意识地全网搜索目击者发布的现场视频，加入新闻报道中去。这让新闻报道中的新闻现场视频变得更多、更常见了。

手机可以连续摄录很长时间后，视频直播开始热门起来。新闻媒体开始大力开发视频直播报道。直播平台也迅即成为风口，每个人都可以方便地直播自己的生活，每个人也可以方便地"看见"别人摄录的生活。围绕在人们身边的现实生活，不再只是自己亲身经历的生活影像，还不时加入了别人经历的生活影像，人们的生活视野扩大了。不过，人们在放眼看别人生活的同时，也存在着忽视自己身边生活的可能，怎样生活才是对自己最好，还需要人们自己综合平衡，以做出对各种信息的适宜的判断与行为反应。

2. 声像并存或"影像+字幕"

一般来说，视频是连续影像再加上音频，是声像并存的。只有影像，没有声音的话，常常不太容易了解这变动的影像到底是什么意思。单独的音频新闻，人们是可以较容易听懂说的是什么内容的。单独的纯影像无声音的视频，人们便难以完全看懂了。

很多人看网络视频时，不一定方便外放，也不一定戴了或愿意戴上耳机，为了不打扰周围人，或者说保护自己隐私，播放网络视频时常常把声音关闭。所以，网络新闻编辑最好能给每个视频都加上字幕，让字幕的字号大小和显示底色等适宜于大屏和小屏的浏览。

3. 显示空间上的限制性

视频虽然看起来接近于人眼所见，但其实，人在生活中看周围事物时，可以很灵活地随自己意愿和需求去看周围世界，摄像头却有视角的限制，常常只能拍摄固定角度的画面。即便可以全方位旋转摄像头，可以放置多个摄像头，也难以和人自己在生活中灵活变化的视角和视域贴合一致。当然，有时候，不同设置的摄像头也能够超越人眼的视角和视域，给人们带来眼睛难以达到的视角和视域。

摄像头的视角和拍摄显现的视域有着显示空间上的限制性，即便是全方位呈现现场视频，依然是有限制的。所以，在视频拍摄和播放方面，其实有着很大的人为操控的空间。拍摄者可以按照他的想法和意图，去选取某个或某些特定视角和表现视域，有选择地、有重点地、有忽略地、有隐瞒地来呈现"现实"世界。作为在很大程度上被传媒信息的拟态环境影响的人，认识到这个隐藏在任何传递信息之下的作用，是在信息社会中生活应该具备的重要常识。传递信息的记者、编辑更应该有意识地在工作中提醒自己注意影像背后的拍摄动机、拍摄视角、编辑技术等因素所可能带来的影像表现和社会影响。

4. 影像符号所指的不确定性较大

作为包含能指和所指的符号，影像符号的所指具有不同程度的不确定性，需要在上下文环境中来具体辨析。相比语言文字类的符号，影像符号能指的所指方面，含义不确定性更大，更容易在不同的剪辑拼接中表达出很不相同的意思。

不同的蒙太奇剪辑方式、不同镜头的连接方式，常常会呈现出不同的意义。影像符号还会因配上不同的声音或字幕而展现出不同的含义。

因此，在处理影像符号时，应考虑到不同剪辑拼接对含义的影响，考虑到与影像符号相配合的不同声音、字幕对含义的影响，有机地结合影像剪辑方式和配音及字幕的内容，尽量呈现出自己想要的表达。视频用户也应该有影像信息接收方面的素养，培养自己透过影像呈现来尽量还原"现实"生活信息的解码能力。

5. 影像让人们深深卷入日常生活之谜

因为视频声像与用户日常生活的逼真的相似性，观看视频声像很容易让观众深度卷入。

麦克卢汉在分析电视媒介时曾说电视媒介是冷媒介，即让人深深卷入的媒介。他分析说，电视媒介因为像素低、不清晰、信息模糊，反而容易让人越发想要去弄清楚到底发生了什么，因此被深深卷入。

笔者认为，并非因为电视屏幕当时的像素低，造成影像不清晰、信息模糊，人想弄清状况而被深深卷入，而是因为电视上显现的是像日常生活那样的影像，日常生活恰恰是最难以理解的信息。"我是谁？从哪来？到哪去？"这样的人生难题，没有人能说自己答出的答案就是唯一正确的。透过以空间和时间的维度投影呈现在头脑中的生活影像，人们被深深卷入日常生活之谜，难以完全理解生活中到底发生了什么。越是难以弄清的，弄清楚了才能更好地对之进行行为反应、更好地生活下去的那些信息，人们越会被深深卷入，尽可能地去理解它。因此，越来越多的别人的日常生活影像信息深深地吸引了人们的注意力，人们想要通过观看这些别人生活世界里的影像来理解世界、理解社会、理解人生、理解别人、理解自己。这也是直播有这么多人愿意看的主要原因。但是，很多事会"过犹不及"，人们应该在过好自己的日常生活和观看别人的日常生活之间，寻找到对自己来说最佳的平衡。

6. 影像有"证实"作用，但"改头换面"日渐容易

俗话说"眼见为实"，影像与日常生活所见极为相似，人们常常以为影像忠实地记录了生活原貌，有"证实"的作用。但是，影像也能够被改变，且随着技术的发展，"改头换面"也日渐容易。因此，对影像的"证实"作用，应该有警惕之心。

记者在为新闻报道添加视频时，尤其在采用网络上流传的视频信息时，应该多源求证，尽量找到相关方面来确证该视频信息的真实性。不应该想当然地以为视频信息"天然地"是对事件的真实记录，而应该考虑到视频信息作假的可能性，审慎地判断并核查视频信息的真实性，在多方核查视频信息的真实性之后，再发出编辑判断为可信的报道。

（二）视频要素[①]

1. 景别

内容见本书第 39 页"选择新闻照片的方法"部分对景别的介绍。

2. 镜头运动

镜头的运动有推、拉、摇、移、跟、升、降、俯、仰等方式。

推——被摄体不动，摄像机的变焦距镜头向主体推进的连续画面。被摄体在画面中逐渐变大。推镜头的作用是突出介绍画面中起重要作用的人或物，相当于让观众逐渐走近被摄对象去观察。

拉——与推镜头正好相反，由局部到整体，使人有远离目标的感觉。拉镜头是在被摄对象位置不变的情况下，摄像机逐渐远离被摄物。拉镜头的作用主要是展示人或物的空间位置和周围环境的关系，相当于让观众逐渐远离被摄对象去观察。

摇——摄像机的机位不变，只是镜头轴线方向发生变化，机身作上下左右摇、斜摇、旋转摇等运动。摇镜头可以连续不断地跟随某个或某些人物的运动，或使观众对眼前的事物或场

---

① 蒋晓丽. 网络新闻编辑学[M]. 2 版. 北京：高等教育出版社，2012：153-157. 此节中的"视频要素""制作视频新闻需要注意的方面"部分来源于该书。

景的各个部分进行逐一观察。

移——摄像机机位边移动边拍摄。移动镜头有横移和跟移。

横移是摄像机向左或向右做横向运动。

跟移是摄像机跟随运动的被摄体拍摄。跟移可使背景空间发生不断的变化，有一种流动感。

升降镜头是面对被摄物体由摄像机作垂直方向的移动来拍摄。升降摄法可以显示广阔的场景和丰富的空间层次。

变焦镜头可以连续变化景别，代替许多焦点不同的定焦距镜头，兼有广角、标准和长焦镜头的特点。使用变焦摄法，在摄像机位置不动的情况下，可以模拟推拉摄法，有时通过焦距的急遽变化，起到类似于"急推""急拉"镜头的效果。

3. 画面切换

切换——一个画面简单地切入下一个画面。它是最快的画面变换，因为没有任何间歇。切换常用来表示同时发生的动作，或者用来加快动作的速度，以及使画面多变。它避免一个画面在屏幕上停留的时间太长。

渐隐——一个画面淡出、下一个画面同步淡入时产生的重叠效果。渐隐比切换的速度慢。它有快渐隐和慢渐隐之分。渐隐用来表明特定画面的短时间停留或画面之间的转换，这里的动作或者与前一个画面中动作同步进行，或者在前一个动作后很快出现。

淡入——画面实际由全黑（黑屏）逐渐转入视觉的效果。

淡出——与淡入相反。画面由亮逐渐转成全黑。如果一组连续动作和下一组连续动作之间间隔数天、数月或数年，常用"淡出、淡入"来表示。

抠像——一个画面的部分放到另一个画面上，这样同一个叙述者就可以出现在不同的背景上。

叠印——一个画面或物体叠在另一个画面或物体上，片名或产品常可以叠加在画面上。

划变——新的画面以几何图形的方式从前一个画面的顶部、底部或侧面划出。划变比渐隐快，但不如切换快。划变和渐隐或淡出不同，它没有时间间隔的意思。当需要简短、快速的画面衔接，或分离一些产生蒙太奇效果的印象主义镜头时，划变是最有效的。

变焦——镜头流畅地，有时是快速地，从远景转换成特写或从特写转换成远景。

4. 节奏

节奏是由镜头内部的节奏和镜头外部的节奏共同形成的。

一则视频新闻的镜头内部的节奏由视频新闻表现的画面和声音内容本身的节奏决定。具体来说，镜头内部的节奏因素包含：由不同题材、内容所决定的事件发展进程内在的运动节奏；镜头中主体运动的速度；摄像机运动的速度；景别变化的节奏；光影、色彩等画面造型因素所造成的节奏；音乐、音响等声音所造成的节奏。

镜头外部的节奏是因镜头在组接过程中——即经剪辑的原因而形成的节奏，由剪接率、镜头剪辑应用的特技所展现的节奏决定。

剪接率是镜头转换的速率。如果视频新闻长度不变，则剪接率快慢和镜头数量多少成正比。即剪接率快，镜头数量多，视频新闻的总体节奏必然快；剪接率慢，镜头数量少，视频新闻的总体节奏必然慢。

镜头之间的特技转换技巧也影响节奏，如渐显渐隐、淡入淡出在时空上表现为较大的间隔，容易形成比较缓慢的节奏。划出、划入因其形式上的简单明快，容易形成较快的节奏。切换的转换更为直接快捷，组接成的新闻节奏更快。

（三）制作视频新闻需要注意的方面

1. 表现过程、情景、情感、形象、动作反应

电子媒介时代的视频交流是跨越时空的触觉交流，是具象化的交流，是感性的交流，是深度卷入情景的交流，是追随传播对象反应的交流，是重在表现过程的交流，是像生活一样自然的交流，是通过文字、视频、音频全方位的交流。同时，视频中的情景、过程，应是比现实生活节奏快得多的情景、过程。视频中的人物动作或言语的反应，应是同现实生活一样自然流畅的动作、闲聊和对话，只不过在视频里是用夸张的特写面部镜头来展示人们日常对面部表情的特别注意。

视频是种冷媒介，让人深度卷入过程、情景、情感、形象、动作反应等。因此，应尽量发挥视频新闻让人深度卷入的功能，使视频新闻具有想象空间，从而具有吸引力和感染力。

2. 剪辑应让视频合理连接

从内容上看，连接画面应符合逻辑。符合逻辑，一是要符合客观事物运动发展的逻辑，二是要符合人的思维逻辑。

从形式上看，连接画面应寻找好的剪接点。剪接点是能使上下两个镜头自然流畅衔接的地方。剪接点分为动作剪接点、情绪剪接点、声音剪接点。在剪辑中，要善于在上下镜头中去寻找建立连贯关系的画面形式因素或声音形式因素。画面上的"形相似，动相似"，即上下画面主体在形态上或动感上的相似，可以作为承上启下的因素，使画面衔接顺畅、场景转换自然；还可以利用特写镜头、"虚"镜头等来承接上下两个镜头；利用对话、解说、音乐、音响等的某种联系，也可以顺畅地进行时空转换，连接上下两个镜头。

剪辑的基本技法有动接动、静接静、静接动、动接静、动作转场剪辑、特写转场剪辑、语言转场剪辑、音乐转场剪辑、音响转场剪辑、特技转换画面等。

动接动是两个在视觉上都有明显动态的镜头的组接。两个镜头的运动节奏宜大致相同，以符合观众的视觉心理要求。

静接静是两个在视觉上没有明显动感的镜头的组接。在视频中，没有绝对的静态镜头。有些形式上看完全静态的镜头，由于其在整体组接的新闻事件中具有某种推动作用，仍使观众感到其活泼的动态。

静接动是动感不明显的镜头与动感十分明显的镜头的组接，可以通过节奏上的突变对情节进行有力的推动。

动接静是镜头动感明显时紧接静感明显的镜头。这种组接方法似乎在视觉上和节奏上造成了突兀停顿的感觉，但实际上往往让观众更强烈地感受到运动节奏，玩味到运动的延续。

动作转场剪辑是借助人物、动物、交通工具等在动作和动势上的相似性来进行场景或时空转换的组接。

特写转场剪辑是用特写画面来结束一个场景或从特写画面展开一个场景的剪辑手法。这种手法的好处是，让观众的注意力集中在某一人物的表情或某一物体的时候，不知不觉中就转换了场景。

语言转场剪辑是利用后一个场景开头的言语与前一个场景结束的言语的重复或其他有机联系来转换场景的剪辑手法。

音乐转场剪辑有两种，一种是把音乐向前一个镜头末尾处或向后一个镜头开始处延伸一定的长度；一种是利用上下两个镜头中与某一音乐共有的联系来转换场景。

音响转场剪辑，是利用两个镜头首尾相交处音响效果的相同、相似或串味（导前或延缓），使两个场景自然转换。

当两个镜头没有相似或相近的连接因素而又需要连接时，可以借助特技技巧来转换画面，实现"叠印""化出""化入""渐显""渐隐""划"等特技转换效果。

3. 画面构图应突出重点、有和谐的美感

对视频新闻来说，构图首先应注意如下一些特殊的规律：首先，要求画面完整抓住（框住）新闻现场的重点。这是最为重要的一条。在无暇他顾的情况下，只要能实现这一条，其他各种构图原则都降为次要的要求，甚至可以无须考虑。其次，应将新闻现场的重点置于画面中心位置，突出新闻现场的重点。最后，应根据条件的许可，尽可能地考虑画面构图的其他各项美学原则。

和谐的美感，体现在每一幅画面的构图中。视频画面构图必须处理好人的正常观看习惯与视频的长方形边框的关系。人们常常将主要视线集中于主要想看的景物，并在通常情况下本能地将想看景物的重点置于视野的中心位置。因此，画面构图应力求紧凑，避免分散。画面应当仅仅表现所要表现的东西，只包括为说明新闻人物或事件所必需的范围，以免冲淡或淹没对新闻人物或新闻事件的表现。画面应准确揭示被摄主体与环境的关系，完整表现主体的实际状态。应将被摄主体置于画面中心位置，周围的空间分布应适当，使被摄物体与周围的空间比例协调。在拍摄人物时，视线方向的空间应较宽裕。构图注意景深，尽量发挥视频表现三维空间的特殊优势。拍摄全景时，注意以前景形成框架，以便更好地揭示画面中各景物在三维空间中的相互关系，同时可使画面获得很好的纵深感。画面构图应考虑黄金分割的原则。不过，有时候画面构图可以突破正常观看习惯的规律，用特殊的构图与想要表达的想法和谐地调和在一起。

和谐的美感还体现在运动的图像中。每一张静止的照片都需要相对完整的构图才能让人理解。视频是连续运动的图像，与照片不同的是，可以由众多只表现了某些物体的残缺不全的某一局部的画面连接起来，共同表现某种完整的物体、过程、情节、事件。

4. 声画应配合

声画关系有两种：声画同步、声画分立。声画同步指画面中的图像与它所发出的声音同时出现或消失，一般都是同期声，有时会是后期配音。声画分立指声音与图像不同步，各自具有相对独立性，但又相互制约、相互配合。在视频新闻里，声画配合主要指解说词与画面的配合。

在编辑视频新闻时，解说词应遵循为看而写的原则，"言画面之所难言"，或是补足新闻要素、说明有关情况，或是揭示画面内涵、阐明主题思想，或是抒情写意以增强艺术魅力。

在大多数视频新闻中，解说词往往断断续续分布在画面、同期声、人物采访、音乐之间，呈现出一种镶嵌式或点睛式的形态，如果把解说词单独拿出来看，往往会让人觉得前后不连贯、指代不清、交代不明，但一放进新闻中，和其他电视元素一结合，就会让人拍案叫绝。

解说词有时也会成为取代画面、承担主要信息传递重任的主要手段，比如一些政论片、文献纪录片，可能是以解说为主要的表现手段，画面不过是做一些形象的图解。

尽管文字解说词在表现抽象上具有一定的优势，但在表现具体的时候有很大的局限性，即便是满灌式的解说词在信息传达过程中，仍然需要画面、同期声、音乐、字幕、特技等元素去补充信息或加强信息，形成一个完整的电视形象。

总之，解说词应包含一定量的潜台词，将观众的注意力向画面上引导，使观众更好地被卷入新闻事件。[1]

六、更多新媒介的特点及适用情景

随着网络技术的不断发展，在最基本的媒介文、图、视/音频等的基础上，具有新的信息传播功能和特点的新的媒介技术方式不断涌现。运用在新闻报道方面的新的媒介方式主要有新闻海报、新闻动画、新闻直播、H5 新闻、VR 新闻等。

（一）新闻海报的特点及适用情景

海报是一种偏图像类的广告形式，主要通过视觉冲击力来吸引网友目光。海报最早起源于上海，上海人把戏剧演出叫作"海"，把从事戏剧表演叫"下海"，把招徕顾客的宣传剧目演出信息的张贴物叫"海报"。

新闻海报主要是新闻图像和文字的一种结合方式，一般是在冲击力强的新闻图像的基础上配上精简的文字，方便网友转发、扩散，以达到广告某条新闻或某组新闻报道的效果。新闻海报中的图像需要既有新闻性，又有冲击力，常选择有特点的新闻事件核心现场照片或裁取精彩局部特写。新闻海报中的文字需要精简凝练、直击主题，常以一个或几个关键词的形式出现，有时也可能是以一个高度凝练的短句的形式出现。

从适用的新闻类型来看，新闻海报常用于推广突发新闻、热点新闻、重大新闻、专题新闻、节点类策划等新闻报道类型。

从适用的报道体裁来看，新闻海报可分为快讯（消息）类、人物类、评论类、特写类等新闻报道体裁。热点突发新闻的新闻海报设计强调一个"快"字，最好平时就已有相关类型新闻海报的设计思路、设计模板，才能在需要时快速制作、抢秒发布。而独家新闻、节点类策划等在报道传播的时间上相对不那么紧迫，可以多花点时间来精心打磨。

从媒介呈现形式来看，新闻海报大多是二维平面海报，少部分是动态交互式海报。二维平面海报主要包括传统图文海报、纯文字海报、手绘海报等形式。动态交互式海报类似于单页的 H5，是介于几乎无互动的二维平面海报和可复杂互动的多页 H5 之间的一种简洁互动形式。动态交互式海报比多页的 H5 更简洁，又比平面海报多了动态和交互优势。动态交互式海报常见的动态与交互形式有：在中心画面或文字上添加或闪烁，或波纹、或摆动、或抖动等动效，文字交叉叠压或立体环绕，画面主体变形缩放或色彩变换，GIF 式动态展示，主要事件内容的动画展示，手绘动画展示，点击出现下一张图，点击出现问题答案，点击出现或自动播放新闻人物或新闻现场的声音，点击出现或自动播放新闻人物或核心新闻现场的视频，点击出现相关信息链接页面等。新闻海报还可以被打印、张贴出来，实现线上与线下的联动。

① 金旭东. 电视解说词的非独立性[EB/OL].（2003-01-01）[2024-08-08]. https://purple.nj.gov.cn/gb/content/2003-01/01/content_1428.htm.

　　从组合类型来看，新闻海报有单张海报、组合海报、系列海报等多种海报组合类型。单张海报常常主题单一、简洁明了，辅以详情链接二维码。组合海报常就某一新闻事件推出四张、六张或九张海报以适应网络平台的排版特征，每张海报信息互有关联而又相对独立。系列海报常分几日推送，每日的海报内容呈现出并列甚至递进关系。系列海报常用于重大报道、赛事报道、会议报道等专题类新闻或节点类策划等可预见性新闻。系列海报之间的联系不仅仅是内容相关联，在形式上也常刻意统一设计和呈现风格，比如：有的做成倒计日期的形式每天推出一个相关内容的倒计时海报系列，有的做成一天设置一个疑问或回答一个关键问题直至谜底揭晓的悬疑海报系列。

　　新闻海报作为一种想要借助网友转发的力量实现病毒式传播的新闻广告方式，需要考虑海报中的信息元素应同时具有新闻性和话题性，有作为网友社交货币的潜能，才可能获得网友自发转发的助力，实现对新闻报道的广而告之。

　　例如，2021年12月30日，新华社《瞭望东方周刊》与瞭望智库城市研究中心联合主办的"幸福城市"调查推选活动——"2021中国最具幸福感城市"榜单揭晓，成都再获第一。成都市自2009年起，已连续13年获评"中国最具幸福感城市"（第一名）称号。《成都商报》负责新闻海报推出的策划人员说，以往的海报或注重文字，或注重视频，或更多是摄影记者直接拍摄的美图美景，这次想要再次创新难度颇大。在确定海报的核心思想时，策划人员把本次海报主题文字提炼为"像成都人一样生活"，意思是想要体现一座城市的幸福感，最重要的是城市里面的人，在什么时间、什么地点、发生什么事情，能带给成都人快乐的感受呢？可以选取那些会让成都人觉得温馨、幸福、愉悦甚至对一座城市产生归属感和自豪感的场景来呈现成都人的生活。在确定平面海报的具体表达形式时，策划人员决定采用与流行的竖版海报不同的横版海报来制作组图，一是因为横版的空间延展性更强，更适合来展现成都人生活所在的各种幸福场景；二是因为多张横图还可拼接构成长图，画面一气呵成，十分流畅，更具电影质感，能更好地展现幸福成都主题。在推出的一组海报《13连冠！"2021中国最具幸福感城市"榜单揭晓，成都再获第一》中，选取了"雪山下的城市""秋日银杏""夜光下的双子塔""天府国际机场""成都东站动车段""崇州绿道""龙泉山观景台""成都艺术双年展""兴隆湖水下书店""锦江东门码头舞火龙""熊猫基地熊猫塔""成都老火锅"等12个点位来展现成都独特的美景、美食、生活体验。策划人员介绍经验说："在海报的制作过程中，主要强调画面的氛围感。最近有一个流行词汇叫'氛围感大片'，主要是通过色彩和光影使画面更加生动，更能够感染网友情绪，引发共鸣。基本确定了点位之后就开始选择照片，这个过程中如果没有品质特别好的照片，就要及时调整方向。选图的标准是简洁、干净，没有太多杂乱的元素；画面主题感强，具有一定的美感；最基本的是精度要够，同时给海报文字的摆放留有空间。按照电影质感及色调的要求，我们对每张选出来的图片进行裁剪、重新构图，将主题文案居中，字体艺术化处理，画面留白较大，有较强的呼吸感。最终，将系列图片统一色调并拼接成长图，形成一张长海报，给人以较强的视觉冲击感，引发网友对'幸福成都'的情绪共鸣。"①

　　例如，2022年11月20日，成都马拉松赛开跑。成都马拉松已举办多年，如何创新海报呢？策划人员这次试图跳出比赛本身，站在个体角度来体会马拉松带来的活力感，决定把火

---

① 操慧. 转型中的守正与创新："红星新闻"典型案例解析[M]. 成都：四川大学出版社，2023：261-266.

锅、宽窄巷子、川剧变脸、熊猫、盖碗茶、蜀绣等有代表性的成都元素与奔跑的人联系起来，推出一组海报"成都跑起来"。这组竖版海报一共9张，运用虚实结合的处理手法，把实景图虚化处理成漫画形式。在每一个物体的边缘，众多奋力向上奔跑的人组成画面中的动态元素。城市与人有机结合，一静一动，视觉有延伸点，整体有想象空间，海报内容被赋予了故事性。[①]

例如，2023年4月25日，2023成都世界科幻大会新闻发布会在成都举行，定于10月在成都举办科幻大会。策划人员决定打破传统人物海报以人物为中心的特点，结合世界科幻大会发布会上的大咖金句，把重点落在彰显城市科幻感上。设计师从记者文字报道中精选出大咖们具有浪漫主义色彩和想象力的金句，融入安顺廊桥、百花潭公园塔楼、五岔子大桥、天府软件园、火车南站立交桥、钟书阁、成都立交桥、成都街头高楼、春熙路等体现了古迹与现代科技感的科幻化处理的城市建筑画面，推出的9张竖版海报极具赛博朋克感。[②]

（二）新闻动画的特点及适用情景

新闻动画是用动画的形式来呈现新闻事件。由于设计制作动画需要花费不少时间，通常还需要一个设计制作团队进行合作，对于特别强调时效性的新闻报道来说，应遵循"非必要不动画"的原则，仅把制作新闻动画作为非常情况下的特殊选择。

需要考虑制作动画的新闻事件应满足以下条件：首先，该新闻事件属于重大新闻或热门新闻。因为，如果不是重大或热门新闻，投入大量人力和时间去精心制作动画是没有必要的。其次，呈现该新闻事件的发生发展过程比较重要，但仅仅用文字来叙述还原让人有些难以理解，以视频来呈现事件发生发展过程更有利于网友直观理解。最后，该新闻事件因种种因素导致无法获得关键核心的现场视频。比如，该新闻事件关键核心的发生发展过程虽然可能被摄录，但却没有被摄录下来，或者该新闻事件涉及时空范围太广或属于自然现象或社会现象而没有被摄录下来。综上，只有当该重大或热门新闻事件无法获得关键核心的现场视频但若有视频来呈现该事件的发生发展过程更有利于网友直观理解该新闻事件时，才需要考虑制作新闻动画以辅助理解。

例如，《高级！广西云推出100秒平陆运河卫星实景3D动画　全景式感受世纪工程》荣获第三十三届中国新闻奖融合报道三等奖，其获奖的推荐理由是"运用虚拟实境、大数据定位、实景建模、三维动画等实景虚拟立体交互手段，通过采集卫星图、高程图、航拍影像、航运枢纽工程效果图等多种资源图，呈现出繁荣运河、智慧运河、绿色运河的盛大图景。在融合技术手段上，采用全息视角，以更加丰富的元素客观、全面地呈现新闻事实，为用户带来更好的沉浸式体验"[③]。平陆运河是西部陆海新通道骨干工程，起点位于广西南宁横州市西津库区平塘江口，经钦州灵山县陆屋镇沿钦江进入北部湾，全长约135千米，可通航5000吨级船舶，项目估算总投资700多亿元。2022年8月28日，平陆运河建设开始时，广西云数字媒体集团为了更立体、更沉浸式地呈现平陆运河建成后的效果图景，以强大的动画渲染能力和逼真的画面效果展示了平陆运河的整体水运航道，直观地呈现了平陆运河马道、企石、青年三大枢纽工程形态特征和分布情况。该动画作品把广延时空中难以用相机拍摄出的完整画面，

① 操慧. 转型中的守正与创新："红星新闻"典型案例解析[M]. 成都：四川大学出版社，2023：272-275.
② 操慧. 转型中的守正与创新："红星新闻"典型案例解析[M]. 成都：四川大学出版社，2023：289-283.
③ 中国记协网. 高级！广西云推出100秒平陆运河卫星实景3D动画 全景式感受世纪工程[EB/OL].（2023-10-31）[2024-08-08]. http://www.zgjx.cn/2023/10/31/c_1310747301.htm.

以一镜到底的手法呈现出来，气势如虹，给人强烈的视觉震撼力。

例如，《三星堆国宝大型蹦迪现场！3000 年电音乐队太上头！》荣获第三十二届中国新闻奖融合报道二等奖，其获奖的推荐理由是"作品聚焦三星堆遗址新一轮考古发现这一重要新闻事件，以富有创意的技术应用，将真实的文物发现、最新的考古现场与新颖的表达方式巧妙结合，文风活泼，内容丰富，是新闻性与艺术性兼备的融合产品，也是融合报道语态创新的有益实践"[①]。1986 年，三星堆"一醒惊天下"。2021 年，三星堆遗址新一轮考古发掘"再醒惊天下"。3 月 20 日，《四川日报》新媒体"川观新闻"推出以《我怎么这么好看（三星堆文物版）》MV 为主体内容的融合报道，配乐是搭配有幽默四川方言的电音神曲，动画画面是动态地呈现数字手绘的 23 件三星堆文物、最新发掘现场视频等。动画师用 AE、Animate 等软件制作骨骼绑定动画，用 C4D 制作超清粒子效果，配合达·芬奇调色，让文物在受众眼中更三维立体。具有赛博朋克特效的电音神曲 MV，让古蜀文物在互联网上"活"了、火了。

（三）新闻直播的特点及适用情景

新闻直播是在新闻事件发生发展的同时，对该新闻事件现场及各方发展状况进行几乎实时同步的播出。

1. 同步实时播出

新闻直播的优势主要体现为几乎同步播出新闻事件发生发展状况的极致的时效性。因此，新闻直播适合于报道那些突然发生且还在不断发展变化的突发和重大新闻事件。

同步实时播出的新闻直播根据播出内容和形式的组合可以分为多种形式，常见的有：记者在新闻事件发生现场就所目击和观察到的状况进行摄录播发并解说的直击式直播；记者在新闻现场进行渐进式信息搜集的采访式直播、访谈式直播；记者以第一视角呈现在现场的亲身经历和参与式体验的体验式直播；呈现重大活动现场、新闻发布现场的实况直播；呈现原生现场的慢直播……多种直播方式在实际操作中可根据报道需要组合使用。

不过，新闻直播实时同步播出的时效性优点有时也会成为其缺点：过了新闻事件现场发生时间或难以到达新闻事件发生现场，都可能会影响到新闻直播的可能性和有效性。新闻现场直播的时间窗口很窄，需要记者、编辑快速反应，抓住新闻事件核心现场发生发展的极短时间窗口进行直播，不仅需要记者、编辑对新闻事件发生现场信息的新闻价值进行合理判断并尽快采取行动，有时还需要尽可能地预判事件可能发生的时间、地点及发展方向，才能随机应变地抓住直播新闻事件现场的最好时机。

新闻直播实时同步播出的时效性，在意味着千万网友可以几乎同时实时地参与到对某一新闻事件的收看和关注中去的同时，也意味着可能有更多网友错失了共同实时观看直播的机会。所以，在新闻直播结束后应尽快提供新闻录播内容，以方便更多网友追看此前的新闻直播内容，这是尽量扩大新闻直播内容传播范围的重要手段之一。

2. 新闻直播具有丰富的现场性

由于新闻直播在播出时长方面的限制较为宽松，直播时长一般会达到一个小时甚至几个小时的长度，所以，新闻直播有充裕的时间来呈现多视点、多角度、多层次的丰富的现场信息。

---

① 中国记协网. 三星堆国宝大型蹦迪现场！3000 年电音乐队太上头！[EB/OL].（2022-11-01）[2024-08-08]. http://www.zgjx.cn/2022-11/01/c_1310667173.htm.

新闻直播的主要呈现方式是移动视频直播。有时记者从接到报道任务开始，在驱车赶赴新闻事件核心发生现场的过程中就启动了摄录播出，一路上不仅可以口头播报该新闻事件最新相关信息，还可以同时展示越来越接近新闻事件核心发生现场的沿途天气与周边现场状况在视像、人声和环境音等方面丰富的声像变化信息。这些沿途现场信息的变化甚至可以达到一种逐渐抵达核心现场、一步一步揭示谜底的悬念效果。

到达新闻事件核心发生现场后，记者可以根据自己对该新闻事件现场状况的判断，对准重要的、关键的、有新闻价值的、受众关心的相关现场画面进行多视点、多角度的实时现场直播；可以根据现场状况选取合适的被采访对象进行现场采访以拓展现场信息；可以结合自己了解的相关事件信息、背景信息及延伸信息等进行多侧面的、有深度的现场描述、分析与解说。

例如，荣获第三十届中国新闻奖移动直播二等奖的《超强台风"利奇马"登陆浙江温岭 浙视频记者夜闯台风眼》，其获奖的推荐理由是"该作品采用视频直播和图文滚动直播方式，报道了 2019 年 8 月 10 日超强台风'利奇马'在浙江温岭登陆的情况，发挥了媒体第一时间、第一现场的事件报道和信息传播功能。作品时效性，现场感强，较为充分发挥了移动直播灵活、交互等特性，取得了较大影响力，体现了媒体的社会守望功能"[1]。2019 年 8 月 10 日 01时 45 分，超强台风"利奇马"在温岭市城南镇登陆。浙江日报"浙视频"采访小分队在台风登陆前夕就根据预警信息提前布点在温岭，等气象部门一发布台风在温岭市城南镇登陆的信息，"浙视频"记者十分钟左右就整装出发，在台风夜驱车赶往台风登陆地点，并一路进行直播报道，成为当晚唯一进入台风眼中心直播的媒体记者。"浙视频"记者在狂风暴雨的黑夜里靠汽车灯照明探路前行，一路上一边不断清除路上倒塌的树木等路障，一边进行现场直播。百万网友同时在线与记者一起"云"闯台风眼。该场直播持续近一个小时，除用视频直播方式表现外，还用图文滚动直播不断补充和更新"利奇马"的相关内容。由于台风破坏了电力，直播过程中有信号不稳定的情况，但充满现场感的一手画面让网友仿佛身临其境。

相对来说，突发新闻事件的新闻直播现场细节较为丰富，直播中可观察、采访、呈现的信息点较多。若是进行主题策划类的新闻直播，由于是围绕一个主题来展开选材，并没有聚焦于某件具体发生的新闻事件，要想让主题策划类新闻直播具有更多的现场性，就需要记者和编辑在直播前花更多时间去做好文字资料收集、视频素材收集、相关部门和人员的联系、现场提前踩点、提前与采访对象聊天以尽可能了解多方面信息等准备工作。

例如，澎湃新闻连续几年推出系列策划报道《看中国》，从 2020 年的"坐高铁看中国"、2021 年的"沿高速看中国"，到 2022 年国庆假期推出了"江河奔腾看中国"特别报道。[2]澎湃新闻视频直播部一位导播说，直播涉及的点位很多，需要协调和联动的单位也很多，直播前期就需要做好确定直播点位和嘉宾、为联动媒体写脚本、沟通路线设计、准备宣传片和直播相关素材等多种准备工作。

澎湃新闻视频中心一位编辑说，直播前不仅要浏览大量的视频素材，还要把可能用得上的视频逐个剪切、标注、分类，磨着耳朵找各种背景音乐，要尽量把拿到手的每一个素材都

① 中国记协网. 超强台风"利奇马"登陆浙江温岭 浙视频记者夜闯台风眼[EB/OL].（2020-06-28）[2023-07-24]. http://www.zgjx.cn/2020-10/21/c_139454084.htm.

② 不舍昼夜，澎湃前行——《江河奔腾看中国》特别报道后记[EB/OL].（2022-10-13）[2024-08-09]. https://mp.weixin.qq.com/s/wNfFS8O3YHYVuNS6ooDMAg.

想方设法放在最好的位置上呈现出来。而这些前期对相关视频素材的收集、整理、初加工，让后面在直播导播时快速地切入相关视频片段以丰富直播现场画面成为可能。

一位曾参加特别直播报道的澎湃新闻记者说，那次直播是和济南报业集团旗下的新黄河合作的。第一天的踩点，新黄河两位摄像记者在每一个点位反复测试光线、角度以及转场方式等，甚至在有的点位还直接上手拍摄，拍完样品以测效果。原本预计踩点花半天时间变成了耗时近一整天，但大家都没有丝毫怨言。第二天拍摄工作原本也是计划的半天时间。早上九点，在济南黄河济洛路隧道南入口处开始拍摄，历时一个小时完成第一个点位拍摄。驱车到达第二个点位后，本想可以迅速拍摄，但没想到采访对象临时有变，一直等到下午一点多才开始拍摄。之后的两个点位拍摄还算顺利，不过，一下午的时间也很快流逝了。在最后一个点位拍摄完成后，沿河西望，已是夕阳西下。

澎湃新闻视频直播报道《致敬高温下的志愿者》中，记者们分别跟随建筑工、电力维修工、环卫工以及交警，用镜头记录他们在难耐酷暑下挥洒的汗水。一位记者说，她负责那部分的直播内容相对比较简单，是跟随记录一名环卫工人在高温下清扫作业的状态。为让 20 分钟的直播时段画面内容不显得太单调，记者前期向这名环卫工人做了很多调查，了解了很多采访对象在工作、生活、婚姻、家庭等方面的故事。将这些已发生的故事和生活细节适当地作为口播信息加入直播现场，让直播内容更有细节、深度和张力。[①]

3. 新闻直播社交化

新闻直播应重视网友的实时参与及新闻主播与网友的实时互动。网友观看直播过程中的个性化的评论信息是新闻直播的重要组成部分。应想办法利用直播软件更好地展示网友评论信息，不仅可以以实时弹幕、最热评论、最新评论、事发地评论等方式呈现网友评论信息，新闻主播还应该注重对网友评论信息进行实时交互，以回复评论、在线问答、点名及复述网友留言、即刻表达、主动提问、与网友连麦、及时调整报道方向等方式把与网友实时交互内容纳入新闻直播过程中。"实时在线收看人数和公屏区的讨论，就是主持人当下直播效果的最直接反映，主持人应根据直播效果、互动效果及时调整报道方向、报道角度。主持人在及时回应公屏区受众留言和讨论时，更要将公屏区为我所用，把公屏区作为新的直播信息增量的重要来源。比如，网友关心和讨论的某个新闻点，可以在直播中深入介绍并挖掘，甚至加入主持人更多的主观感受和情绪化表达，以此来吸引并锁定受众，甚至触动更多受众留言讨论，形成热点，以取得更好的互动直播效果。"[②]

4. 新闻直播设备可灵活选取

新闻直播的拍摄设备可灵活选取，既可以方便地只用一个手机就实现直播，也可以根据需要和条件选用更多更复杂的拍摄设备。比如，可配上专门收音的麦克风，让声音更清晰；可配上耳麦，更好地监听声音；可配上手持稳定器或可调节高度的落地支架，以避免走动时镜头抖动太厉害；可配上无人机，实现更多角度、更广视野的拍摄；可配上运动相机，以实现快速剧烈运动状态下的稳定画面拍摄；可配上全景相机，以实现全景拍摄；可配上摄像机和多个镜头，以实现更高清晰度和更多镜头焦距的拍摄；可配上行车记录仪，以获取开车时

---

① 报道战高温劳动者的他们也一样值得被报道啊[EB/OL].（2016-07-28）[2024-08-09]. https://mp.weixin.qq.com/s/i7 CuaQ6jng Agm3Xi85joFQ.

② 张臻慧. 融媒体时代电视新闻主持人的转型——以移动视频新闻直播为例[J]. 西部广播电视，2023，44（2）：194-196.

拍摄的车外实况；等等。

5. 新闻直播有效信息密度较低

由于新闻直播的拍摄设备越来越轻便化，成本也大为降低，新闻直播可根据新闻事件的发生发展过程实时追踪，这导致新闻直播的时长普遍在几个小时左右，一些慢直播甚至可能长达数日甚至更长。

直播时长的大幅增加，在扩展信息容量的同时，也大大稀释了有效信息密度。新闻直播中对新闻事件发展的实时追踪，不可能分分钟都是高密度、高价值的信息，受限于事件本身发展的现实过程，拍摄播出的声像信息常常显得杂乱、冗长、重复、同质化、琐碎化、内容不紧凑、冲突矛盾不集中、有效信息含量不高。

很少有网友会从头到尾地把长达几个小时的新闻直播看完。更多的情况是，不少网友只是偶然地刷到某个新闻事件的直播，中途进入直播观看，容易对不经解说就显得普通常见的画面感到茫然。除了刚巧遇到节奏紧凑的核心事件现场画面，更多时候可能只是看到事件发展现场的节奏缓慢的画面，这容易让网友在偶遇看了几分钟没头没尾的直播之后就因为其信息含量低而放弃观看该直播。

为弥补新闻直播有效信息密度较低的问题，记者需要不时地在直播过程中重复解说该新闻事件的主要概况、关键要点及最新发展进程，才能在偏重呈现现场直播画面的同时，也让网友及时地了解该事件的核心要点及最新状况。

6. 新闻直播可与短视频结合

新闻直播还可以与短视频结合起来，以达到提高信息密度、进行二次传播、为新闻直播引流等效果。"短视频与直播互动引流是实现新闻直播'破圈'的一大利器。在重大新闻事件直播开始前，直播策划团队可准备一定数量的相关短视频，一方面发布在各大短视频平台进行直播预告和引流，吸引用户预约直播；另一方面也可在直播期间应急插播，应对突发状况。……直播拆条是指将网络直播内容拆分为短视频报道的二次传播方式。通过直播拆条能让直播中分散的新闻信息变成信息点突出的短视频，更符合当前受众的信息接收习惯，从而实现核心信息的二次传播，提高信息传播的效率。在直播中，后方导播可以依托智能拆条系统，和前方记者、编导配合，按照直播中的不同新闻点快速选取直播视频片段进行剪辑、包装、分发，直播进行的同时就能将有新闻传播价值的短视频推送到各个平台，一方面是对直播内容的二次传播，另一方面也可实现为直播引流。"[1]

（四）H5 新闻的特点及适用情景

H5 新闻是基于 HTML5 技术的一种融合新闻呈现形式，综合运用文、图、视/音频、动画等多种媒介形式呈现信息内容。网友可通过点击、上下左右滑动、翻页、拖动、长按、缩放、摇一摇、点选、输入、擦除、上传、根据提示自由创作文图、自制个性化海报、转发等触屏操作进行个性化的阅读与交互。

H5 新闻主要可分为图文型、视频型、交互型、模拟型、游戏型等五种基本表现样式。[2]

图文型 H5 新闻的页面内容主要是以图配文，图可以是新闻现场照片、新闻人物照片、新

---

① 邵蓝. 网络新闻直播内容与传播优化策略[J]. 西部广播电视，2022，43（23）：49-51.
② 詹新惠. H5 产品的基本样式及其在新闻领域的应用[J]. 新闻与写作，2017（6）：75-78.

闻漫画、手绘新闻漫画、GIF 动图、背景图、图标等多种形式，配上该新闻事件的核心要点文字叙述，每页集中呈现一个内容点，适当搭配类似于幻灯片动画效果的动效出现，常用上下滑动或左右互动进行多页切换。图文型 H5 新闻虽然炫酷度不够，但是其制作简单，快速且易用、易懂，在进行新闻报道时，不失为一种兼顾平衡时效与动态的选择。

例如，荣获第三十三届中国新闻奖融合报道二等奖的《H5｜种草记——"幸福草"从西海固走向世界的故事》，其获奖的推荐理由是"聚焦党的二十大代表——闽宁协作典型人物国家菌草工程技术研究中心首席科学家林占熺，以时间为主线搭建跨时空故事框架，通过新闻人物、叙述新闻事实的细节，综合运用图文、视频、漫画、H5 等融合手段，形成一个集多种形式于一体的融合报道，主题鲜明、情感真挚，讲述了一个有温度、有质感的新闻故事"①。《宁夏日报》的记者们在基层采访了多个地市的几十个点位，挖掘出菌草产业在西海固脱贫战场上的感人故事，从众多信息中精选出重要信息和图片、视频，做出"跋涉千里来 六箱菌草点燃星星之火""解囊帮移民《山海情》真实还原历史""惠泽西海固 雪天接种口口相传""星火渐燎原'草下乘凉梦'塞上成真""锵锵出过门'幸福草'走向'一带一路'"等五个主要报道页面。

这五个主要报道页面保持排版布局和风格的统一，每个页面"种草记"大标题和该页面小标题之间有一幅漫画，该漫画是对该页小标题内容的形象化呈现，生动活泼；小标题下的正文文字内容作为相关故事细节的报道主体，可不断下滑观看，以增加页面文字报道内容信息量；页面底端紧接正文文字放一个 2 到 3 分钟的精剪短视频，更动态地展示多个鲜活的采访现场。

点击该 H5 封面人物图（大标题文字压图），柔和的音乐响起，一本打开的采访本从左侧划入，采访本上写着"前言"，前言内容正是报道开始部分的重要细节；往下翻，出现目录页，五个圆形漫画图标和五个相应的小标题分别从左右相向而来，汇聚成简洁醒目的报道目录；点击任一小标题，即进入该页小标题报道正文页；可点击"上一页""目录""下一页"分别进入想去的页面；最后页面是报道人员表。这条 H5 新闻十分简单、明了，没有太多的动效，也没有设计让网友太多参与的环节，主要重心放在精选核心信息内容并可视化呈现出来，以达到让网友在最短的时间里了解到事件的大概情况及重要场景和细节的目的。

视频型 H5 新闻的页面内容主要是嵌入的视频，可以是在图文页面的基础上嵌入一段或几段新闻视频，也可以几乎整个 H5 新闻产品都是视频内容，只在开始和结尾的图文页面提示核心信息。嵌入视频的 H5 新闻比纯图文型更动态，在有图文提示核心要点的基础上嵌入新闻事发现场的核心动态视频，能更好地融合文、图、视/音频等多种媒介来呈现出该新闻事件的核心信息。

例如，荣获第二十八届中国新闻奖新媒体报道界面一等奖的《长幅互动连环画｜天渠：遵义老村支书黄大发 36 年引水修渠记》，其获奖的推荐理由是"该 H5 用下拉式长幅连环画、渐进式动画为主要表现形式，360 度全景照片、图集、音频、视频、交互式体验等多种报道形式嵌入，树立了典型人物报道的新形式"②。2017 年 4 月 22 日至 23 日，澎湃新闻先是连续两

① 中国记协网. H5｜种草记——"幸福草"从西海固走向世界的故事[EB/OL].（2023-10-16）[2024-08-08]. http://www.zgjx.cn/2023-10/16/c_1212289291.htm.
② 中国记协网. 长幅互动连环画｜天渠：遵义老村支书黄大发 36 年引水修渠记[EB/OL].（2024-01-18）[2024-08-09]. http://www.zgjx.cn/2024-01/18/c_1212305005.htm.

天推出动画背景的开机屏海报"天渠"，23 日下午刊发了共 17 页的 H5 报道。澎湃新闻数据新闻部一位编辑介绍该 H5 报道制作流程时说，第一步是开会讨论制作方向、确定前方沟通的文字记者与拍摄人员；第二步是确立 H5 创意设计与画面风格；第三步是与文字编辑沟通，整理记者文字稿件，根据报道大纲提炼稿件的主要信息，重新编排核对，完成 H5 的分页文字脚本；第四步是图像素材整理，与前方记者密切沟通拿到素材，并综合人物肖像照片总结人物身形与面部特征，从而创作出新闻人物在多种场景下的漫画形象；第五步是与 H5 制作人员沟通，确定一切技巧可以实现；第六步是正式绘画，与编程同时进行；第七步是插入 360 全景与视频、音频，最终完成的产品几乎集了 H5 所有的展现形式：声音、图集、视频、VR 全景、视差、拼图，看点颇多。[①]

交互型 H5 新闻的页面基本内容常常还是文、图、视/音频的组合，但添加了多种交互内容，常以网友参与交互为起始触发、启动产品，或者以网友互动贯穿整个 H5 新闻，更侧重于让网友通过交互行为来参与到新闻信息的阅看、生产与传播中来。交互型 H5 新闻特别注重设计多种交互方式来开启和串起对新闻事件的文、图、视/音频报道信息的组合甚至个性化生产和传播，参与感强，但设计较为复杂和花时间，更适用于非突发新闻的可预见新闻的独家策划报道。例如，H5 新闻《中国之声两会新闻动车组》中，网友向右滑动屏幕才能开启动车组，点击相应的动车车厢才能看到相应的新闻。

模拟型 H5 新闻又称拟态型或代入型 H5 新闻，是模拟新闻事件发生情景或相关的现实情景，让网友以某种角色代入某个特定场景中，在其中进行体验、参与、操作等互动。模拟的场景常见的有手机场景，如未接来电、手机桌面；微信场景，如视频邀请、朋友圈邀请、红包打开；社会生活场景，如机场、车站等交通出行场景，电梯、办公室、大厦等工作场景，餐厅、酒店、商场等日常生活场景。模拟型 H5 新闻由于模拟出生活中和手机上的多种网友熟悉的场景，角色扮演的亲历感、代入感强，较为适合把节日、会议、周年纪念等新闻信息趣味化、软化地报道出来。例如，H5 新闻《两会喊你加入群聊》模拟微信群聊场景，网友需要输入 4 位数的密码才能加入两会微信群聊，部委领导现身打招呼，直接被总理@，点开红包后画面转成微信朋友圈，朋友圈里各部委领导围绕所在部门工作发表政策建言，等等。网友在点击参与的过程中，感受到一种接地气的两会氛围。

游戏型 H5 新闻是把游戏融入 H5 新闻产品中，借助游戏的参与性和趣味性，让网友在参与游戏的过程中更沉浸地感知到新闻事件的相关信息。H5 新闻中常见的游戏方式有回答问题、参与测试、选择路径、上传内容、挑战记录等知识性小游戏或射击、棋牌、竞技等娱乐型小游戏。游戏型 H5 新闻的互动设计比一般的交互设计更为复杂、更花时间，且需要该新闻事件的信息适合于设计相关游戏，因此，游戏型 H5 新闻一般不适合于突发新闻事件等硬新闻，更适合于社会现象报道等软新闻或者深度报道。

例如，荣获第三十三届中国新闻奖融合报道三等奖的《大国工程我来建》，其获奖的推荐理由是"采用'新闻+游戏'3D 互动的创新融合设计，让用户以'搭积木'的方式参与互动，实现信息和价值传递的沉浸式体验。选取七个有代表性的大国工程，构建起可 720° 全方位感知的数字空间，让用户对天宫空间站、歼-20 等产生直观、全面的感受。以'拼手速'的玩法致敬中国速度，并设计游戏的'即时奖励'，玩家每完成一项工程，即赋予'海洋工程师''天

---

① 中国新闻一等奖《天渠》是怎么诞生的？[EB/OL].（2018-11-15）[2024-08-09]. https://mp.weixin.qq.com/s/T49b3_
　o9clQr5E101pUuxw.

空工程师''梦想工程师'等称号,不断激发玩家的成就感、自豪感,有效吸引年轻玩家"①。四川日报报业集团旗下的封面新闻这组报道的主创人员精选了天宫空间站、复兴号、上海中心大厦、山东舰、港珠澳大桥、歼-20、天府国际机场等 7 个大国工程,对接工程设计方,让每个数字模型尽可能还原实物。该组报道的核心作品是 3D 互动新闻游戏,采用 3D 建模和互动游戏等技术,以"搭积木"的方式进行游戏,让网友自己动手"建"起一个个大国工程,具有交互性和沉浸感。该新闻游戏规则设计为高分挑战赛:设置网友积分排行榜并对排名靠前的玩家予以奖励以吸引网友参与;"拼手速"的玩法致敬中国速度;为网友的"建设业绩"打分可以让网友对自己的建设成果心中有数;可重复挑战则意味着可通过多次尝试而不断超越;获得各项"工程师"称号可激发网友自豪感;生成并转发网友挑战排名海报可能以几何级指数速度扩大该新闻游戏的传播范围。该新闻游戏受到追捧,上线 24 小时内参与网友就突破 10 万人,后续累计超 145 万人参与游戏。

(五)VR 新闻的特点及适用情景

VR 新闻是运用 VR 技术创造虚拟现实的方式呈现出的新闻信息。VR 新闻的优势在于虚拟现实所带来的"身临其境"的真实感、沉浸感,以及视听叠加的虚拟现实效果所带来的强烈情绪感受。

例如,荣获第二十九届中国新闻奖融合创新一等奖的《海拔四千米之上》,其获奖的推荐理由是"本作品是一个全媒体、多互动产品,使用了普通拍摄+航拍+延时拍摄、360°全景图片等多种手段,提示了人与自然在和谐共生过程中的矛盾、感动、思考和希冀,是一个新闻'走转改'和践行'四力'的鲜活范本"②。2018 年,为了全景式地报道呈现三江源国家公园,上海报业集团旗下的澎湃新闻派出多个直播、视频、文字记者,登雪山,过峡谷,进入公园核心区采访拍摄,现场采拍结束后对大量素材进行遴选、剪辑、设计、制作和程序开发,最终呈现出《海拔四千米之上 | 极致体验·三江源国家公园重磅实景互动 H5》这一报道。该报道包含 4 段精美的视频、9 个 360°全景视频、9 个小环境展示视频,使用了视频(普通拍摄+航拍+延时拍摄)、360°全景图片、定点 VR 视频、漫游 VR 视频、互动热点、延时拍摄等方式。移动端封面采用随机打开可变技术,最终实现了多种技术和表现形式的大融合,让人能"身临其境"地沉浸感受三江源国家公园的每一个角落、每一处细节。

VR 新闻呈现的虚拟现实场景,还在一定程度上允许网友自己去选择探索路径。VR 新闻常会设立多个故事线索,网友可自主选择观看路线,探索想要了解的区域甚至遍历多个不同场景。

不过,VR 新闻目前主要是以 360°和 720°全景成像的方式呈现新闻现场。该方式呈现出的新闻现场,也只是记者选择不同时间、地点、一个或多个机位所拍摄下来的多个场景的组装。网友只能在记者拍摄的几种场景角度中去选择和探索,并不能完全达到像身处真实现实场景中那样自由地去探索、去互动、去真正地"身临其境"。所以,有时候以貌似客观真实的虚拟现实呈现的 VR 新闻,其实暗藏了记者的主观选择;看似全景视角,却只是有限几个被选择视角;看似让人直接深入现场去探索、互动和体验,其实无法真正自由观看,无法真正与现实场景互动,对新闻现场的体验更容易被操纵。

---

① 中国记协网. 大国工程我未建[EB/OL].(2023-10-31)[2024-08-08]. http://www.zgjx.cn/2023-10/31/c_1310746655.htm.
② 中国记协网. 海拔四千米之上[EB/OL].(2019-05-24)[2024-08-08]. http://www.zgjx.cn/2019-05/24/c_138082237.htm.

VR 新闻在业界实际运用得还不多，主要在于有以下劣势：一是从生产制作端来看，VR 新闻拍摄制作复杂、成本较高。二是从信息接收端来看，网友要么需要戴头盔，要么需要多次进行动作选择操作，不仅观看麻烦，而且效果欠佳。虽然可以选择多个不同机位视角或多个不同路径去探索或遍历虚拟现场，但也容易让网友迷失其中，花大量时间，看到的更多是不怎么重要的细枝末节，或者移动半天鼠标却只看到难以明白其信息意义的各种琐碎细节，难以找到甚至错失重要信息，核心信息获取效率低。

目前来看，随着全景相机可利用算法实时自动"缝合"影像成全景影像输出的技术发展和价格降低，全景直播新闻渐渐增多。全景直播新闻可以同时提供一个或多个机位的现场全景，网友可自主选择、切换观看机位和角度。

为了更好地呈现现场，机位设置方面，在传统直播机位主要设置于被摄场景对面和左右前斜侧的"三角形机位原理"的基础上，全景直播更强调"参与机位"和"旁观机位"。旁观机位常设置在活动现场外围，主要提供朝向直播对象核心现场半球视域的影像。参与机位常设置在现场的主要对象之间或现场参与者中间。全景直播中比较重要的机位还有：①"关系轴线"中间机位。比如，直播舞台演出，会在舞台上的演员和台下的观众之间设置一个机位，常位于台口的位置。会议、庆典等仪式性的场景直播，也常在会议台与观众之间设置一个机位。网友可在摇头或转身时看到不同的视线方向呈现出的场景。②"主观视点"机位。比如，直播体育比赛时，把全景相机设置在观众席中，能让网友置身于现场观众之中一般感受现场氛围。又比如，舞台演出时，把全景相机设置在舞台主角身边，可以让网友体验置身于台上的现场视角。全景相机仿佛网友的眼睛，机位设置在哪里，网友就能以该机位为中心向四周环顾。③根据直播对象自身特点设置的机位。不同的直播对象有不同的特点，适合不同的视觉呈现方案，设置现场直播机位的方式也应适当调整。比如，冬奥会自由式滑雪女子 U 形场地技巧比赛赛场，摄制组设置了 4 台全景相机，分别在 U 形场地运动员进入点附近、U 形场地两侧平台的中间位置、运动员比赛结束点位置。④特殊视点机位。比如，采用悬挂方式把全景相机放置在直播现场高于拍摄对象的空中位置，可以为网友提供空中俯视现场的视觉感受；把小型化的全景相机设置在不影响现场活动的场内装置上，如网球比赛、羽毛球比赛现场的球网立柱上等，可以为网友提供场内视点的参与视野。⑤运动机位。全景直播中的固定机位容易让人感觉"原地打转"，可以把全景相机设置在移动轨道、移动车、摇臂等运动承载工具上，以实现视点、关注对象和表现重点的变化。另外，由于全景相机拍摄的影像失去了传统相机拍摄影像的"景别"概念，需要在距离主要对象远近不同的地方分别设置全景相机拍摄，才能达到让网友既能够看到现场整体情况又能够看清主要对象的目的。[1]

第二节 多媒介协同报道

多媒介协同报道，需要对如何安排多媒介采写内容进行报道策划，并通过"前方+后方"的操作来灵活地实现对新闻事件的多媒介协同报道。

---

[1] 郭艳民，刘培. 媒介进化论视域下的 VR 现场直播价值内涵与实践路径[J]. 中国新闻传播研究，2022（3）：143-157.

一、多媒介协同策划

在采访前的准备中，需要在了解多种媒介特点的基础上，灵活地选用并有机地融合多种媒介表达形式，对协同多媒介采写报道进行策划。

（一）多部门团队共同参与策划

进行重大报道或突发热点事件报道需要多部门团队共同参与多媒介协同策划。通常会有一个工作群。工作里往往有多个相关部门的人员，一般既包括前方记者，又包括后方编辑及后期制作和运营人员。前方记者不仅仅有文字记者，还常有摄影记者、直播记者、深度报道记者等不同分工的专门记者。后方编辑不仅仅有相关部门的一般编辑、责任编辑和部门主任，还常有审稿编辑、值班副总编甚至总编，可能还有类似编导的统筹编辑。后期制作人员不仅仅包括后期制作视频人员，还常有进行数据搜集、挖掘和可视化呈现的技术支持人员和视觉设计师，有制作 H5、海报、动画等的后期技术人员。运营人员不仅仅包括与各大平台对接的运营推广人员，还可能包括对市场情况和报道数据进行分析的数据分析人员。

搜狐网内容部进行过一场"中央厨房生产、不同餐厅分发"的改革，并成立了全媒体采访部。当有重大新闻事件发生时，全媒体采访部的工作流程如下："① 迅速派出记者前往现场。② 后方直播间同步启动。在记者发出独家报道前，使用新华社、人民网等合作媒体消息作为信息源。③ 记者抵达现场或拿到素材之后，与后方直播统筹主编、直播图文编辑进行沟通，发回现场文字、图片、短视频，特别是音频——因其不受带宽限制且现场感极强，在全媒体直播里很受网友欢迎。④ 在直播进行中，收集优质素材，形成消息稿。⑤ 寻找最有价值的新闻点并向纵深挖掘，形成深度报道。⑥ 找到核心当事人，请其到搜狐直播间进行访谈，同步栏目。⑦ 收集优质视频素材，制作新闻视频专题片。⑧ 以上内容争取在搜狐新闻客户端、手机搜狐网、搜狐网、搜狐微门户同步展示。"[①]

获得 2018 年中国新闻奖"融合创新"奖项一等奖的 H5 新闻《ofo 迷途》,《每日经济新闻》在报道策划之初就组建了跨工种的团队，让记者、编辑、视频、视觉、技术等各个部门、不同工种的人员参与进来：记者 10 人左右，负责文、图、视音频的采访与写作；视频 2 人，负责后期剪辑视频；视觉包装 2 人，负责制作可视化图表；技术部 2 人，1 个负责技术，1 个是产品经理。

该报道调动 11 名记者走访调查了 11 个城市，包括北京、上海、广州、深圳、重庆、杭州、成都、武汉、南京、西安、济南，基本涵盖了共享单车竞争的主要城市。在采写上，记者实地走访高峰时期主要商圈或地铁站周边的共享单车使用情况，探访当地 ofo 办公地点，通过视频、图片的方式，多样化呈现报道内容，并结合图表，全面呈现 ofo 市场占有率、消费者美誉度等。

该报道主创人员在介绍经验时说："这次报道在刚开始做的时候就让其他部门、不同的工种参与了进来。之前通常是先把文字做出来，然后再想怎么包装，怎么做图和视频。这次我们一开始就想能做的（报道方式）都做，所以把视频、视觉、技术的人叫在一起商量。……媒体融合类报道的内核更多应该是新闻，换句话说，融合创新要用新闻来驱动。……在策划这组报道之前，我们已经在短视频、可视化和交互报道上做了一些简单的尝试，短视频已经

[①] 吴晨光. 记者境界：小记者写事 大记者写势[J]. 新闻与写作，2016（2）：75.

是报道标配，数据新闻策划已经成为重要手段，利用商业数据挖掘进行可视化的解读呈现是必要的配套形式。……最终出炉的《ofo 迷途》H5 产品，集动画、视频、数据图以及现场调查于一体，通过数据可视化的方式，ofo 的诉讼、消费者投诉以及欠款情况一目了然；动画、视频及交互设计，让该作品在内容丰富性和互动体验上均超过单纯的图文稿件。在传播方面，报道在微信、微博、客户端等多渠道上线，并有计划地在全网推广。"①

报道一个新闻事件时组建的工作群，动辄汇聚几十个人已是常态。《新京报》在报道斯里兰卡恐袭事件时，工作群里就有 66 个人；在报道一个救援事件时，派了十多个记者去现场，有文字记者、深度记者、摄影记者。仅《新京报》"我们视频"就派出 6 个记者，其中 3 个记者做直播报道，3 个记者做短视频和长视频报道。记者们在现场各司其职，直播、短视频、文字、图片，各个版块、各种形式都有专门的记者做，最终形成融合报道。《新京报》总结经验，认为靠一个人的能力能做的事比较有限，应该采用团队作战而不是独狼战术，融合新闻报道需要各个部门的支持，并不是非要让一个"全能记者"来完成所有工作。参与报道的人员说："你让一个记者同时做文字、做图片、做视频，那他最重要的任务是什么？很多媒体都让记者顺手把其他事情都做了，这在逻辑上似乎没有问题，毕竟现在都在寻求转型，但如果你让一个负责财经版面的文字记者去拍视频，那他今天的版面怎么办？如果说拍视频只是他排在第二序列、第三序列甚至第四序列的工作，这个事情是不可能做好的。在竞争如此激烈的情况下，专职尚且不一定能够做好，何况是兼职。所以'我们视频'最开始只考核视频，其他都不考核。但是从整个报社的融合来看，其实就是另外一回事了。'我们视频'团队提供视频，文字团队提供文字，图片团队提供图片，最后你可以把这些内容打包在一起，它就融合了，而不是说非要用一个人来完成所有环节的工作，一个人完成是不可能的。……新京报非常重要的一个特点，就是我们都非常尊重专业。如果你是摄影记者，你就专注于摄影；如果你擅长做深度报道，就去做深度。大家回来的时候可以打包传播，这里面有长篇、有短篇、有直播、有图片、有消息、有特稿。但要满足这一点，充足的人力是非常重要的。……我们这里和现在很多媒体转型是反其道而行之的，现在都在讲全员转型、全能记者，这看起来特别美好，实际上有很多想当然的成分。从传统采编岗位转到做视频，最需要转变的不外乎学习技术和转变思维，但这是一个很难的事情。我们团队现在有 150 多个人，从文字岗位转过来的占比不到 5%。"②

让专业的人干专业的事，才能真正提高效率。组建工作群，汇聚起各个部门、各个工种、各种特长的专业人士，才能更好地统筹安排、节约资源。《新京报》在报社内实现了新闻部、社会部、深度部、摄影部、视频部等多个部门的跨部门合作。每当有重大或突发新闻事件，各部门的相关报道人员就在同一个微信群互通有无、统一调配、共享资源。快速拉建特别报道微信工作群，有利于整合多部门报道资源，有条不紊地开展新闻采访与报道，避免出现杂乱无章的情况。《新京报》参与泰国普吉岛沉船事故系列报道的记者在接受访谈时反思了工作流程上的不足，认为在流程优化方面还可以增加专门的统筹人员以提高统筹效率。记者说："我们在流程再造上有值得优化的地方，比如前方的搭配可以更多考虑到记者本身的特色——是擅长画面还是擅长突破，是擅长直播还是擅长短视频，以及后方的交接班和对接可以更为顺畅。

① 媒介融合案例教程[M]. 北京：中国人民大学出版社，2022：124-129.
② 章淑贞，王珏，李佳咪. 短视频新闻的突围之路 [J]. 新闻与写作，2019（6）：87-91.

如果在管理岗、记者和编辑之间加入类似编导的统筹，那么在流程上可能会降低统筹负担。"[1]

（二）多媒介报道计划

虽然计划赶不上变化，但为了更好地随机应变，恰恰非常需要在前期尽量做好依照具体条件能够做出的多媒介报道计划。如果可能，最好的当然是前期就列出比较完整的刊发清单；若无法列出完整刊发清单，也应尽量按照新闻事件发展过程中的时间节点来安排报道；还应把现场报道与深度报道结合起来制定兼顾速度与深度的多媒介报道计划。

1. 列出刊发清单

对于一些可预见的重要新闻事件报道，如大型会议报道、大型体育赛事报道、大型纪念报道等，由于其不是难以预料的突发新闻事件，而是可以提前预见的新闻事件，所以可以用较长的时间来对报道内容进行提前规划和安排。

对可预见新闻的报道计划，可以提前确定报道时间段，可以提前考虑报道主题和采写报道方向，可以提前安排各相关部门报道人员的工作任务，可以提前联系多个被访对象，可以提前考虑以哪些形式来进行哪些内容的报道，可以提前考虑分别在哪些平台发布哪些报道，可以提前考虑如何在多平台进行报道推广，等等。

在工作群中发起针对该报道的创意讨论与碰撞之后，可以先初步列出一个分时间节点、分任务到人的一览式刊发清单，以更好地加强统筹和落实到个人的责任。一般来说，一览式刊发清单，需要明确什么时间节点、在哪些平台、以哪些媒介形式、采写编发什么内容、各环节的责任人分别是谁，等等。分任务到人的刊发清单，可以让工作团队中的每个人都更明确自己的工作任务，知道在什么时间点需要完成哪些工作，以提前做好工作安排。除此以外，分任务到人的刊发清单，还能让每个成员更直观地了解到自己的工作内容与其他人工作内容的连接关系，这有利于团队中成员在承担起自己责任的同时，也密切关注成员间的相互支持和配合，还有利于在出现意外的情况下快速与其他成员对接以应对意外突发状况。

2018 年 5 月 12 日是汶川大地震十周年纪念日，多家媒体以此为契机推出系列报道。"封面新闻"地震纪念报道选择了"十年·成长"的报道主题，以讲述震区青少年幸存者的成长故事为小切口，通过"视频故事新闻+融创互动产品"以小见大地呈现出汶川地震抗震救灾、灾后重建和发展的状况。参与报道的人介绍："我们的系列报道从 5 月 1 日开始预热，一直到 5 月 20 日正式完结，中间经过了 20 天的刊播时间。在媒介形态的运用上，我们综合运用了短视频、直播、图文、互动 H5 和线下活动等多种形式。我们对所有形式都做了分节点的规划和运用，并将线上和线下打通，进行了融合性全媒体的报道。从 5 月 1 日开始，我们就每天对外发布一个人物故事的视频，并配合图文介绍在自有平台和商业平台上进行推广。5 月 12 日纪念日当天是报道活动的一个爆发点，我们对这一系列短视频进行了集中展出，并配合现场直播的形式进行报道，也就是每播放一个视频，就切到视频故事现场带大家体验变化和现状。所有视频发布之后，我们又做了一个纪念式的汇总型 H5，同时这些精品视频在四川省委宣传部举办的'5·12 汶川特大地震灾区发展振兴成就展'中进行了展出。5 月 20 日，我们又制作了一个 VR 线上展馆，通过这个虚拟线上展馆展示受灾情况和新北川的建设及人物故事。这

---

① 媒介融合案例教程[M]. 北京：中国人民大学出版社，2022：141.

些安排主要是根据不同媒介形式的特性分配的。比如讲人物故事就选择用视频，因为视频更直观、更有感染力，也可以把很多场景拼接起来，还可以回看，长尾效应会更长。但视频的制作时间更长，点击量也不容易是爆发式的，可能十个视频当中只有两三个有爆发式的点击量。直播更能带来现场感和参与感，为了让大家在纪念日当天故地重游，再去看地震遗址和新北川建设情况，让大家有直接的参与感，我们当天选择了直播。我们的直播当时有 200 多万网民在线上进行互动，也达到了很好的效果，但播放完之后就没有长尾效应了，没有人再会看了。图文可以传递一些视频中表达不出来的理念或情感，所以我们也刊发了一两篇纪念式的文章。总体而言，这些报道和呈现形式的选择不是割裂开的，而是整体、有机地组合在一起的。"[1]从"封面新闻"地震纪念报道"十年·成长"的系列报道内容可以看出，在考虑多种媒介特点来协同报道方面，其采用的配置方案是人物故事用视频、纪念日故地重游用直播、纪念式文章用图文、纪念式的汇总视频用 H5、线上展馆用 VR、展览活动用线下展览。

2. 按照时间节点来安排报道

在报道无法预见因而也难以预先做出充分准备的突发新闻时，媒体可以按照该新闻事件发展过程中的时间节点来初步制订并适时调整多媒介报道计划。

2018 年 7 月 5 日，泰国普吉岛突发暴风雨沉船事故，48 名中国游客遇难。《新京报》在得到中国游客大量伤亡的消息后，判断国内公众会非常关注这一不幸事件，立刻开启突发事件报道响应机制，调配记者以最快速度从泰国清莱府洞穴救援事故现场前往普吉岛，并在去往沉船现场的路上就开启视频直播，成为第一家抵达事发现场的中国媒体。参与报道的记者说："回顾整个视频融合报道流程，除前期信息整合和后期梳理外，每个时间节点在表现方式、呈现形态以及新媒体话题抢占热搜等融合模式上，都有可圈可点之处。报道对于追踪泰国总理和府尹等出席新闻发布会采访、头七悼念、调查凤凰号涉事船体，以及环普吉岛游的经济选题、当地旅游遇冷均有所呈现。在整体采访全面，节奏感强，效率高，整体表达克制且富有张力，体现了优秀的媒体素质和前后方配合的综合能力。"[2]从报道内容来看，其依照新闻事件发展过程中的时间节点来安排报道的特征非常明显：事件报道前期，记者赶往事发现场的路上就可以开启视频直播，后方编辑可以配合信息搜集并直播；事件报道中期，可以采访报道新闻事件中涉及的人物及相关企事业单位，可以在救援现场和医院及安置等处进行现场采访报道，可以关注报道新闻事发地政府机构等部门召开的新闻发布会，可以采访权威部门及调查报道事故发生的原因，可以继续追踪报道该新闻事件最新的进展状况；事件报道后期，可以采访报道与该新闻事件相关的社会、经济、文化等方面的背景与现象，可以报道该新闻事件所造成的多方面的影响；等等。

3. 报道计划兼顾现场、速度与深度

在制订多媒介报道计划时，还应该考虑把多媒介形式的现场报道与深度报道结合起来，兼顾现场、速度与深度。

一般来说，突发新闻事件的多媒介协同报道方式的顺序安排可为直播+视频（现场+动画等）+文图（现场+深度）。报道前期，应突出第一时间进行直播报道、短视频报道、快讯、简

---

① 媒介融合案例教程[M]. 北京：中国人民大学出版社，2022：106-109.
② 媒介融合案例教程[M]. 北京：中国人民大学出版社，2022：139.

讯、图文消息报道等多媒介融合的现场报道；报道后期，应突出文图视音频融合的人物故事、动画报道、图解报道、一文读懂、调查报道、解释报道、现象报道、趋势报道等多种形式的深度报道。

《每日经济新闻》H5作品《ofo迷途》是因新闻性强而从众多融合新闻作品中脱颖而出的，其主创人员在谈到把前沿科技应用到新闻生产领域应注意的问题时说，好的融合报道作品首先应当是好的新闻作品，是新闻的内核决定了可以用这样那样的方式去挖掘更好的新闻，而不是有了这样那样的手段去试图套用一番。《ofo迷途》在选题策划时注重新闻性和现场性，选择回归新闻现场，以实地走访的形式为公众提供信息增量，回应公众所关切的问题。但是，对于该H5作品在新闻性方面仍然存在的缺憾，主创人员反思说："这篇报道中的遗憾还是不少的。比如没能找到更多典型用户，没能吸引更多读者互动，没能进行更高效的统计调研，没能爬取更多关键信息，没能让作品更好、更快、更深。如果有条件、有时间，我们想找到更多典型用户，从用户体验上做文章。另外，当时我们也找了许多数据来做数据新闻，但数据量还是非常少的。最大的遗憾还是对这个公司缺少一个整体深入的剖析。主要原因是在记者配置上缺乏考虑，记者分散在全国各城市，没有进行整体深入的采访。从采访量和时间上来看，在两三周内做出这篇报道还是存在许多困难。"①

二、多媒介协同工作方式：前方+后方

在进行多媒介协同采写编发的具体过程中，报道流程不再像以前那样大多数只有前方记者采写完了就交给后方编辑编稿发稿这样简单的一个交流协作回合，而是不断进行前后方协作的多个交流协作回合，报道过程更为复杂化了。后方编辑比以前更为主动地支持前方记者的采写，前方记者与后方编辑的交流互动更为频繁，相互配合支持的手段更为多样，"前方+后方"共同协同操作，以便更快更好地完成多媒介报道。

（一）前方协同

前方协同是从前方记者的视角来看的，主要包括前方记者与后方编辑之间的协同，也包括前方记者之间的协同。

1. 记者在路上：看资料+直播

（1）记者在路上就要不断地看网络资料和后方编辑提供的资料，尽量记住关键信息。

记者接到报道任务后，需要立即出发赶往新闻事件发生现场。在赶往现场的路上，记者不仅应该见缝插针地快速搜索网络信息以了解该新闻事件的基本情况和最新发展信息，还需要特别注意接收、阅读后方编辑在工作群中不断发出的关于此新闻事件搜索梳理的重要信息资料。有记者甚至说在路上就能够背下后方编辑现给资料的约70%。

有时候，直播报道的新闻事件发生时间存在着不确定性，记者在等待直播开启前不能纯粹傻等，而需要做好力所能及的资料准备工作。例如，"澎湃新闻"直播报道"长江口二号古沉船打捞"，由于古船打捞需要综合考虑海潮、风速等多方因素，因此无法准确知道打捞时间，导致直播时间不确定。在焦急的等待过程中，"澎湃新闻"记者抓紧时机从多方面做准备工作：

---

① 媒介融合案例教程[M]. 北京：中国人民大学出版社，2022：125.

立即整理起过往报道及相关资料、拟定采编方向、与文物局沟通、等待确认采访嘉宾和采访时间地点、前往文保中心采访拍摄……在古船打捞前，幸运地做出了充分准备。2022 年 11 月 20 日，记者以为打捞时间会定在第二天白天，收到的打捞时间却是凌晨！记者当晚连夜整理文字与视频，在凌晨开始的直播报道现场画面中加入了前两天准备的所有分析、解读类的文字和视频稿件，从多方面报道古船的打捞过程、古船的意义及出水文物的价值等，让直播报道超越简单的现场画面，有了更为丰富与深入的内容。[①]

（2）记者在赶赴现场的路上即启动视频直播。

记者在赶赴现场，尤其是驱车赶赴现场的路上即启动视频直播的操作手法，已是进行突发新闻事件多媒介融合报道的标配之一。

例如，《浙江日报》"浙视频"《超强台风"利奇马"登陆浙江温岭　浙视频记者夜闯台风眼》中，深夜探台风眼的驱车过程及车外景物状况被随车记者用专业摄像机摄录下来，成为该视频直播的重要内容之一。

再如，2021 年 9 月 16 日，四川泸州发生 6.0 级地震，"封面新闻"记者在从成都驱车去泸州的路上就开始了视频直播，一路上借助行车记录仪提供的车前空间影像和现场声响，再配合记者实时解说的声音，不时地插入记者了解到的该新闻事件的基本情况、最新发展状况、地震发生地的其他相关信息、地震相关背景资料等，随车移动的视频直播画面和声音给网友带来及时变动的新闻信息。

2. 记者到现场：分组行动+采写播

（1）记者们分组行动。

在快速抢秒发布信息的时效要求下，不应只派出一个记者去现场，寄希望于一个"全能记者"既能快速抢发出现场直播、精剪短视频、人物访谈等，又能同时抢发出文字快讯、多篇文图消息、人物报道、解释报道、调查报道等所有需要的新闻报道。如果可能，应尽可能派出多个记者，分别负责直播、视频、照片、文字、深度、专题等领域，在新闻现场分组行动，各自选取合适的现场和被访对象，快速进入采写播状态。

例如，2024 年 2 月 8 日，"澎湃新闻"发出了"甲辰龙年春节特别报道"《一趟春运列车的五年之变：人潮归来，乡愁依旧》。2019 年春运期间，"澎湃新闻"曾记录了 Z112 列车乘客从海口到哈尔滨的归途。五年后的 2024 年 2 月 4 日，"澎湃新闻"的春运特别报道团队再次登上从海口开往哈尔滨的 Z112 次列车，随车全程采访。登上列车的时事组的 2 名记者和深度报道中心的 3 名记者，根据事先约定的分工，各自穿梭在 18 节车厢中进行观察和采访，或者在停车时背着装有拍摄设备的大包在站台上奔跑——只为捕捉到打动人心的那些镜头。他们各自紧张地拍摄抓取现场典型瞬间，采访乘客们的故事，记录春运列车上游子们最真实的乡愁和对新年的期盼，相互配合协作，陆续刊发了启程、记者心声、Z112 次列车乘客人物故事等四十余条稿件，展现出记者们在新闻现场采发报道的紧密、高效、有序的配合与默契。有趣的是，在那 2 天的时间里，登上同一趟列车的 5 名记者竟然难得有时间聚齐，在列车快到达哈尔滨时才第一次一起在休息车厢吃饭。[②]

---

① 古船安家了，又一次乘风破浪的报道收官了[EB/OL].（2022-11-29）[2024-08-08]. https://mp.weixin.qq.com/s/JSafPPYQCp8vuVttDOZXXg.

② 5 年后，与 Z112 再次共度的 48 小时[EB/OL].（2024-02-09）[2024-08-08]. https://mp.weixin.qq.com/s/ZChq8yzvgOewtK2DEwHu1w.

（2）直播记者 2 人一组配合更佳。

在直播设备不断轻型化的趋势下，1 个记者可以只需要 1 部手机就开启现场直播。不少新闻机构在报道突发新闻时，常常只派出 1 个直播记者去现场，认为直播报道只需要现场 1 个记者就可以搞定。虽然 1 个直播记者也能够从现场发回直播报道，但往往容易顾此失彼，难以对新闻现场的呈现做出更佳的判断、转场和掌控。要想直播出现场最值得报道的场景和信息，2 人一组的直播记者配合着报道才是更好的安排。

《新京报》"我们视频"派往新闻现场的直播记者就是一组 2 人，以相互配合。2 人一组的直播记者，一名专注于当前现场的直播报道，另一名要么配合着当前的现场直播，要么可以去查看下一个值得报道的现场场景，要么可以去联系下一个值得访谈的被访对象，要么可以随时关注着现场安全状况以更好地避险。当一名记者完成上一场景的现场直播后，另一名记者可以马上接上开始下一场景的现场直播。这样，2 人轮换着进行现场直播和查勘准备的工作，可以更好地保证长时间的持续直播工作，能够更好地挖掘、判断和报道新闻现场最值得直播报道的内容，并更好地保证自己在新闻现场的人身安全。

例如，在 2020 年中国首次火星探测任务"天问一号"探测器发射的现场直播报道中，《新京报》"我们视频"直播组从 5 月初开始就从直播点位、直播设备及流程等方面进行筹备，提前与航天科技集团、北京天文台及海南当地媒体做好联络和沟通工作。在发射前一周，远望 7 号测量船在任务海区进行 1∶1 模拟演练，《新京报》派出 1 名直播记者随船报道，发回了海上演练时的 7 分钟现场画面。到了 7 月 23 日"天问一号"发射那天，《新京报》不仅派出 2 名直播记者，还调派了拍客团队支援。记者与拍客团队共 4 人定了 3 个极佳的直播机位，采用佳能 c200 电影机、索尼 N280 摄录一体机、外加适马 150-600 焦段镜头、V66 直播机，V68 5G 直播机，拍摄到第一手的发射现场画面，将发射升空前后约 5 分钟的图像顺利回传播出。[①]

（3）尽量避免单独涉险。

虽然记者出外采访时一个人行动很灵活，但是，当采访可能遇到危险，尤其是进行暗访或灾难现场采访时，最好能找到其他记者一起配合行动，尽量避免单独涉险。

（二）后方协同

后方协同是从后方编辑的视角来看的，主要包括后方编辑与前方记者之间的协同，也包括后方编辑之间的协同。

1. 后方编辑搜集整理信息

（1）记者到现场前，编辑已搜集、整理信息发到工作群。

记者在接到采访任务后赶往新闻事发现场往往需要一定时间，不仅出发前需要一定的准备，而且赶往现场的路上还可能有不少意外的波折和困难，因此，只靠记者自己网络搜索信息资料，往往很难尽快对该新闻事件中呼啸而来的信息进行有效的梳理和提取。

为了更好地配合前方记者了解该新闻事件的核心要点和最新发展信息，后方编辑需要尽力而为地快速开展信息搜集整理工作，赶在记者到达新闻事发现场之前，尽可能多地搜集整理与该新闻事件相关的文字、图片和视频信息，发到工作群里面。后方编辑还可以根据自己

---

① 新京报传媒研究. 2020 年了，记者的采访包里都放些什么？[EB/OL]．（2020-10-17）[2022-08-08]. https://www.sohu. com/a/425393489_257199.

对信息的判断，向前方记者提示该新闻事件的核心要点是什么、最新发展有哪些、可能的核心现场在哪些地方、核心现场目前状况如何、可以发掘的更有新闻价值的主题和方向有哪些、在新闻现场还需要注意的情况有哪些，等等。

例如，有的报社就有比较好的前后衔接机制，当遇到突发情况的时候会建立一个工作群，同事们出发之后，后方编辑会在记者到达之前，尽可能多地搜集已经证实过的文字、图片和视频资料，并全部发到工作群里面。记者们一边赶往新闻现场，一边要不断地看编辑提供的资料，以快速了解该新闻事件基本情况和最新状况，这能帮助记者判断如何在现场进行采访突破。①

（2）报道期间，编辑持续搜集、整理信息发到工作群。

在报道期间，后方编辑仍需持续进行资料搜集整理工作，及时发到工作群里，让在前方因深入采访某个方面而无暇了解更多情况的记者实时跟进全局的状况及最新的发展。

灾难新闻现场常常会遇到的一个棘手问题是手机没信号，无法搜集网上的最新信息。记者只能就自己现场采访到的点滴内容写出一个不完整的初稿，再想办法找有信号的地方把写出的资料回传，让后方同事再加入其他信息，对来自现场的内容和网络搜集内容或其他记者采访的内容进行整理，编辑成更完整的稿件。

（3）编辑随时指示前方记者的采访方向。

在工作群里，后方编辑还常常与前方记者一起讨论，对报道内容、报道方式、报道安排等进行探讨。必要时，后方编辑会及时指示前方记者的采访方向，提醒记者需要采集哪些方面、哪些形式的信息，统筹安排，尽力保证整个报道计划顺利执行。

例如，H5新闻《ofo迷途》在报道过程中，后方文字编辑以及数据新闻编辑、视频编辑、H5产品经理、可视化设计师等多个部门的人员不时地进行线上线下讨论，并与十多位前方记者一起在工作群中探讨：需要采集哪些方面的信息、需要采集哪些形式的信息、后期制作中应采取哪些多媒介形式与互动形式、用什么方式提高报道效率、如何呈现凸显新闻价值，等等。后方编辑根据大家头脑风暴的讨论内容，及时地安排、指示、调整各路记者的采访方向：一定要找到ofo各地办公室，一定要采访到员工，一定要拿到监管部门的数据，数据要哪些，市场走访怎么统计，一定要体验退押金过程，一定要拍摄现场视频，视频怎么拍……②

2. 后方编辑在直播间进行直播

有时候，后方编辑需要抢时间直接在后方直播间发起直播。后方编辑可以在直播间里先发出文字快讯；可以搜集网络相关信息，核实信息后发布到直播间；可以随时发布前方记者不时传回的文字信息、图片信息和视频信息；可以联系相关领域的专家进入直播间访谈；可以整理此前相关报道作为背景资料发布在直播间；可以开启网友评论给予网友发布信息的平台；可以及时回复网友评论，把网友评论内容纳入直播内容之中；可以随时连线前方记者谈论网友关心的问题；等等。

例如，《新京报》在报道泰国普吉岛沉船事故时，前方记者在去现场路上即开启视频直播，后方直播编辑也同时在后方检索网络信息，筛选整理后，提供给前方记者，并在直播间同步

① 媒介融合案例教程[M]. 北京：中国人民大学出版社，2022：114-115.
② 媒介融合案例教程[M]. 北京：中国人民大学出版社，2022：129.

图文直播。①

又例如，在报道中国首次火星探测任务"天问一号"探测器发射时，《新京报》不仅在前方派出多名记者和拍客进行现场视频直播，还在后方联系到北京航空航天大学航空宇航推进理论与工程博士陈亮、远望 7 号船副船长陶华堂、中国航空学会《航空知识》主编王亚男、北京天文馆副研究员刘茜等专家做客直播间，从多个方面来讨论火星探测计划以及未来"天问一号"登陆火星的过程。②

3. 后方文字编辑整合各方信息出稿

除了主动靠近前方进行的信息搜集整理工作，后方文字编辑最重要的工作，当然还是对前方记者采写回的稿件进行后期编辑。

如果前方记者已经采写出比较完整的稿件，后方文字编辑只需要简单编辑处理一下即可以成稿发布。有时候，后方文字编辑需要把多名记者采写的稿件或片段内容进行整合，或者把前方记者采写回的稿件与后方搜集整理的信息进行整合编辑。极少数情况下，可能还需要后方文字编辑直接作为撰稿人或主笔，统合记者采集资料和编辑搜集资料直接写稿。

4. 后方视频编辑剪辑视频

后方视频编辑的工作内容，主要包括以下几方面。

（1）精剪前方记者采访获取的视频资料。

例如，2024 年 2 月 3 日，在"澎湃新闻"春运特别报道团队前方记者们出发前往海口时，原创视频部后方的编辑们也早已在开始讨论拍摄方向和注意要点。2 月 4 日下午，火车才刚发车，记者已有素材回传；后方编辑们分工合作，一个人粗剪挑选素材，一个人精剪同步进行。2 月 5 日，前方记者在现场采访的素材最多，几乎完成了大部分的乘客采访。2 月 6 日，火车到站了，前方记者结束了拍摄任务，而后方开始了最手忙脚乱的成片搭建。2 月 7 日，一位前方记者刚出完差就回到办公室替补编辑，还有一位记者带着行李箱继续剪辑，晚上才能踏上她自己的返乡春运之路。2 月 8 日凌晨，《山海归途》这条 10 分钟的短纪录片完成了最后修改，原创视频部团队高效配合完成了极限任务。③

又例如，《湖北日报》在报道东京奥运会时，后方视频编辑对 2 名前方记者以日记形式拍摄的视频资料进行精剪，配上可爱的卡通、幽默的旁白、有趣的音乐，讲述每天记者在赛场内外亲身经历的故事，让影像版的记者手记更具亲切感，并把这些精剪视频以 Vlog 专栏的形式同时在几个新媒体平台推出。④

（2）把前方记者的直播视频拆条或混剪为短视频。

例如，《新京报》在泰国普吉岛沉船事故报道中，在进行及时、不中断的小屏直播的同时，后方视频编辑还对直播进行拆条精剪，把直播中信息价值大的片段挑选剪辑为短视频，进行二次传播，以最大化利用直播视频内容。⑤

① 媒介融合案例教程[M]. 北京：中国人民大学出版社，2022：138.
② 新京报传媒研究. 2020 年了，记者的采访包里都放些什么？[EB/OL].（2020-10-17）[2022-08-08]. https://www.sohu.com/a/425393489_257199.
③ 5 年后，与 Z112 再次共度的 48 小时[EB/OL].（2024-02-09）[2024-08-08]. https://mp.weixin.qq.com/s/ZChq8yzvgOewtK2DEwHu1w.
④ 胡革辉. 全媒体时代前方记者如何做好奥运报道[J]. 新闻前哨，2021（10）：66-67.
⑤ 媒介融合案例教程[M]. 北京：中国人民大学出版社，2022：139

又例如，在"天问一号"发射后 30 分钟内，《新京报》后方视频编辑对前方多名记者的直播视频内容进行混剪，快速剪辑出多角度直击火箭发射升空画面的 90 秒混剪短视频，面向全网分发与传播。①

（3）把前方记者采访获取的视频资料与后方编辑搜集的资料结合起来进行整合编辑。

例如，在报道泰国普吉岛沉船事故时，《新京报》国际新闻编辑配合视频直播进行了后方消息整合、迭代，进行了视频端的前端直播和短视频后方信息的整理重组，实现了视频融合。②

5. 后方设计人员进行后期制作

除了后方文字编辑、后方视频编辑对前方记者的文图和视频进行整合编辑制作，有时候还会涉及后方视觉设计人员对文、图、视频等的进一步后期制作，比如进行图片编辑、图表编辑、数据可视化、直播海报设计、H5 产品设计、动画制作等。

6. 后方运营人员进行传播推广

后方运营人员的主要工作内容是在多个平台对新闻产品进行传播推广，包括与多家平台进行深度对接与合作。

例如，"封面新闻"就与腾讯视频、今日头条等一些商业平台进行了深度对接，获得了更好的平台流量和传播效果。③

又例如，《新京报》与腾讯新闻开展长期合作，腾讯新闻购买了《新京报》"我们视频"的独家版权。不仅腾讯新闻监控到的热点话题会提供给《新京报》作为参考，《新京报》生产的内容也会跟腾讯新闻进行沟通，让腾讯新闻提供一个更好的位置来进行推广。

---

① 新京报传媒研究. 2020 年了，记者的采访包里都放些什么？[EB/OL].（2020-10-17）[2022-08-08]. https://www.sohu.com/a/425393489_257199.
② 媒介融合案例教程[M]. 北京：中国人民大学出版社，2022：138.
③ 媒介融合案例教程[M]. 北京：中国人民大学出版社，2022：109.

第四章　快速判断新闻点

当一个重大公共事件发生了，记者应如何采访才能快速报道出一系列有价值的新闻呢？这需要记者能够从纷繁复杂的信息海洋中快速判断新闻点，围绕一个个有价值的新闻点进行采访报道。

记者要快速判断新闻点，有全局法、细节法、现场法和预测法等几种主要办法。

第一节　全局法

全局法，是指以一种全局的思维和视角来思考：在一个新闻事件中，有哪些可能的报道方向？每一个报道方向里，可以试着从哪些方面去挖掘新闻线索并形成一系列报道？在事件发展变化过程中，采访报道大致可以分为哪几个报道阶段，各篇报道的时间顺序如何安排？

一、列"报道清单"或画"事件/人物关系图"

当事情纷繁复杂、头绪繁多的时候，列清单、画树状图等办法，对打开思路、尽量不遗漏重要方面是很有作用的。

当记者准备开始着手一个重大事件的报道时，可以试着列出与新闻事件或新闻人物相关的能想到的各个方面的"报道清单"，比如：相关的人、相关的机构、相关的事件、相关的现象；涉及的多个主题及子主题等领域；新闻事件发生的原因、历史背景、事件发生发展的过程、遇到的问题及应对的多种方法和措施、事件的结果、事件对多方面的直接或长期的影响；等等。

在尽可能地思考并记下可能的报道方向或新闻线索时，记者可以把凡能想到的相关信息都列成"报道清单"，也可以将相关报道清单内容画成树状或网状的"事件/人物关系图"，以帮助自己理清报道思路，不遗漏可挖掘的新闻点。

《北京青年报》记者建议："当一个新闻事件发生后，你可以把这个核心人物或者核心事件作为圆心，在脑海里形成一张关系网，把与之相关的每一个受到事件影响的人，或者事情都铺开来看。这张网上的每个环节，其实都可以成为你的线索、报道角度，这是一个最朴实和最基本的思维方法。……每个记者头脑中的网都是不一样的，网的大小范围取决于一个记者的经验和知识结构。当这张网足够大时，就可以有预判新闻发展方向的能力，选题的时效和角度可以超前。这是一个慢慢培养和训练的过程。……你可以在采访的时候把这张关系网画在你的采访本上，这样你就可以直观地去了解这整个的新闻事件，那你的思路也会清晰很多。"[①]

二、判断可操作的"报道方向/新闻点"

一位编辑说："我遇到过很多优秀记者，突破能力很强。但不少人有一个弱点——缺乏判

---

① 线索突破：在全局与细节中发现选题线索[EB/OL].（2021-07-29）[2022-07-24]. https://v.qq.com/x/page/r32 64a7d3eb.html.

断能力。理解和判断选题的价值，是做记者的又一层境界。这包括选题的卖点、重要性、角度、价值观等。选题的判断如同灯塔，看不清楚，就会迷航。"①

　　一位学者也说，记者面对的第一个尖锐挑战是识别并确认报道主题，这是对新闻价值识别和判断的过程。记者深刻了解环境、了解受众、了解媒体的传播宗旨，看清新闻与受众利益之间的关系，洞察新闻对社会环境的影响，才能对新闻的内在价值做出准确判断。更具体一些的操作办法是："记者最好对自己提出这样几个问题：① 什么事情是从来没有发生过的？② 什么事情最能够引起人们的兴趣与关注？③ 什么事情最容易被人们忽视而它实际上对人们有重要意义？④ 什么事情是人们在已往的经验中熟悉的而实际上它已经发生了重要的变化？⑤ 什么事情最打动你？……这些答案往往直接构成新闻报道的主题和焦点。……你要试着用一句话把报道的核心内容写出来，这句话最好不要超过 17 个词。因为当你能够在这个长度的句子里概括出报道的核心内容时，往往就说明你对报道的主题有了明确认识，说明你对报道的焦点已经精确锁定。……面对一个新闻事件，记者可以考虑从以下五种要素中选择报道角度：① 最能反映事物本质的新闻要素。② 最能表现事物非同寻常之处的新闻要素。③ 与受众利益最为密切的新闻要素。④ 最能引起读者兴趣的新闻要素。⑤ 最能触动受众情感的新闻要素。"②

　　在尽可能地列出能想到的所有可能的报道方向和新闻点的"报道清单"或"事件/人物关系图"之后，记者应该着重思考以下一系列问题：在这些头绪繁多的零散记录中，到底哪些报道方向重要且可行？哪些具体的新闻线索值得挖掘，如何挖掘？这些新闻点谁重谁轻？采写顺序上应该谁先谁后？

　　记者可以按以下步骤来帮助理清思路、找准重点、安排顺序。

（一）寻找有可操作性的新闻挖掘方向或具体的新闻点

　　在能写尽写的"报道清单"或"事件/人物关系图"上，记者可以逐一排查，寻找有可操作性的新闻挖掘方向或具体的新闻点。

　　记者应对每个可能操作的新闻挖掘方向或具体新闻点进行细化考虑：

　　（1）这个新闻挖掘方向或新闻点的报道角度可以是什么？能用一句话写出来吗？

　　（2）可以采用哪种报道体裁和报道形式？

　　（3）可能的报道结构和各部分的内容安排如何？

　　（4）应该获得哪些方面的信息内容才能支撑起这篇报道？

　　（5）应该采访哪些人？这些人能够采访到吗？如何找到这些人？如何说服他们接受采访？

　　（6）还可以用哪些办法？从哪些渠道？获得哪些材料？

　　（7）还需要获取哪些内容的图片、图表、音频、视频、动画等多媒介素材？

　　通过对以上这些具体操作内容的细化思考，记者便能大致预先判断该新闻挖掘方向或具体的新闻点是否有可操作性。对于有可操作性的新闻挖掘方向和具体新闻点，可以在"报道清单"或"事件/人物关系图"上圈出来或画上勾，表示该新闻挖掘方向或新闻点有可行性，可重点考虑进行下一步计划安排。

　　对这些有可操作性的新闻挖掘方向或具体的新闻点，如果涉及细化内容较多，为了更好

---

① 吴晨光. 记者境界：小记者写事　大记者写势[J]. 新闻与写作，2016（2）：75.
② 高钢. 如何判定新闻写作主题和角度[J]. 新闻与写作，2018（3）：103-105.

地梳理相关报道计划信息，可以考虑另外单独列出每篇新闻报道的具体采访报道计划。

（二）判断新闻价值大小并合理安排采访报道顺序

如果一个重大新闻事件比较复杂，拎出的这些有一定可行性的新闻挖掘方向和具体新闻点比较多，记者还需要综合考虑多种因素来合理安排采访报道顺序。

首先，可以从新闻价值大小的角度，来考虑多篇新闻报道计划的优先级顺序。

其次，可以思考该新闻事件正处于一个什么样的发生发展状况，将可能出现什么样的变化情况，基于此考虑多篇新闻报道计划的采访报道顺序。

最后，应该考虑自己或采访团队的人力、物力、社会资源等方面的具体条件，自己或采访团队及媒介机构的报道特色与报道优势等多方面的情况，从而安排多篇新闻报道的具体计划。

在综合考虑多个新闻挖掘方向及具体新闻点的可操作性、新闻价值大小、新闻事件发展状况及报道时效性、采访者的报道优势及时间精力资源限制等多方面因素后，媒体应尽量合理地做好采访报道先后顺序及人员的安排，制订出具体可行的采访报道计划。当然，计划常常赶不上变化，记者还应灵活应对，在有一定计划安排的基础上，时刻准备在情况不断发展变化的过程中，根据最新变化情况来调整采访报道的计划安排，及时发出能力范围内能做出的最具新闻价值的报道。

第二节　细节法

全局法是一种系统性的统摄思维方式，是从整体出发来系统思考该新闻事件可能涉及的每一个方面，再从中排查有哪些值得挖掘的新闻报道方向或具体新闻点。

与之相反，细节法是一种分布式的点状触动方式，是从部分出发来延伸思考该新闻事件中的某个细节可能意味着什么，可能串起来哪些相关事实，从而能够以之为新闻点串起相关事实形成一篇报道。

在一个新闻事件中，各种细节有很多很多，哪些细节有作为新闻点串起相关事实形成一篇报道的潜质呢？是那些能够打动人的、让人叫一声"哇哦"的、让人惊叹的、让人深思的、引人发笑或痛哭或愤怒或遗憾等情感波动的细节。这些细节常常可以凸显某个报道主题，能够让人从这个细节延伸联想到更多的东西，能够让人在某方面感觉到某种意义。也就是说，这些细节常常有某种象征的意味，有引起某种象征的潜力，有牵出其他相关事实来形塑某种意义的潜力。

我们可以试着从以下方面去寻找这些有某种意味的、能够串起相关事实来形成一篇报道的有潜在新闻价值的细节。

一、网络细节与现场细节

从发现细节的空间来分，新闻细节可分为网络细节与现场细节。

（一）网络细节

网络信息中一些有热度、有特点的细节，常常有潜在的新闻价值，可以以之为新闻线索，去延伸搜集更多相关信息，最终形成一篇甚至一系列报道。

记者可以有意识地多关注那些热点信息和新闻跟帖，从中去发现有潜在新闻价值的细节。

1. 热点信息中值得继续追踪报道的细节

记者看到的热点信息，是一个既已成为热点事件的信息，意味着已有海量的点击率和较高的关注度。记者如果已错过对该热点事件的最早报道，也没有太大关系，因为毕竟不可能每次都成为每一个事件的最初报道者，但如果想对别人先发现的新闻事件进行继续追踪报道，有意识地去发现该热点事件中有意思的细节，从该细节出发去挖掘更多相关信息，以做出第二落点的报道，仍是很有可能的。

尤其值得借鉴的一个操作手法是，可以特别关注热点信息中的视频，看看是否有可能以该视频为新闻线索，去挖掘更多、更深入的视频难以展现而适合文字深入报道的信息，从不同的报道呈现方式上突破，形成一篇或一系列新的报道。

2. 新闻跟帖中补充重要事实的细节

新闻跟帖中，除了大量简单的评论语句和表达情感的语句，偶尔也会有一些知情者在下面补充该新闻事件的相关事实及评论。记者应该有意识地注意新闻跟帖中那些补充了新闻重要事实的留言，如果从其补充的事实或评论信息中大致能猜出留言者很可能是该新闻事件的现场目击者或相关知情者，可以想办法联系上该留言者，进一步采访更多详情。

（二）现场细节

记者应该留意那些引起了自己注意的现场细节。现场细节千千万万，为什么这个细节让你注意到它了呢？能从千万细节中脱颖而出引起你注意到的细节，可能多多少少有着某种特别。可以停下来想一想，这个细节是什么意思？意味着什么？有什么特别？为什么引人注意？为什么让人印象深刻？为什么引人深思？记者应该留意那些现场采访中引起了自己注意的、特别的、引人深思的、让人深刻印象的现场细节，思考可以围绕这个现场细节再挖掘哪些信息，从而组成一篇有分量的新闻报道。

二、事实细节与情感细节

从细节有哪方面意义和作用来分，新闻细节可分为事实细节与情感细节。

（一）事实细节

事实细节是新闻事件中那些呈现事实是如何的细节。一些与关键的事实相关的细节，常常是还原事件真相的一个线索和切口，是有助于挖掘真相的事实细节。

（二）情感细节

情感细节是新闻事件中那些能让人产生强烈情感的细节。一些在不经意间就打动了记者的细节，很可能也能打动更多读者。如果记者在采访中感受到了这些能引人共鸣的情感细节，可以有意识地围绕该情感细节去延伸采访，放大该细节，从而报道出可读性强、能打动读者的新闻。

例如，2018 年 7 月 5 日，两艘载有中国游客的游船在泰国普吉岛附近海域突遇特大暴风雨发生倾覆，40 多个中国人遇难。写出《普吉沉船遇难者的辨认相册 | 深度报道》的《北京青年报》记者说，她接到报道任务去往泰国普吉岛现场采访时，一开始并没有比较明确的选题方向。从国内来到泰国的遇难者家属们都被安置到一个医院里，在医院里等待救援情况和最新信息通报。当时的采访场景是，遇难者家属都非常悲伤，处在一个崩溃的情绪里面。在这种情况下，记者采访是非常难的，想要开口去问问题是一件非常残忍的事情。记者只能陪同在一个家属旁边，去观察现场的情况。"有一个细节对我的触动挺大的，就是我发现这些在场的家庭都被分发了一个编码，这个编码的目的就是大家要排序分别进到一个房间里，去看一本相册，这个相册实际上就是遇难者遗体的照片。大家需要逐一翻看这些照片，去确认这里有没有自己的家人。当时这个画面对我在情感上的冲击还是挺大的，后来我就想有没有可能就把他们排队去看这个相册的过程做一个大的特写，然后穿插大家在这个事件里受到的影响以及大家遇到的问题。把这个思路跟我的编辑沟通之后，大家也觉得这个是可行的。所以当时完成事件采访基本上是通过观察式、伴随式的一个采访，生成了这篇文章。"[①]

在总结报道经验时，该记者在提出好的细节常常是"还原事件真相的一个线索和切口"的事实细节与"在故事的可读性和文本的可读性上都是有很大的塑造空间"的情感细节后，接着提出"放大细节"这个有效的采写操作思路："一个好的细节放大之后，可能会是一篇精彩的深度报道。……什么是放大细节？其实对于记者来说，就是我们在采访的时候，多往下想一步，多问一个问题，多想想为什么会这样，那可能它就会从一个小的线索、一个细节扩展成我们报道的方向和一篇稿件。那记者在写稿的时候怎么放大这个细节呢？我们会想这个细节能不能成为我们贯穿全文的一个线索。从编辑角度来讲，可能考虑的是这个细节有没有可能把它放在标题里，直接去呈现给读者。其实普吉岛沉船的这个案例，我们最后就是把相册这一点放到标题里，……所以，经过前期采访、写稿还有编辑这三重加工，一个很小的细节是可以最后生成一个主题很鲜明的稿件的。"[②]

第三节　现场法

现场法，是当新闻事件发生现场信息有较大的新闻价值时，记者为了尽快报道出新闻事件发生现场的真实情况而采取的多种办法：记者或者自己去核心事发地报道，或者在非核心现场就地展开采访，或者通过采访亲历者、目击者或知情者还原现场，或者请当地网友帮助对还在发展中的新闻现场进行实时报道。

---

① 线索突破：在全局与细节中发现选题线索[EB/OL].（2021-07-29）[2022-07-24]. https://v.qq.com/x/page/r3264a 7d3eb.html.
② 线索突破：在全局与细节中发现选题线索[EB/OL].（2021-07-29）[2022-07-24]. https://v.qq.com/x/page/r3264a 7d3eb.html.

一、去核心事发地

哪里是核心事发地，哪里就是最值得报道的现场。现场法的实际操作思路中，首选的，是记者快速去到新闻事件的核心事发地进行现场报道。

在去到核心事发地现场采访时，需要注意的是，"现场"这个概念其实是涵盖很广的，不仅包括眼睛看到的现场场景表象，还有现场场景表象下不容易看到的复杂情况，比如相关人物的复杂经历、相关事件与现象的发生发展过程、相关事件与现象的历史渊源背景及种种影响、潜藏的真相，等等。

一般来说，记者去到新闻事发地现场时，目之所及可能也只是和平常情况差不多的人与物，且现场情况常常杂乱繁多，有时现场可能大至一个城市、一个省的范围，这就容易让人茫然：到底哪些现场情况需要报道，值得报道？什么报道方向的新闻价值最大？该如何确定采访谁？如何才能找到被访者？哪里是最核心的事发现场？具体去哪里采访，何时去，如何去？去了后观察与采访的重点是什么？多条线索的采访如何协调配合？

记者去到新闻事件发生现场，其实会面临非常多的问题，除了最简单、最表面的关注与对特殊场景的表象进行现场简单动态报道之外，记者应该有意识地要求自己临场不乱，不断追问自己：这次新闻事件真正最核心的现场到底在哪儿？真正最值得挖掘的现场表象下的新闻点应该是什么？到底该如何采访才能最有效率地挖掘最值得报道的新闻点？如果记者一头陷入现场杂乱的信息海洋中，没有独立深入地分析判断此次新闻事件中最值得挖掘的新闻方向和具体新闻点是哪些，就很容易在手忙脚乱地报道之后才发现捡了芝麻丢了西瓜，错过了对有重大新闻价值的新闻点的挖掘。

二、"记者在哪，现场就在哪"

当记者因为种种原因没有办法尽快去到新闻事件的核心事发地现场时，应该怎么办呢？是不是就无法报道了呢？不是的，哪怕记者只是在去现场的路上，或者才刚到达现场边缘，或者到达的是非核心现场，依然可以想办法尽力就地取材进行一些采访报道。

新闻发生了，记者不是在现场，就是在去往现场的路上。无论记者在哪里、经过哪里、偶遇谁，只要带着一双善于发现的眼睛，哪里都可以采访到关于现场的信息。虽然可能因为种种原因暂时无法到达核心现场，身处之地不是灾情最严重的地方，记者依然可以就地取材报道亲眼所见、亲身经历、对路人的采访等，依然可以为读者带去自己看到的、听到的、感受到的、了解到的有价值的信息。

三、记录网友的现场亲历

如果记者确实无法去到现场，或者该新闻现场已经消失，那么，就只能通过采访新闻事件现场目击者和知情者来还原当时事发现场情况。

亲历者、目击者或知情者对现场信息的描述（拍视频、拍照、文字记录等），是读者想了解的有价值的现场信息。快速找到新闻事件现场亲历者、目击者或知情者，以口述、自述的形式还原事发现场或讲述新闻当事人的经历，是记者在无法去到现场或该新闻现场已经消失的情况下可能最快、最直接、最翔实的报道现场状况的方式。

四、请网友发布实时亲历

如果新闻事件现场仍在继续，而记者暂时难以及时去到现场，可以考虑请当地在现场的网友帮忙呈现新闻事件现场。

正身处新闻发生地实时现场的亲历者、现场网友等，他们的亲身经历、亲眼所见、所思所想等信息，是读者想了解的有价值的现场信息。记者可以尝试快速寻找并联系新闻事发现场的亲历者、目击者、当地网友等，邀请他们参与现场信息的采、写、播。

第四节　预测法

预测法，是一种预判信息价值的方式，是通过预测在哪里可能发现新闻价值或实用价值最大的信息来帮助判断采访挖掘方向的方法。

一、预测信息的新闻价值大小

新闻事件刚发生时可能情况不明，记者只有尽快搜集、不断刷新该新闻事件的相关信息，并根据以往报道经验来预先判断此次新闻事件中最具新闻价值的采访挖掘方向可能是什么，去哪里更有可能发现最有新闻价值的信息，由此形成初步的采访目标，以指导具体的采访安排。

例如，2008 年 5 月 12 日 14 时 28 分，汶川发生 8 级大地震。当天，《南方都市报》多个记者被派往四川采访。广州飞四川、重庆的很多航班都延误或取消，只有一个飞往南充的航班还剩下一个座位。记者们商量后，认为抢先拍出现场图片更紧迫，便把这张机票让给了摄影记者。该记者 21 点 30 分飞到南充，然后包了一辆出租车去成都。在车上，他听电台消息，了解到都江堰是重灾区，就直接赶到那里，拍下一组现场照片。由于手机、网络不通，无法直接传图，只好赶回成都。早上 5 点多，他终于把照片发回编辑部。[①]

灾难报道中，一开始情况不明，人们最需要快速了解的，是哪里受灾最严重、灾情如何。而这需要记者预判灾情最重的地方在哪里，并尽快发出受灾情况的现场报道。现场图片、现场视频等能够快速呈现出现场状况，因此优先考虑拍图、拍视频甚至直播实时现场状况。

记者应该清楚新闻事件发生后的报道节奏，以此来帮助预判什么时候应该重点关注哪些方面的信息。比如，就地震报道来说，前期黄金 72 小时重点是灾情及救人，后面才是人员临时安置、心理辅导、恢复秩序、重建等。了解了某类新闻事件报道中事件发展的一般规律及相应的常规采访报道节奏，才能够准确地预测判断在某个时期新闻价值最大的信息可能是哪些，什么时候该主要挖掘什么方向的新闻信息，以找准主次，合理安排采访报道的计划，尽力在有限的时间精力条件下采访挖掘出最需要报道、最值得报道的新闻信息。

灾难报道中后期，在稍微喘过气来，情况也基本了解了一些后，记者应该思考更深入的报道挖掘方向。例如，《南方都市报》一部门负责人 2008 年 5 月 14 日到达成都稍一安定下来后，就结合以往报道经验及目前了解的新闻事件的一些信息，在电脑上敲出包括现场报道和

---

① 南香红. 巨灾时代的媒体操作——南方都市报汶川地震报道全纪录[M]. 广州：南方日报出版社 2009：38-39.

深度报道方向两个方面的报道思路，以指导现场报道和深度报道的采访挖掘主要方向："现场报道：一、还原现场，一定要用描述的语言。不仅要关注新闻的中心——死伤情况，还要关注相关的环境，要写出氛围，表现出场景。灾情怎样、怎样救人、救出的人怎样，都要有非常精准的细节，让读者看了报道就能够看到现场。二、要有人出现，人的故事、感受、情感，具体到名字、特征、遭遇等，注意寻找特别有新闻性的故事，包括特别的经历、特别的感受、特别的行为等。三、挖掘人性和情绪，包括悲伤、恐惧、坚强、韧性、求生的渴望、怯懦、无助等，多面立体反映群体面临灾难时的状况。四、注意报道的层次感，同类的东西尽量避免，要有所发现，记者也是一个新闻的参与者，要写出自己的特别经历和情感。五、报道样式多样化，人物、现场目击、特写、生还者口述。注意救人者与被救者都是新闻的中心，都应该进行报道。"[1]

二、预测信息的实用价值大小

记者还可以通过预测信息的实用价值大小来帮助寻找值得采访报道的方向。

在灾难报道中，记者会特意寻找哪里出现了严重的灾情，灾情越重的地方越需要报道，因为对受灾情况最严重的地方进行的采访报道，不仅仅是让其他人了解到哪里出现了什么样的灾情，更重要的是，通过采访报道的信息，人们能及时了解到哪里受了什么灾，需要哪些方面的救助，从而能实实在在地帮助受灾地区的人们。对于受灾地区的人们来说，记者对受灾情况的采访报道，能够为帮助他们脱危解困尽一份力，这些信息的实用价值是很大的。

很多记者在安排自己的采访报道计划时，都会先预判哪里灾情严重，然后去往最危险也最需要救助的地方，主动逆行。

哪里最需要信息支持，就去哪里采访报道；哪里最需要救援救助，就去哪里采访报道；哪里灾情最严重、最需要关注，就去哪里采访报道。新闻报道中，记者需要根据有限的信息，预测哪里最需要信息支持，去哪里采访可能最有新闻价值和实用价值，从而决定采访报道的优先级。

① 南香红. 巨灾时代的媒体操作——南方都市报汶川地震报道全纪录[M]. 广州：南方日报出版社 2009：69.

第五章　快速获取照片、音/视频

融媒体时代，随着技术的发展，人们能够快速拍摄照片和音/视频上传到社交网络中。新闻事件发生了，人们不再满足于只通过文字描述去想象发生了什么，还想要尽快看到现场画面，想要通过现场照片和音/视频去直接看到新闻现场发生了什么或正在发生什么。这对记者和编辑提出了快速采集文、图、音/视频等多媒介新闻信息的更高要求。

要想快速采集文、图、音/视频等多媒介新闻信息，首选的策略，当然是记者快速去到新闻事发现场，直接采访、拍摄现场画面并快速报道出来。其次，记者可通过采访相关方，获取多媒介资料，尤其注意获取已有的音/视频和照片等。对网传的音/视频和照片等信息，还需要想办法多源核实其真实性。

第一节　记者去现场：从"单兵"到"群狼"

到新闻现场去采访，有人可能把这个想得很简单，就类似于出外旅游一样，接到采访任务，简单收拾一下行李，就可以即刻奔赴现场去采访了。但其实，为了更好、更快地到达新闻现场，事先了解新闻报道现场需要带些什么东西，才能更好地采访报道，以避免到了现场才猛然发现带少了东西，这是非常影响工作的。

一、记者装备：从"单兵"到"群狼"

磨刀不误砍柴工。要想快速去到新闻事发现场进行采访拍摄，记者首先需要整理好自己的采访报道装备。

一些记者就曾准备不足：有的女记者因接到采访任务紧急，来不及换鞋，竟然穿着高跟鞋就去了地震灾区参与采访报道，走山路的时候感受到极度不便。也有记者去报道洪灾时，竟然穿的是一双露脚趾的拖鞋，半路上其他记者看不过去，怕她脚在水中被尖锐物划伤，便把自己包里带的一双适合蹚水又能包住脚趾的洞洞鞋送给她穿。有的记者忘了带常备药，在外采访的几天里拉肚子却一时找不到药吃，吃尽了苦头。有的记者没有任何防护地前去可能有危险的地方采访，让人不禁为他们捏一把汗。有的记者开车时没有事先缓存好当地地图，手机信号微弱时连导航也刷新不了，难以找对路，导致不断绕弯路耽误事。有的记者虽然带了应对大雨的装备，却实际并不管用还徒添麻烦，比如，穿上雨靴、套头雨衣甚至分体雨衣，但遇到大雨照样一身湿透，雨靴变成一个倒灌水的"水桶"，影响行走，反而不如"洞洞鞋+速干T恤+速干运动裤"的便捷着装，速干套装在没雨的地方1个小时就干了。

《南方都市报》记者说："我们的记者就这样凭着新闻从业者的本能反应，凭着一腔年轻的热血奔赴赈灾前线，而检索他们的行装，很多人除了一个笔记本电脑之外，几乎是赤手空拳。……一个简单的头盔，也是后来经过口耳相传提醒记者带上的。"[1]反思汶川地震报道力

---

① 南香红. 巨灾时代的媒体操作——南方都市报汶川地震报道全纪录[M]. 广州：南方日报出版社，2009：8.

作《巨灾时代的媒体操作——南方都市报汶川地震报道全纪录》中第十章"灾难报道的后勤保障"，不仅详细论述了灾难新闻报道的通信及多种装备方面所需要的种种保障，还附上了"新华社应急报道物资清单""记者野外采访装备一览""灾难报道保障手册"等详尽的记者采访装备清单，非常突出地提醒记者必须重视、完善现场采访的装备。

年轻记者可以通过向有长期一线采访报道经历的记者们学习，了解记者现场采访具体需要哪些装备。

当被问到"外出采访时，背包、行李箱里会装什么东西？"时，不同报道领域的记者做出了大同小异却又有各自专业特色的回答①：

一位财经记者说："记者出差最重要的东西，没错了，跟大家出游一样，就是身份证。然后，录音笔、充电宝、电脑、自拍杆……这些数据产品必不可少。其次要带本书，万一无聊了，手机又没电了，还能有点消遣。"

一位社会新闻记者说："手机是必备的，一般会准备两部手机。一部常用，一部不常用，不常用的那部手机主要用来拍摄视频素材。充电宝也会随身携带，毕竟手机的用处很多，所以要保证充足的电量。还有会背着电脑，主要用来存储素材、查资料。还会带少量的衣服和一个洗漱包。我出差一般会尽量少带些东西，为了保证机动性只能轻装简行，不会带行李箱，也不敢背特别大的包，带的东西越少越好，不够用就临时去买，我的很多衣服、鞋子都是在出差过程中买的。"

一位摄影记者说："出差的行李箱基本会被相机和镜头占满。遇到例如地震、水灾等突发新闻时，我会带上头盔、救生衣等装备。另外，手电筒也会随身携带。"另一位摄影记者说："身份证和记事本。前者能上飞机、火车，后者嘛，好记性不如烂笔头！"还有一位摄影记者说："如果不是到高寒、高海拔地区，一般带的是设备和最少的衣服。以前还带几本纸质书，现在只带 Kindle 电子书。"

一位视频报道记者说："相机、指向麦、小蜜蜂、电池、电池充电器、三脚架、2T 硬盘、万能充电头、录音笔、人字拖、蓝牙音箱、止痛药、云南白药贴膏。基本上行李箱一半是装设备，一半是装衣服。"

一位体育新闻记者说："对我们文字记者来说，大部分时候，出差带上电脑、采访本和笔就够了……除了必要的换洗衣物外，我还会带上跳绳、运动鞋、创可贴、消毒纸巾、指甲刀、洗面奶、护手霜、发蜡等。碰上奥运会、全运会这样动辄 20 多天的长差，我还会带上简易的弹力带等健身器械。"

一位《新京报》记者在一篇专门谈论记者的采访包里都放些什么的文章中说，他刚入行时在一家新闻网站做记者，没有专门的摄影记者帮忙拍照片，他采访时不仅需要写文字稿，还需要自己配照片，所以他当时出差的标配是一台笔记本电脑、本子、笔、各种证件和一台单反相机。为了保持灵活行动能力，他习惯出差只背书包，但书包里东西太多，一背好几天，压得肩膀生痛。后来他到了《新京报》，书包的负重大大减轻。因为有专门的摄影记者，且 2015 年之后手机像素不断提高，急需时哪怕没有摄影记者也可以用手机拍点救急的现场照片，沉重的单反相机直接卖掉不用了。但 2016 年下半年开始，新闻移动直播从大型直播车转为手机直播，书包又变得超重，需要带的东西多起来："某品牌移动云台、备用云台电池、直播手机、

---

① 新京报.做记者的最怕啥？看看行李箱就知道[EB/OL].（2020-11-08）[2022-08-08]. https://baijiahao.baidu.com/s?id=1682746310233478071&wfr=spider&for=pc.

移动电源、三脚架、桌面脚架、摄像灯、小蜜蜂麦克风、运动相机、各色充电设备、笔记本电脑、牙刷剃须刀等生活用品，最后还需要另外准备一个箱子装大疆精灵 4 无人机。所有的装备得有四五十斤。"①

一位记者以曾做过的单机直播为例，描述了装备的使用场景：他穿着半身雨裤，背着书包涉水，左手撑雨伞，右手持云台，外接小蜜蜂采访直播；还在高处放一个三脚架，插上充电电源作为空镜过渡画面使用；后来还找到一个雨水稍微缓和的间隙，用无人机航拍现场画面。他曾一度前胸背书包，后背背无人机盒，进入河北、江西、湖北等好几个省的现场；碰到大雨时，找个塑料布包一下书包；碰到接近胸口水位时，把书包顶在头上……

《新京报》2015 年时曾试图打造一批"全能型记者"，设想一个记者能够"单兵作战"完成多种工作：一个人进入新闻现场后，就能源源不断地完成直播、写文字新闻稿、拍回现场照片、拍摄并制作短视频新闻，等等。但是，多次实战后，《新京报》发现，互联网时代的新闻争夺其实更为激烈，往往需要抢秒发布信息，一个人同时兼顾文、图、音/视频、直播等融合新闻报道，实在是分身乏术，效率和质量反而低下。当意识到这点后，《新京报》很快放弃了依靠"全能型"记者"单兵作战"的办法，换成了"群狼战术"：每次会同时派出多个记者去往新闻事件发生现场，包括文字记者、摄影记者、直播记者等，后方还有专门的人负责对接统筹协调。这样，前后方配合，形成了"统筹+编导+记者+拍者+编辑"的"前方+后方"的联动模式。在多个记者配合协作进行现场报道的情况下，原来繁重的设备可以由多人分担了，甚至条件好的时候，可以飞机一落地就租车赶往现场，设备放车后备箱，记者轻装上阵，在新闻现场移动起来更轻便一些。

一些学者也反思了融合新闻报道中出现的误区，认为"全媒体记者"看似跨界且无所不能，但在实际采编中的表现大多不尽如人意。把不同分发平台的融合新闻报道的压力全部前置给前方记者，常态化要求一个记者什么都得会、什么都得做，既要能写文字快速报道和深度报道，又要能拍照片、拍视频、现场直播，还要与其他媒体抢发布时效，这既无必要，也不现实。"多数情况下，前方掌握的信源呈现单一化、碎片化等特点，自己往往只能凭经验聚焦到一个具体的点。另外由于时间紧迫，现场单打独斗的记者很难发挥整合有效信息的能力。而对受众来说，除了希望第一时间看到新闻现场，更希望能在短时间内获取相关延伸内容。"②

尽管学界和业界都已经开始反思对"全媒体记者"的迷思，不过，一个常常可能因种种具体情况而面临被要求快速赶往新闻现场进行采访报道的网络时代的记者，不管是被迫"单兵作战"，还是幸运地有同事协同参与"群狼战术"，都需要不断提高自己的现场采访报道能力，要能够在接到报道任务时尽快赶往新闻现场，且在新闻现场的报道中有足够且灵活的装备进行采访报道。

上述一线记者们讲述的他们的采访包里放的多种装备，具体而有个人特色。为了更系统地了解记者应在采访包中装备些什么，才能既准备充分，又尽量精简便于灵活移动，笔者在一线记者们的经验之谈的基础上，试着从采访设备、证件、衣服、用品、食品、药品和特殊装备等几大方面梳理总结出一份"记者现场采访装备建议清单"（如表5-1 示）。所谓"兵马未动，粮草先行"，记者可以在了解现场采访装备建议清单的基础上，根据自己具体的个性化需

---

① 新京报传媒研究. 2020 年了，记者的采访包里都放些什么？ [EB/OL].(2020-10-17)[2022-08-08]. https://www.sohu.com/a/425393489_257199.

② 陈超，李帅. 当下融合新闻报道中的误区及对策[J]. 声屏世界，2018（4）：23-24.

要灵活增减一些装备，平时就在采访包里准备好奔赴现场采访所需的多种重要装备，做好接到任务就能够即刻出发的采访物资准备。

表 5-1　记者现场采访装备建议清单

	日常	特殊
采访设备	笔、记录本、手机（最好有不同运营商的双卡）、笔记本电脑、充电宝、数据线、充电头、录音笔、耳机	视频：直播手机、摄像机、移动云台、三脚架、桌面脚架、摄像灯、"小蜜蜂"、指向麦、镜头、运动相机、全景相机、无人机、直播机
证件	身份证、记者证、驾照、护照、名片、单位介绍信	车票/机票
衣服		登山鞋、速干袜、冲锋衣、羽绒服
用品	防水包、钥匙、纸、湿巾纸、卫生巾、现金、雨伞、橡皮筋、鞋套、小手电、口哨	洗漱及换洗衣物、电子书
食品	水、牛肉干、牛奶糖、饼干	
药品	密封塑料袋：口罩、创可贴、酒精棉片、清凉油	阿莫西林、藿香正气液、蒙脱石散、抗病毒冲剂、感冒药、退烧贴、止痛药
特殊装备	紧急联系卡（写上血型、紧急联系电话）	野外：卫星电话、无线对讲机； 水灾：洞洞鞋、救生衣、半身雨裤； 地震：头盔、头灯； 应急包：棉签、医用纱布片、胶带、弹性绷带、止血带、瑞士军刀、保温毯、睡袋、防潮垫、指南针

记者现场采访除了应了解相关装备知识，还应多积累现场采访经验和技巧，一些看似常识的小经验和小技巧往往能帮上大忙。以下是一些资深记者在实地外出采访中积累的一些有用的小经验和小技巧：[1]

（1）采访携带防水、便携式拍摄设备最为适宜，例如手机、防水运动相机。它们通常小巧轻便，易于携带，可在大雨中正常使用，甚至能拍摄水下画面。

（2）最好用的还是手机和云台，能拍能剪能直播，不用带摄像机这种易损坏的大型设备。

（3）无人机可拍摄到一些独特视角，到达人到不了的拍摄点位；相机辅助灯在较暗的情况下可拿来给现场拍摄打光，还可照明，不用再额外带手电筒；独脚架也常用来探路、探水深。

（4）除了手机防水袋等常见防雨设备，用得最多的防雨神器是一次性密封袋，可以保证手机和电子设备在淋雨或者涉水的时候不被损坏，还可用保鲜膜把设备裹好防止浸水。垃圾袋加橡皮筋很实用，可临时制作防雨罩，为设备提供简易的防水保护，且成本低廉、易于替换。

（5）不管设备有没有进水，每次雨天采访完回去后把相机放入干燥箱。如果相机和手机等设备不小心进水了，需要第一时间关机，拿出电池，用纸巾擦干，再用吹风机吹干后放入干燥箱；如果没有干燥箱就放入米缸三天，这样能最大限度地止损。

---

[1] 揭秘洪涝现场！垃圾袋、橡皮筋，竟是记者大赞的好用神器[EB/OL].（2024-07-05）[2024-08-09]. https://mp.weixin.qq.com/s/kc_u68H1zN3OajiFnHDdTw.

（6）断电断网时有发生，出现场若只带一块充电宝，最好再带上一个有 USB 插口的插排，再多带几根线，这样在有电的地方可随时充电，保证设备处于满电状态。

（7）在现场没有信号的情况下，想回传采访内容，常可用以下几种解决办法：一是可找附近的车站、安置点、应急通信车等有重点保障通信的区域，用手机信号回传。二是搜寻周边的商铺，用 Wi-Fi 回传素材。三是完成拍摄后迅速折返至住宿地传输。

（8）现场混乱很容易出现物品遗失的情况，可给所有设备都贴上标签，写上单位、名称和联系电话。万一丢了，也许有人捡到会主动联系。

（9）有时采访会遇到不得不在街头换衣服的情况，随身衣服要方便穿脱。

（10）虽然短袖短裤很方便，但也存在一定隐患，如果穿裙子或短裤，蹚水的时候看不见水下情况，很容易被划伤，一定要带长裤以及一双防滑的日常鞋蹚水用。

（11）在遇到水下情况不明、水脏等情况时，可用垃圾袋和胶带缠满整个腿来达到防水的效果。

（12）暴雨之后一般都是大晴天，皮肤容易晒伤脱皮，帽子以及防晒衣也必不可少。

（13）进现场采访前尽量在外围吃饱喝足，因为不知道下一顿饭什么时候能吃到，遇到能买吃喝的地方，抓紧填饱肚子。采访包里还可以提前准备一些干粮，如高热量的食物沙琪玛、小面包、火腿肠等。

（14）准备一些应急药品，包括碘伏、棉棒、一次性敷贴、藿香正气水、布洛芬胶囊、阿奇霉素片（抗生素类消炎药）等。应急药品可解决很多突发受伤情况，例如洪涝现场被玻璃碎片、树枝等划伤、磕碰。藿香正气水可应对中暑等情况。榨菜也可备点，可补充盐分。

（15）洪涝地区常伴随蚊虫繁殖，使用驱蚊水和止痒膏可有效防治蚊虫叮咬，保障采访人员的身体健康。

（16）可提前准备一些零钱，在没有网络、无法使用手机支付的情况下，用现金买水和吃的。

（17）在涉水的时候一定要观察路况和水体环境，提防各种风险。如洪水里可能有暗井，一不小心踩进去有可能被吞没或者摔倒在水里。此外，洪水里还有倒伏的自行车、树枝等杂物，会被它们绊倒或擦伤。

（18）不熟悉当地水情尽量不要单独到水淹地区探访，一旦遇到困难则无人施救。建议穿戴好救生装备，跟着有救援经验的救援队一同前往。

二、记者去现场：框住即摄

新闻事件发生后，有经验的记者会根据具体情况，快速装备好采访包，尽快赶往新闻事发现场进行采访报道。

（一）尽快到达新闻现场

突发新闻报道在时效性上的竞争异常激烈。一般来说，记者越早赶到新闻事发现场，就越能占据先机，越有可能拍摄到还未完全消失或正在变化中的鲜活的现场画面，越有可能采访到还未走远的、还能找到的事件亲历者或事件目击者，从而把最及时、最准确、最有价值的现场信息尽快告知关心此事的公众。因此，业界有句著名的话："新闻发生了，记者不是在现场，就是在赶往现场的路上。"当新闻事件发生后，媒体记者们会尽快赶往新闻事发现场，千方百计争抢报道时效。

但想要尽快到达新闻现场，往往也并不是一件容易的事。记者需要经验丰富且灵活应对，才能克服可能会遇到的各种意想不到的困难。

（二）框住即摄

记者到达新闻现场后，最要紧的是"框住即摄"，即尽快框住新闻现场的核心事件或核心人物的有价值画面，立即拍摄视频或立即开始直播。

在主要发布图文新闻的时代，业界记者的一个有效的经验是：到了新闻现场，要立即用相机框住现场正在发生变化的核心事件或核心人物，一旦框住，立刻按下快门。不要去管拍摄角度、拍摄景别等方面的因素。因为，新闻现场稍纵即逝，如果抢秒赶到现场后，还在拍摄角度、景别、光线、亮度、对比度、线条、景深等细节上不断斟酌调整，那么就会很容易错失宝贵的现场画面。如果抢拍不到新闻事发现场画面，拍得再好看、再美观又有什么用呢？反之，哪怕拍得角度不够好、景别景深不太恰当、光线亮度对比度等有瑕疵，甚至可能因为器材或其他原因导致画面都有点模糊，但只要抢拍到了新闻事件发生现场的关键画面，抓住了最大时效，其他方面的不完美都是次要的。况且，后期还可以尽量予以弥补，比如，框住的画面景别过大、人物过多、场景过杂，想要只凸显其中的某个部分，如只想要其中某个部分场景，或者只想呈现某个或某几个人物，甚至只想突出某个脸部特写等，只需要按需剪裁照片即可。还需要注意的是，不仅一到现场"框住即摄"，还要有意识地多按几下快门，甚至采用自动连拍技术，尽量多拍摄几张。这样，后面才可以从中选择拍得好的现场照片进行发布。宁愿拍得多、有得选，也不要拍不到、选不出。

现在媒体除了重视发布新闻照片，也很重视现场直播和现场短视频的发布。业界记者在原来"框住即摄"的多拍照片中选择并裁剪的传统经验的基础上，又发展出适应新要求的一套办法：到达新闻现场，立即用手机"框住即摄"，根据要求拍摄现场视频或直接进行新闻现场直播。后期，再从现场视频中或直播视频中剪辑出短视频发布，或者从视频中截取关键帧画面作为新闻照片发布。这样能够最好地兼顾现场直播、现场视频、现场短视频、现场照片、现场文字快讯、基于现场信息的深度报道等多媒介形态发布的要求。

"框住即摄"不仅要注意抢先拍下稍纵即逝的新闻现场，而且需要注意抢先在社交平台上发布新闻事件的现场信息，如抢秒发布文字快讯、现场照片、现场视频、现场直播画面等，抢占首发新闻信息的先机。接着，再由记者自己或与后台编辑和技术人员共同协作，或发布剪辑的现场短视频，或发布精选的现场照片或截取视频关键帧照片，或发布经由大量后期制作的新闻动画，或发布综合了现场照片、短视频等的综合消息或深度报道。

一些记者还会同时采用多台设备进行拍摄，并兼顾首先抢发社交平台和后期发布精剪视频报道。一位记者介绍经验说，他常常选择一边用手机拍摄现场视频和照片抢先在社交平台上发布现场信息，一边用固定脚架的摄像机拍摄更高清的现场画面传回单位供后期精剪制作播出。

在一些特殊情况下，为了获得更广的拍摄视野、更好的拍摄角度等，或者人无法更好地拍摄到现场画面的情况下，记者会选择使用无人机拍摄现场视频。例如，荣获第三十一届中国新闻奖短视频现场新闻三等奖的《请记住这里，王家坝！》，其获奖的推荐理由是"这部作品记录了王家坝闸开闸放水 24 小时之后蒙洼蓄洪区群众的真实状况。记者第一时间乘坐冲锋舟深入蒙洼蓄洪区，探访多个庄台，并及时将庄台上的情况传播出去。视频中的画面，具有视觉冲击力。此时的庄台犹如洪水中的一座座'孤岛'，但在当地党委、政府的指挥调度下，在志愿者、民兵、医护人员的全方位服务和保障下，百姓生活得到保障。作品现场感较强，在多个平台传播，效果较好。"[1]2020年7月20日上午，受汛情影响，被誉为"千里淮河第一闸"的安徽阜南县王家坝开闸蓄洪，蓄洪区很快成为一片汪洋。人民网记者于7月21日乘冲锋舟去几个被洪水围困的庄台采访时，为了更好地拍摄呈现出当地的受灾情况，就选择使用了无人机拍摄，以更广阔的视野拍摄记录下蓄洪区的远景、全景和局部画面，视觉冲击力非常强。

另外，有记者提供了一些拍摄现场画面应注意的小技巧。比如，虽然社交媒体上大家非常喜欢看短视频和图片等，但因为手机等移动终端的小屏幕限制了图片的大小和数量，图片的视觉震撼力其实是大打折扣的。为更好地在手机等小屏幕介质上呈现现场画面，有记者建议，移动端不太适合大全景，可以对图片进行剪裁，以凸显最重要的细节。

除此之外，尽可能地让手机保持充足电量以支持更长时间使用的一些小技巧也受到重视。比如：随时充电补充电量到最多状态，以防需要随时进入现场报道状态；准备多个大容量的充电宝和适配的数据线与充电头；平时关闭窗口动画效果、按键操作音、触感反馈等操作选项，以尽可能地让智能手机少耗电；在不联网时把手机切换到飞行模式，调低屏幕亮度；减少屏幕待机超时时间、不用的时候手动关闭屏幕以减少手机耗电；等等。记者们会根据技术发展状况尽量准备好充足的设备和电量，以满足随时可能进入突发新闻事件长时间现场拍摄状态对设备和电量等方面的要求。

第二节　多种手段获取现场多媒介信息

想要拍摄获取生动的现场画面，记者需要尽快赶往新闻事发现场。但是，赶往现场需要花时间，有时候还要花几个小时甚至几天的时间，这与新闻报道需要抢秒发布的时效性要求形成巨大冲突。很多时候，记者不会选择费时费力地赶往现场采访，而是采用替代办法，利用电话或网络进行采访，以提高采访报道的时效性。但缺乏现场实地采访的报道，一是在获取生动具体的现场细节上先天不足，难以通过实地全方位的感知触发记者对该事件涉及人与物的情感与感知，容易使报道缺乏深沉的感染力；二是缺乏眼见为实和面对面深入采访现场各方相关人士的机会，只通过媒介丰裕度不足的电话和网络途径采访，更不容易分辨信息真伪，容易误听误信误传信息。

针对"去现场"和"利用网络"之争，一位学者提出，在认识到两者的优势与作用后，判断记者是否去现场可有以下两条原则："① 当一个事件已经发生并在一段时间内还将持续产生后续影响力，记者应当去现场。② 当一个事件已经发生且现场在一段时间内还将继续存在，记者应当去现场。"[2]也就是说，当新闻事件现场未消失，仍在持续发展变化，会产生持续的后续影响力，现场状况的新闻价值就非常大，具有不可替代性。那么，即便需要花较长时间去往现场，记者仍需果断前往现场采访报道。但如果新闻事件现场已经消失，或现场难以及

---

① 中国记协网. 请记住这里，王家坝！[EB/OL].（2020-06-28）[2023-07-24]. http://www.zgjx.cn/2021-10/28/c_1310272
039.htm.
② 杨锋. 新媒体时代记者如何巧用网络拓展新闻报道[D]. 杭州：浙江大学，2013.

时去到，或现场状况信息价值不太大，或现场状况信息价值虽大但也可以通过不去现场的其他途径采访到一些现场情况，那么，记者多想办法利用手机、网络等工具采访，也是可以获得一些现场状况信息的。通过手机、网络等途径采访而获得的现场信息，虽然可能不一定完全符合记者对现场信息的期待，但毕竟这种途径获得的现场信息在速度、成本、效率方面可能更有优势。记者需要根据实际具体状况来判断是立刻赶往现场，还是通过网络、手机等手段采访，抑或通过对两种手段的灵活结合来进行采访报道。

也有记者提出，其实，在网络时代，现场的含义应该从实地现场扩展到网络现场。网络时代的很多事情就发生在网络上，我们对新闻现场的理解，不能再局限在过去对实地现场的理解范畴里，需要扩展到网络现场。

网络时代的"现场"外延已经扩大了。记者应该"在现场"，但可以通过更多途径去往实地现场和网络现场，或者利用网络、电话等采访手段更便捷地获得现场多媒介信息。

一、记者从"网络现场"获取多媒介信息

越来越多的事情，不仅发生、发展在实地现场中，也发生、发展在网络上。原本以为是虚拟的网络，越来越与实地现实的生活发生关联，甚至在促进、促发着实地现实事件的发生、发展。记者在寻找新闻事件现场信息时，不能仅仅局限于实地现场信息，还应把视野扩大到网络现场信息。在想办法获取网络现场信息时，不仅应关注获取网络现场的文字信息，也应该注意获取网络现场上的图片、音/视频等多媒介信息。

当一个新闻事件发生了，与该新闻事件相关的各方人士或相关机构常常会选择首先在网络上发言：或是新闻当事人在自己的社交网络账号上陈述亲身经历、曝光某些人与事，或是相关机构在官方账号上发布相关事件的公告，或是相关机构、相关人士此前在网络上发布的某些信息与该新闻事件存在某种关系，或是新闻媒体此前的一些新闻报道与此新闻事件相关，或是一些网友跟帖、转发、评论的信息与此新闻事件相关，甚至上述各方在网络上发出的信息也不断促进着此新闻事件的发展，等等。记者应该有意识地在网络上搜索、查找与该新闻事件相关的各种信息，不仅汇集、梳理与该新闻事件相关的文字信息，还应有意识地获取多媒介信息，以留下网络现场的实证证据。

获取多媒介信息，不仅包括获取网络上已有的图片及音/视频内容，而且包括及时对重要网页信息进行截图或录屏，转换为多媒介信息，以留下网络现场的实证证据。比如：可对新闻当事人发布信息的网页截图或录屏，可对相关机构发布公告或其他相关信息的网页截图或录屏，可对现场目击者或知情者发布信息的网页截图或录屏，可对网友发帖的网页截图或录屏，可对与此事相关的新闻报道的网页截图或录屏，等等。

记者在网络现场挖掘信息时，不仅应关注当前相关各方对该新闻事件的相关发言与行动，还应有时间纵深意识，有意识地利用好网络现场的历时性，深入挖掘被网络记录下的历史现场，注意挖掘相关各方此前在网络上留下的各种痕迹中是否有与此新闻事件直接或间接相关的信息。

新闻事件当事人常常开有如 QQ 空间、微信朋友圈、微信公众号、微博账号、抖音账号、快手账号、知乎账号、小红书账号等各种平台账号，会在这些社交账号上发布很多信息，或记录日常生活与情感，或与朋友留言互动，或转发评论当时热点事件，等等。这些网络痕迹，

是了解新闻当事人的信息富矿。记者可以从这些信息富矿中挖掘出新闻当事人过往经历中与该新闻事件相关的信息，可以从中寻找相关照片和音/视频等多媒介信息，可以截图或录屏重要网页等，用多种方法获取有价值的网络现场信息，以丰富对该新闻事件及新闻当事人的报道。

二、记者采访相关方获取现场多媒介信息

记者在采访新闻事件相关当事人、目击者或知情者时，应设想他们可能曾摄录下哪些现场画面信息，有意识地询问他们那里是否有记录下新闻事件现场的照片或音/视频资料，并请其提供给记者，以弥补记者无法及时赶到现场或现场已经消失无法再去记录的遗憾。

一般来说，新闻事件现场可能被拍摄记录下来的情况有以下几种。

（一）当事人或目击者拍摄记录

亲历新闻事件现场的新闻事件当事人或目击者最有可能实时摄录下新闻事发现场的情况。如果他们把拍摄现场的照片或音/视频信息发布在网络上，记者通过网络搜索查找到这些现场信息后，可以想办法联系到该信息发布者采访核实后用在报道中。如果他们没有发布在网上，记者在采访相关人士时，可以设想他们有可能曾摄录下现场，应专门询问他们是否有现场照片或音/视频等多媒介信息，并请他们提供给记者。

有时候，新闻事件本身就发生在网络上，新闻现场本身即发生在网络上的网络现场。比如，人们在网络账号上发布信息，人们在 QQ 群或微信群里发信息互动，等等。记者应设想可能有哪些发生在网络上的网络现场信息，并有意识地请新闻相关方提供相关网络信息截图或网络聊天截图或音/视频等多媒介信息。

（二）监控视频

很多地方都安装了监控，监控可能拍下了新闻事发现场画面。记者在寻找新闻事发现场视频时，应设想哪些地方可能设有监控，有可能拍下了新闻事件现场发生的状况。只有先设想到了寻找各种可能有的已被摄录下的新闻事发现场监控视频的可能，才会有意识地去询问、寻找、请求可能保存有监控视频的机构或个人提供已拍下的新闻事发现场监控视频片段。

1. 公共区域设置的监控视频

很多道路、小区、电梯、办公区等公共区域都有监控。有的室外监控因没有配拾音器，摄下的监控视频只有画面没有声音；室内监控可能配有拾音器，摄下的监控视频既有画面也有声音。如果新闻事件发生在道路、小区、电梯、办公区等公共区域，记者应设想新闻事发现场画面可能已被安装在某处的监控摄录了下来，可以尝试去相应的公安部门、交通运输部门、小区物管、机构企事业等处询问是否有可能摄录下了某处某时的现场画面，并请其提供相关新闻事发现场监控视频片段。

2. 私人设置的监控视频

很多人在自己家里或店铺里，甚至家门口、店铺门口安装了监控。记者采访新闻事件时，应设想是否可能有私人设置的监控视频摄录下了新闻事发现场情况，并有意识地询问、寻找，

请求获得这些新闻事发现场视频片段。例如，有的新闻事件发生在城市道路或人行道上，周围商铺门口的监控视频很可能就摄录下了相关画面。有的新闻事件发生在某商铺里，很可能该商铺的监控已摄录下了事发现场画面。有的新闻事件发生在某人家里，很可能有被摄录下的室内监控视频。有的新闻事件发生在住宅楼道里，有可能有人家门口安装的监控有摄录下现场视频。记者应设想多种现场声画被摄录下的可能，然后有意识地询问、寻找并请求对方提供已录下的现场信息。

（三）行车记录仪视频

很多车安装了行车记录仪，行车记录仪录下的视频也常常成为新闻事发现场瞬间的宝贵的记录。记者可以有意识地询问、寻找，请求存有相关新闻事发现场画面的车主提供该视频片段。

记者在获取能呈现过去发生事件的视频资料时，可以采取寻找当事人或目击者拍摄视频、监控视频、行车记录仪视频、被采访人讲述当时现场经历的视频、请当事人截图网络聊天信息等多种办法，尽可能还原当时事发现场状况。

例如，荣获第三十一届中国新闻奖短视频现场新闻二等奖的《地震瞬间，她们抱出26个新生儿：要把孩子的安全置于我们之上！》，其获奖的推荐理由是"这是一件反映危急关头医护人员的专业敬业的作品，通过同期声采访、监控画面、现场照片等多种要素和场景的组合，完整还原了地震发生瞬间医护人员不顾个人安危，将婴儿生命安全放在第一位，专业处置、有序撤离的全过程"[①]。2020年7月2日11时11分，贵州省毕节市赫章县发生了4.5级地震。当时正在业务学习的赫章县人民医院新生儿科的医护人员感觉到楼抖动了一下，意识到是地震了，所有人员全部往病房冲去，在新生儿科主任的指挥下，仅用了3分钟就迅速将保温箱中的26个新生儿抱起用包被包好，在第3次楼抖动的时候，经请示院领导决定撤离，10分钟内撤出病房，转移到了医院的安全空地上。当天下午，一小段关于这件事的监控视频片段传到网上引发热议，但缺乏更完整的事情经过和现场信息。7月3日，贵州广播电视台记者一早赶往赫章，获取了医院关于此事的多段监控录像。但这些碎片化的监控录像对现场的记录并不完整，记者又采访拍摄了现场照片，以及医护人员站在现场绘声绘色地讲述此前经历的视频。在发布的新闻视频中，记者采用并置现场画面、采访医护讲述经过的视频和多段相关监控现场视频的方式来完成对当时事发现场经过的呈现。记者还寻找、采访到当时在医院拍下了新生儿转移现场画面的医护人员和病人家属，获得了他们当时拍下的照片、视频，这些现场信息也有利于还原当时事发现场的状况。

记者在获取新闻事发现场的照片和音视频信息时，尤其是获取网传的照片和音/视频信息时，不能"捡到篮里就是菜"，还应有核实信息真伪的把关意识。核实网传照片和音/视频信息的方法有多种：一是快速联系到该照片、音视频发出者，通过追访核实该照片、音/视频的真实性。二是可去相关权威机构账号和相关个人账号里查找相关事实信息，用多源互证的方法，佐证该照片、音/视频的真实性。如果有相关信息，可在报道中提及该佐证。三是应在报道中提及该引用信息的发布账号，以提供可核实信息的路径。

---

① 中国记协网. 地震瞬间，她们抱出26个新生儿：要把孩子的安全置于我们之上！[EB/OL]. （2021-10-29）[2022-08-14].
http://www.zgjx.cn/2021-10/29/c_1310277699.htm.

三、存储与搜索查找多媒介采访素材内容

记者到新闻现场后，框住即摄，多次按下快门，不多时就会拍下多张现场照片。新闻现场在不断地发展变化，记者怕错过现场画面而有意识地扩大一些拍摄范围、拍摄场景和拍摄时间，导致音像文件数量不断累积，场景不断增多，庞杂堆积。如何在后期合理存储这些每时、每天、每月、每年都在不断累积增多的照片，在需要的时候快速、精准地寻找到这些照片中最需要的那张，还能准确了解该照片的相关新闻事件内容具体是什么，这需要记者有自己的一套存储与搜索查找采访素材内容的技巧。

记者在新闻现场拍摄的照片和视频类文件会很多，考虑到时间和效率，不太可能及时地为每一张照片或每一个视频都配上详细的图片说明或视频说明。但如果不及时地为照片和视频配上文字说明，一些容易忘记的信息很可能在后期需要写出准确详细的文字说明时因为记不清楚了而无法写出，或只能含糊其词，甚至写错。因此，想办法在拍摄后尽量及时地为照片或视频配上文字说明是非常必要的。

如果记者拍摄的是需要抢秒发布的突发事件现场画面，需要尽快把抢拍到的照片或视频上传到后台编辑系统或直接发送给某个编辑。记者可以在后台编辑系统内上传照片或视频时按系统要求填写清楚相关照片或视频内容的说明信息，也可以在直接发送照片或视频给某个编辑时用便捷留言或专门的文档写清楚图片说明或视频说明。如果可能，记者最好能为每张照片配上图片说明，为每个视频配上视频说明。但是，如果想尽量省时间和提高效率，对于同一新闻事件、同一场景或类似场景的多张照片或多个视频，也可以采取只综合写一个图片说明或视频说明的方式，为这些事件和人物内容差不多的照片或视频批量配上图片说明或视频说明。这些当场写出的关于图片说明和视频说明的便捷留言文字或专门文档，在后期整理图片或视频文件以长期存储备搜索查找时也可以尽量利用上。

整理采访的文字、图片或视频等素材内容，最好能做到每日定期整理。每天采访后，养成整理当日采访素材内容的习惯是很有好处的。如果不有意识地采用一套有利于后期搜索查找的存储采访素材内容的方法，天长日久的采访素材内容会乱成一团而难以查找利用。记者应该采用一套适合自己的存储、编目的方法，持之以恒地每日按这套编目方法整理、存储当日的采访素材内容，以备今后在需要时能快速、准确地搜索查找到相关的文字、图片或视频类采访素材。

一般来说，长时间的、多主题的、多类别的、海量的信息，从有利于快速搜索查找的方面来看，可以采用按"时间+主题+类别"的方式来安排文件夹的树状分布目录。对于记者来说，采访报道的一个个新闻事件，天然地是适合分类的主题。记者可以尝试按照时间轴，把每天的采访素材内容归到一个文件夹中。记者应利用好文件夹的标题命名，可把文件夹命名为"日期+多个新闻事件主题关键词"，以便于今后用关键词搜索查找的方式来命名文件夹。该文件夹下面还可分出子文件夹，分别命名为"日期+单个新闻事件主题关键词"。该子文件夹下面，还可以根据素材的类别情况，分出下一层文件夹"日期+单个新闻事件主题关键词+照片/视频"。这样的好处是每日采访素材文件夹可以自然地以倒时序排列，便于今后按大致日期来快速查找相关新闻事件的采访素材内容，还可以在搜索"新闻事件主题关键词"时快速搜索定位到相关新闻事件主题的文件夹。

在某新闻事件的"照片/视频"子文件夹中，如果已有图片说明和视频说明，可把图说详

细文档放入该子文件夹中，以备今后查找到时能了解该照片或视频的具体、准确的内容；如果这些照片或视频还没有配上准确详细的图说，也可以在每日为采访素材存储整理时，为之写出简要的关键词。这些简要的关键词，可以包括"时间""地点""事件""人物"等容易记不准确的信息，以帮助今后需要配详细图说时能准确写出该新闻事件主要内容。

可以利用"重命名"的功能，在重命名照片或视频标题时，把简要的关键词添加进其中一张照片或视频文件的标题中。不必为每张照片或视频文件重命名标题，只需要为同事件、同场景的批量照片或视频的其中一张重命名文件标题，就能够帮助记者回忆起这批照片或视频的相关事件内容。在"重命名"时需要注意的是，尽量不要把照片或视频的原设备默认标题信息删去，只需要在原默认标题信息之前添加上简要关键词信息。保留原设备默认标题信息的好处是，原设备默认的照片或视频的标题信息，常常是一串字母和数字，这串字母和数字信息，是该照片或视频的原始元数据信息，包含设备信息和拍摄时间等信息。尽量保留照片或视频的默认原始标题信息，有利于保护该照片或视频的原始元数据信息。

采访素材的长期存储，除了考虑易搜索性，还需要考虑存储的安全性。尤其那些较为敏感的新闻事件的采访素材，需要安全地存储多年，以备相关方提出异议甚至诉讼的情况下，能够作为有力证据使用。一般来说，要想长期安全地存储信息，需要在多处、多个设备做至少 2 个备份，如果有 3 个及以上备份更好。手机里拍摄、搜集的信息，可以实时传送到网络云盘备份。网络云盘看似能够长期安全地存储内容，但考虑到网络云盘的内容有可能被泄露，且网络云盘的运营商也有可能几年后就破产倒闭或停止运营，所以不能完全依靠网络云盘进行备份。本地电脑里的内容，可能更安全、更方便查找，记者应该每日及时地把手机中的采访素材转移到电脑里编目、整理、存储。为了采访素材能尽量长期、安全地存储，记者还应定期用移动硬盘备份。可采用 2 个移动硬盘同时备份同一内容的方式，以避免移动硬盘内容损坏带来的问题。如果其中一个移动硬盘因某种情况损坏时，还有另一个移动硬盘的内容是安全存储的，毕竟 2 个移动硬盘同时损坏的概率非常小。另外，移动硬盘也有一定的使用年限，如果需要一直保存下去，还需要过上三五年再重新备份一下。

第六章　快速核实要点

要想尽快发布新闻，一种路径是记者快速赶到新闻发生现场进行采访报道，另一种路径是记者获得并核实社交平台上知情者发布的信息后转发。

一般来说，很难有记者刚巧碰到并记录下重大新闻事件发生现场的情况，更多情况是有网友恰巧拍下了现场画面传到社交平台上，但这些在社交平台上流传的信息真伪难辨，需要记者想办法快速核实这些信息后再发布。

第一节　快速查看权威网页核实

社交平台上充斥着各种真伪难辨的信息。

人们可以把亲身经历的事写下来或拍下来上传到社交平台上。尤其当一些偶遇某事件发生的人们记录下该事件的现场状况并上传到社交平台，这些关于该事件的文、图、视音频等信息就在人们的转发中不断被更多的人们看到。但是，看到这些信息的人们，很难有时间和渠道去辨别这些信息的真伪。

这些在社交平台上病毒式传播的信息，在给记者带来了与普通网友秒转信息抢速度的巨大压力的同时，也给记者带来了快速发现新闻线索和新闻素材的信息富矿。

《新京报》"我们视频"的一位编辑在接受访谈时说，他从来没有觉得自媒体或者 UGC 内容对他们是一个威胁，反而是一个补充。"比如十字路口发生了一场车祸，以前做新闻，记者到现场扛着摄像机，通过自己的采访、观察来还原这场车祸。而现有监控摄像头、有路人拍的视频，我们可以拿到最核心的内容。一个重大新闻发生之后，只要你足够努力，基本上都能够找到最核心的一瞬间的视频。对于我们做新闻的人来讲，这是以前做梦都想不到的事情。……对新闻进行核实的过程是必不可少的，我们只需要在符合新闻规范的操作方式里面做到最快就可以了。'我们视频'的'快'，体现在又准又快，真实性是新闻的生命。"[①]

《真相：信息超载时代如何知道该相信什么》一书中提出，新型消费者对新闻主要有 8 个方面的需求：鉴定者、释义者、调查者、见证者、赋权者、聪明的聚合者、论坛组织者和新闻榜样。其中，首要的需求，就是记者发挥作为鉴定者的功能。"我们需要媒体帮助我们鉴定哪些事实是真实和可信的。虽然我们不再将新闻从业人员视为唯一的信息提供者，但我们需要有鉴别信息可信度的方法和解释信息为什么可信的事实根据。在人们拥有众多信源的今天，媒体作为鉴定者的角色比以往任何时候都重要。"[②]也就是说，在信息超载时代，在社交平台上众声鼎沸的流言喧嚣中，人们比以往任何时候都更需要记者去核实流言的真伪。

流言，并不一定是谣言。谣言，是关于事实的错误信息，是从真伪的角度来区分信息的。流言，是非官方消息，是从传播渠道上来区分信息的。《谣言：世界最古老的传媒》一书中提

① 章淑贞，王珏，李佳咪. 短视频新闻的突围之路[J]. 新闻与写作，2019（6）：87-91.
② 比尔·科瓦奇，汤姆·罗森斯蒂尔. 真相：信息超载时代如何知道该相信什么[M]. 陆佳怡，孙志刚，译. 北京：中国人民大学出版社，2014：181.

出："我们称之为谣言的，是在社会中出现并流传的未经官方公开证实或者已经被官方所辟谣的信息。"[1]但其实，该书中所说的"谣言"，其实是非官方消息，即"流言"。所以，该书总结的谣言公式是："谣言=（事件的）重要性×（事件的）含糊不清"[2]，可以被看作关于流言的公式。这提醒我们，越是重大事件，在对其事实信息越不确定的情况下，人们越迫切地需要尽快减少对该事实信息的不确定性，因而也越主动地传播转发关于该事件信息的流言。香农提出，信息是对不确定性的度量。不确定性越大，信息量越大。也就是说，如果记者能够运用专业的核实查证方法，鉴别社交平台上流传的相关重大事件信息的真伪，并提供对鉴别方法和证据的可信的说明，就能够在很大程度上减少人们对该事实信息的不确定性，从而给人们提供巨大的信息量。

当发生了某重大事件的信息在网络上传开的时候，记者不应该像普通网友那样，不经核实就忙着转发，而应该想多种办法快速核实。一般来说，最快的核实办法，是利用网络快速查找权威信源的相关信息。

一、快速查看来源媒体网页核实

当记者看到或听某事件的时候，常常不太可能是恰好浏览到关于该事件的最初在网络上发布的信息，而经常是已经被转发多次甚至是已经被媒体机构转发出来的信息。

即使某事件信息是由权威媒体发出的，想要转发此信息或继续采访报道此事的记者编辑们，依然需要自己多方快速核实该信息后，才能负责任地发出关于此事件的信息。而派记者赶往现场采访核实毕竟还需要一段较长的时间，此时，最快的初步核实办法，是查看该转发信息中提到的来源媒体网页。

在具体查看比对时，主要注意查看以下方面：一是看该来源媒体上是否真的发布了该信息。二是看该来源媒体信息与转发媒体信息是否有不一样之处。三是看该来源媒体是否也是转载的其他媒体的信息。如果该来源媒体不是最初信息发布者，记者应该继续追踪溯源，去查看比对源头信息与各处转发信息的异同，从中找出辨别该信息真伪的一些蛛丝马迹。

例如，2003年3月29日，比尔·盖茨被暗杀身亡的信息被各大网站争相转发。而如果当时转发的编辑能够花上几秒钟去报道中声称的来源网站CNN的网页上查看一下，就能立即发现CNN网页上是没有该报道的。[3]

不少媒体在转载其他媒体的信息时，常常并不去核实该信息真伪，而是急于转发。有些媒体转发时，会写出转发来源，如"据某媒体报道"，甚至是"据某媒体转发某媒体的报道"，连去溯源一下的时间都不想浪费。有些媒体转发时，甚至不写转发来源，想造成好像是他们自己采访到该信息的假象。这两种行为都非常危险，暗藏着出现重大损失的可能。不写转发来源的媒体，一是发布无来源的信息，该信息可信度和该媒体可信度都相应下降；二是该媒体实际上是在用自己的公信力为该信息背书，一旦该信息有差错，媒体的公信力会大大受损。即使写出转发来源的媒体，如果该信息后来被证实为有差错，该媒体的核实能力和公信力依然会受到质疑。如果该信息牵涉的相关主体诉诸法律，要求信息最初发布方和信息转载方承

① 让-诺埃尔·卡普费雷. 谣言：世界最古老的传媒[M]. 郑若麟，译. 上海：上海人民出版社，2008：15.
② 让-诺埃尔·卡普费雷. 谣言：世界最古老的传媒[M]. 郑若麟，译. 上海：上海人民出版社，2008：8.
③ 胡明川. 网络新闻编辑[M]. 北京：中国人民大学出版社，2020：65-67.

担相应赔偿责任，从法律上来说，信息转载方不会因为只是转发而不负相应责任。因此，媒体在转发信息时，不经核实就转发，不仅公信力可能受损，而且可能出现承担相应法律责任的严重情况。

二、快速搜索其他权威媒体报道核实

搜索其他权威媒体是否有相关报道的好处有以下几方面：一是用关键词进行搜索非常方便快捷，是利用网络大数据对特定信息进行大范围搜索、查证的有效方法。关键词搜索能够让记者较快了解到有没有、有哪些媒体对该事件进行了报道，从而能够快速地初步判断该事件被误报的可能性大小。如果没有搜索到其他媒体的相关报道，此事被误报的可能性就大大增加，需要记者更为谨慎地行事，加大从其他渠道对此事进行核实的力度。如果搜索到有几个或多个其他媒体的相关报道，此事为真的可能性就大大增加。二是可以查看、比对不同媒体的报道，进行多源交叉互证，以进一步核实关于此事的更多细节事实的真伪。三是可以从同行的报道中快速获取更多的相关事实信息，以充实自己媒体发布的报道内容，更好地为网友提供真实、准确、完整的相关事实信息。

但是，即便有很多家媒体都发布了关于某事的报道，记者依然不能把众多媒体一致报道的内容等同于被证实的事实。因为，众多媒体一致报道都出错的情况也是有的。

有时候，记者如果能够从网络信息中看出新闻事件发生在何地，还可考虑通过快速查看当地媒体是否有关于该事件的报道来核实。

例如，2022年1月29日，《成都商报》新媒体"红星新闻"发布了新闻《景区突发雪崩！现场画面曝光》。从新闻中可看出，记者在网络发现一段约30秒的雪崩视频后，根据网帖中称发生雪崩的地点是云南省迪庆州德钦县雨崩景区的线索，专门去查看了当地媒体是否有相关消息发布，以核实并补充相关信息。新闻正文中添加了从云南网和德钦县融媒体中心找到的相关报道信息："据云南网-香格里拉网消息，雨崩景区提示：因近期雨雪天气较多，造成进出雨崩景区的道路结冰，27日起，景区进山客运车辆已临时停运。另据德钦县融媒体中心消息，1月27日，德钦县文化和旅游局发出冬季旅游温馨提示。目前，工作组正在开展安全隐患排查，雨崩至神瀑、雨崩至大本营的线路暂时关闭，未开发的雨崩至神湖、尼农至雨崩、永芝至雨崩的线路禁止进入。"[①]另外，大众报业集团旗下的《半岛都市报》从《昆明日报》新媒体"掌上春城"转载的新闻中，还配上了德钦县文化和旅游局1月27日发布的"温馨提示"的截图，截图中文字显示："2022年1月26日14:30，雨崩神瀑附近发生一起雪崩……经排查核实，视频画面发生在雨崩神瀑对面，未造成人员伤亡和旅游设施及财产损失。"[②]

三、快速查看相关官方网站或官方账号信息核实

由于存在众多媒体转发也可能因未核实而出现失误的情况，更可靠的核实，是直接联系可能知情的相关官方机构核实。如果可以，最好电话采访相关官方机构的知情者。但是，在

---

① 红星新闻. 景区突发雪崩！现场画面曝光[EB/OL].（2022-01-29）[2022-05-15].https://k.sina.com.cn/article_6105713761_v16bedcc61019011igi.html.
② 半岛都市报. 惊险！景区突发雪崩，游客边跑边拍！现场画面曝光…[EB/OL].（2022-01-29）[2022-05-15]. https://www.thepaper.cn/newsDetail_forward_16519538.

一时之间难以直接联系上相关官方机构知情者的情况下，先查看相关官方网站或官方账号信息是进行初步核实的一种便捷方法。

例如，2015 年 3 月 18 日，多家新闻客户端推送了李光耀去世的消息，路透社、CNN 也发布了该消息，一些新闻网站还快速推出了专题。但几乎所有新闻的信源都只是简单的"据外媒报道"，并没有明确说是哪家外媒，信源存疑。甚至，有些媒体新闻中连"据外媒报道"都省略了，以直接为此事信用背书的方式进行了无信源的报道。很快，多家新闻客户端又纷纷推送李光耀病逝为误报的消息并致歉。原来，该信息的最初来源是网上流传的一个冒充新加坡总理公署网站文告的截图，未被核实就转发，造成多家媒体错误报道。而其实，各家媒体编辑只需要查看一下新加坡总理公署网站，看其官方网站上是否有此信息，就能快速发现此信息可疑。在多家媒体误报此事的浪潮中，腾讯新闻没有误报，并及时发布了核实信息。复盘腾讯新闻能够避开误报此事的风险的原因，是腾讯新闻内部管理中有一条不成文的规则——双信源核实，双信源核实不能只指有两个以上权威媒体信源，而应该至少包括一个与新闻事实相关的部门核实。

四、快速查看相关专业网站核实

（一）快速查看企业信息核实

要想快速查询新闻当事方中某公司相关信息，记者可以在由国家市场监督管理总局主办的"国家企业信用信息公示系统"网站上查询。该网站上可以查询到以下信息：① 由工商部门提供的工商公示信息：a. 登记信息：包括企业基本信息、投资人信息及企业变更信息。b. 备案信息：包括企业主要人员信息及分支机构信息。c. 行政处罚信息：包括企业因违反工商行政法律法规被工商部门作出处罚的记录。② 由商事主体按照规定报送、公示的年度报告信息和获得许可的信息。

记者还可以在"天眼查""企查查""爱企查"等第三方商业查询平台查询，一般来说可以查询到以下方面的内容：① 工商信息：法定代表人、电话、邮箱、网址、注册地址、简介、经营状态、成立日期、注册资本、实缴资本、工商注册号、统一社会信用代码、纳税人识别号、组织机构代码、营业期限、纳税人资质、核准日期、企业类型、行业、人员规模、参保人数、登记机关、曾用名、英文名称、经营范围等。② 分析信息：股权穿透图、主要人员、股东信息、疑似实际控制人、企业关系、工商变更信息记录、同行分析、司法风险、合作风险、竞争风险、融资历程、企业业务、竞品信息、财产线索、新闻舆情、行政许可、网站备案、自主信息等。③ 历史信息：历史法定代表人、历史股东信息、历史股东镜像、历史高管、历史高管镜像、历史对外投资、历史开庭公告、历史法律诉讼、历史法院公告、历史失信被执行人、历史被执行人、历史限制消费令、历史知识产权出质、历史终本案件、历史司法协助、历史送达公告、历史立案信息、历史破产重整、历史经营异常、历史行政处罚、历史严重违法、历史环保处罚、历史股权出质、历史动产抵押、历史欠税公告、历史土地抵押、历史行政许可、历史商标信息、历史网站备案等。

（二）快速查看司法信息核实

2016 年 10 月 1 日，《最高人民法院关于人民法院在互联网公布裁判文书的规定》正式实施。该司法解释明确，最高法院在互联网设立中国裁判文书网，统一公布各级人民法院的生效裁判文书。

记者可以在中国裁判文书网上输入案由、关键词、审理法院、当事人、审理人员、律师、律所、法律依据等信息进行快捷搜索，还可以在高级检索窗口中填写全文、案由、案件名称、案号、法院名称、法院层级、案件类型、审判程序、文书类型、裁判日期、审判人员、当事人、律所、律师、法律依据等多个信息项，从而实现多信息项组合检索，更精准地搜到相关裁判文书信息。

2016 年 8 月 1 日，最高法建立的全国企业破产重整案件信息网正式开通，可输入关键词搜索破产案件的相关信息。

（三）快速查看学术信息核实

记者可以通过查阅多家学术网站来核实相关的信息，甚至获得更多对采访报道有用的信息。

例如，一位报道医疗领域的记者说，做医疗行业的新闻对记者知识方面的积累要求特别高，经常会有各种各样的新名词冒出来。她每天都看论文或者专业类的书籍，而这一切的努力，都是为了从大量繁杂的信息中识别出有价值的信息，然后找到最合适、最专业的采访对象，将报道内容更准确地展现出来。

对记者来说，平时了解一下主要有哪些学术网站可以去查看，以及这些学术网站上可以查找到哪些专业方面的内容，有利于在需要的时候，根据具体需要核实的方面，快速去进行有针对性的专业的查找。

以下是一些主要学术网站及其偏重的专业内容：

中国知网（CNKI）：提供中国学术文献、外文文献、学位论文、报纸、会议、年鉴、工具书等各类资源统一检索、在线阅读和下载服务。

百度学术：百度旗下的免费学术资源搜索平台，提供海量中英文文献学术资源，涵盖各类学术期刊、学位、会议论文。

万方数据：包括学术期刊、学位论文、会议论文、外文文献、专利、标准、科技成果、政策法规、机构、科技专家等子库。

超星：包括国内期刊 7400 余种，核心刊 1300 种，独有期刊 1100 种。

国家哲学社会科学学术期刊数据库（NSSD）：由中国社会科学院承建的国家级、开放型、公益性哲学社会科学信息平台。

中文社会科学引文索引（CSSCI）：收录包括法学、管理学、经济学、历史学、政治学等在内的 25 大类的 500 多种学术期刊。

中国科学引文数据库（CSCD）：收录我国数学、物理、化学、天文学、地学、生物学、农林科学、医药卫生、工程技术、环境科学和管理科学等领域出版的中英文科技核心期刊和优秀期刊千余种。

中文学术集刊网：收录近 200 种正式出版的中文人文社会科学学术集刊。

新华文摘数据库：广涉千家报刊，是大型理论性、综合性、资料性文摘类权威期刊数据库。

人大复印报刊资料全文数据库：汇集了 6000 余种人文社科学术研究成果的精萃。

《全国报刊索引》：收录文献总量 5000 余万篇，年更新数据逾 500 万条，汇集报刊数量逾

50 000 种，全面涵盖社会科学、自然科学等各个领域。

人民日报图文数据全文检索系统：涵盖了自 1946 年至今的内容。该数据库可提供版次、作者、日期、标题、正文等字段的组合检索和全文检索，可方便快捷进行阅读与下载，且提供"原版样式"。

历年光明日报数据库：提供自创刊年至今历史数据。可全文检索，提供原版 PDF 和文本版两种格式；也可通过正文、作者、标题、栏目、版名、来源、广告主等检索。

大成老旧期刊全文数据库：收藏数字化期刊 7000 多种、14 万多期，已经成为研究近代史学、文学、政治学、法学、社会学、经济学以及各个学科史等学术研究不可或缺的数据库工具。

大公报（1902—1949）数据库：完整收录 1902—1949 年间《大公报》天津、上海、重庆、汉口、桂林、香港及《大公晚报》等不同版本的全文资料，是目前《大公报》版本收集整理最为完整全面的数据库。

（四）快速查看更多公开信息核实

《中华人民共和国政府信息公开条例》中规定："第二十条　行政机关应当依照本条例第十九条的规定，主动公开本行政机关的下列政府信息：（一）行政法规、规章和规范性文件；（二）机关职能、机构设置、办公地址、办公时间、联系方式、负责人姓名；（三）国民经济和社会发展规划、专项规划、区域规划及相关政策；（四）国民经济和社会发展统计信息；（五）办理行政许可和其他对外管理服务事项的依据、条件、程序以及办理结果；（六）实施行政处罚、行政强制的依据、条件、程序以及本行政机关认为具有一定社会影响的行政处罚决定；（七）财政预算、决算信息；（八）行政事业性收费项目及其依据、标准；（九）政府集中采购项目的目录、标准及实施情况；（十）重大建设项目的批准和实施情况；（十一）扶贫、教育、医疗、社会保障、促进就业等方面的政策、措施及其实施情况；（十二）突发公共事件的应急预案、预警信息及应对情况；（十三）环境保护、公共卫生、安全生产、食品药品、产品质量的监督检查情况；（十四）公务员招考的职位、名额、报考条件等事项以及录用结果；（十五）法律、法规、规章和国家有关规定规定应当主动公开的其他政府信息。第二十一条　除本条例第二十条规定的政府信息外，设区的市级、县级人民政府及其部门还应当根据本地方的具体情况，主动公开涉及市政建设、公共服务、公益事业、土地征收、房屋征收、治安管理、社会救助等方面的政府信息；乡（镇）人民政府还应当根据本地方的具体情况，主动公开贯彻落实农业农村政策、农田水利工程建设运营、农村土地承包经营权流转、宅基地使用情况审核、土地征收、房屋征收、筹资筹劳、社会救助等方面的政府信息。"[1]

记者平时应该注意了解各级政府部门主动公开了哪些方面的信息，了解可以在哪里查阅到这些信息，以便可以在需要的时候快速有针对性地进行查看，以帮助核实相关信息。

例如，中国政府网的"数据"栏目，有子栏目"宏观经济运行""部门数据""数据快递""数据解读""数据专题"。其中，"部门数据"子栏目汇集了国家多个部门的相关统计数据页面的链接，可以很方便地跳转到多个部门的数据公开页面查看相关信息。

以下罗列了部分目前可以查到的部门数据信息内容：

国家统计局：日常发布的统计信息主要包括居民消费价格指数月度报告、工业生产者价

---

[1] 中国政府网. 中华人民共和国政府信息公开条例[EB/OL].（2019-04-15）[2022-05-15].https://www.gov.cn/zhengce/content/2019-04/15/content_5382991.htm.

格指数月度报告、规模以上工业生产月度报告、固定资产投资（不含农户）月度报告、房地产开发和销售情况月度报告、社会消费品零售总额月度报告、能源生产情况月度报告、70 个大中城市住宅销售价格月度报告、工业经济效益月度报告、全国居民收支情况季度报告、全国工业产能利用率季度报告、规模以上文化及相关产业生产经营季度报告等。国家统计局数据发布库包括月度、季度和年度数据，可通过数据库"搜索"或选择统计指标的方式，方便快捷地查询到各专业数据，还可以查阅省级地区的主要经济社会指标。"最新发布与解读"栏目发布数据新闻稿及其解读稿。通过页面顶端检索栏，可以从检索结果中查看历年的数据新闻稿和数据解读稿。"统计出版物"栏目提供《中国统计年鉴》《统计公报》《国际统计年鉴》《金砖国家联合统计手册》等四类图书的电子版。《统计公报》栏目提供年度统计公报、经济普查公报、人口普查公报、农业普查公报、其他统计公报、基本单位普查公报、工业普查公报、三产普查公报等。"普查数据"栏目提供人口普查、经济普查、农业普查、工业普查、三产普查、基本单位普查等数据。

人力资源和社会保障部：可查看人力资源和社会保障统计数据及每年统计公报，包括就业、养老保险、失业保险、工伤保险、社保基金收支等方面的数据。

国家医疗保障局：可查看医疗保险方面的数据。

财政部：可查看财政预算、财政收支、地方政府债券发行和债务余额情况、国有及国有控股企业经济运行情况、彩票销售情况等方面的数据。

国家税务总局：可查看税收数据。

自然资源部：可查看海洋（提供海洋预报、海洋经济统计数据等）、测绘（提供标准地图及自助制图服务等）、地质（提供"全国矿产地数据库""国家地质图数据库"等）、科技、矿产（提供矿产资源储量等方面的数据）、土地（提供国土调查数据、城镇土地利用数据、主要城市地价监测报告等）方面的数据。

生态环境部：提供每年海洋生态环境状况公报、每年环境噪声污染防治报告、地表水及环境空气质量状况数据（每月报一次）、空气质量预报会商结果（每半月报一次）、每年自然生态等方面的数据。

全国空气质量预报信息发布系统：以地图和列表的形式发布城市空气质量预报。

国家地表水水质自动监测实时数据发布系统：可按省份、城市、断面名称搜索，查询监测时间、水质类别、水温、pH、溶解氧、电导率、浊度、高锰酸盐指数、氨氮、总磷、总氮等每 4 小时更新的实时数据。

海水水质监测信息公开系统：可按年份、海区、区域搜索，查询监测时间、pH、溶解氧、化学需氧量、无机氮、活性磷酸盐、石油类、水质类别等数据。

水利部：提供每年水利发展统计公报。

中国气象局：提供天气预报、气象预警、降水量预报、登陆台风数据等。

国家林草局：提供国家重点保护野生植物名录、主要草种目录等数据。

国家能源局：提供全社会用电量等全国电力工业统计数据。

商务部：提供投资合作、服务贸易、利用外资等方面的数据。

海关总署：提供分贸易方式进出口额、分国别进出口额、重点商品进出口额、贸易差额、货物进出口总额等方面的数据。

中国海关企业进出口信用信息公示平台：可搜索查看高级认证企业名录、失信企业名录、报关企业名录、跨境电子商务企业名录、特定资质行政相对人名录等。

交通运输部：提供铁路、公路、水路的旅客及货物运输量、港口货物及集装箱吞吐量等数据。

中国民用航空局：提供每年民航行业发展统计公报。

工业和信息化部：提供每月或每季度钢铁、有色、石化化工、建材、稀土等原材料工业行业运行情况，提供每月或每季度机械、汽车、民用船舶、民用航空工业等装备工业行业运行情况，提供每月轻工、纺织、食品、家电等消费品工业行业运行情况，提供每月通信业经济运行情况，提供每月电子信息制造业运行情况，提供每月软件业经济运行情况，提供每月互联网和相关服务业运行情况，提供网络安全信息与动态周报。

ICP/IP 地址/域名信息备案管理系统：输入单位名称、域名、备案号等，可进行 ICP 备案查询。

国家邮政局：提供每月邮政行业运行情况数据。

中国人民银行：提供每月社会融资规模、货币统计、金融业机构资产负债统计、金融机构信贷收支统计、金融市场统计、企业商品价格指数等数据。

中国银行保险监督管理委员会：提供每月保险业经营情况数据。

中国证券监督管理委员会：提供每天及每月证券市场数据。

国家外汇管理局：提供外汇储备等数据。

科学技术部：提供全国科技经费投入等数据。

中国科技资源共享网："国家科学数据中心"有高能物理、基因组、微生物、空间、天文、对地观测、极地、青藏高原、生态、材料腐蚀与防护、冰川冻土沙漠、计量、地球系统、人口健康、农业、林业和草原、气象、地震、海洋等几十个科学数据中心。"国家资源库"有生物种质与实验材料等几十个资源库。

国家知识产权局：提供每年专利调查报告。

教育部：提供每年全国及各地的教育统计数据，包括教育经费、初中升学率、小学升学率、学龄儿童净入学率、分学科研究生情况、毕业生数、在校生数、招生数、各级各类学校教职工数据、各级各类学校数据。

民政部：提供每年民政事业发展统计公报，包括社会救助情况、福利彩票销售情况、孤儿和家庭儿童收养数、社会福利企业数、社会服务机构数等数据。

国家卫生健康委员会：提供每月医疗服务情况数据。

应急管理部：提供全国自然灾害情况每月数据。

国家中医药管理局：提供中医教育、中医药科研和中医药事业财政拨款收入、中医医疗机构运营与服务等数据。

文化和旅游部：提供每年文化和旅游发展统计公报，提供每季度国内旅游数据，以及每季度全国旅行社、星级饭店经营情况统计调查报告。

国家体育总局：提供我国运动员获世界冠军统计、我国运动员创世界纪录统计、历年各运动项目全国纪录等数据。

司法部：提供每年全国行政复议行政应诉案件统计数据，提供每年律师、基层法律服务工作统计分析。

全国律师执业诚信信息公示平台：可输入律师中文名、执业证号、执业机构等信息搜索。

国家市场监督管理总局：提供每季度例行新闻发布会及多种专题新闻发布会情况。

国家药品监督管理局：提供每季度及每年药品监督管理统计报告。

国家药品监督管理局（数据查询）：可输入批准文号、产品名称、英文名称、商品名、剂型、规格、上市许可持有人、生产单位等信息进行查询。可查询药品、医疗器械、化妆品等是否获批，以及基本信息。

药物临床试验登记与信息公示平台：可查询获准开展的药物临床试验，数据来源是国家药监局的临床试验申请数据。

第二节 快速寻找新闻当事方核实

当记者听闻一个新闻事件发生了，该采访谁？该找谁核实？采访的先后顺序如何安排？这需要根据实际情况来具体灵活地决策。一般情况下，从信源可信度来看，对准确了解新闻事件有帮助的多个相关方面，会形成一个从内到外呈现出信源可信度由高到低的"同心圆"。"采访信源同心圆"的核心是新闻当事方及相关权威机构，第二圈层是现场目击者，第三圈层是相关知情者，第四圈层是独立第三方及专家等权威人士。

采访时，在可能的情况下，能够直入中心，先从新闻当事方及相关权威机构采访到可信度最高的关键而丰富的事实信息，再从现场目击者、相关知情者、独立第三方及专家等处采访到可以多角度补充的信息并进行多信源信息交叉核实，这种从内到外的采访顺序是了解事实真相最快速也最理想的。当然，在一些复杂情况下，难以先找到新闻当事方时，尤其是在揭露被遮蔽真相的调查报道中，常常采取从外到内的反顺序。先从外圈层的相关知情者、专家、独立第三方、现场目击者、新闻当事方的声称被损害方等处大量了解相关情况，等到基本了解了该事件后，再找新闻当事方的被曝光方采访核实此前了解的事实是否属实，这种从外到内的采访顺序虽然是比较费时费力的，但在某些具体情形下可能也是较为合理的。

一般情况下，应想办法尽快寻找到新闻当事方及相关权威机构，以快速了解、核实事件的真实情况。

一、怎样在网上找新闻当事方相关信息？

寻找新闻当事方进行采访，最理想的当然是能够找到当事人进行面对面采访，因为面访常常能够采访到更多更丰富的信息。但是，很多时候可能难以进行得如此理想。比如，面访需要到新闻当事方所在地去，要花很多时间；或者新闻当事方可能不愿意接受采访；或者新闻当事方很难联系到；或者新闻当事方的联系方式都难以找到；等等。而要想获得新闻当事方的信息，除了想方设法找到新闻当事方采访以获取相关信息，还可以在网上寻找关于新闻当事方的信息。

（一）搜索、汇集并整理新闻当事方的爆料内容和此前报道内容

如果新闻当事方在网上爆料，可以搜索该爆料材料，仔细阅读或观看该爆料内容，从中概括要点或提取关键事实，以写入报道中或作为进一步采访的线索。

如果该新闻当事方曾经被报道过，或正在被其他媒体同行追踪报道中，记者可以通过搜

索此前报道内容及尽量不断刷新搜索相关报道内容，获得更多新闻当事方相关的信息。通过对这些信息的汇集、整理，可以梳理出很多有用的信息。有些信息可作为可用线索，为下一步采访找到有针对性的方向；有些信息可作为采访突破口，为开拓报道深度作出贡献；有些信息甚至可以作为报道材料，在核实、加工的基础上，直接写入新闻中。比如，一些相关的事实、细节、背景等文字资料，一些相关的照片、截图，一些相关的视音频等资料，可以在给出报道信源的情况下，用直接或间接引用的方式，放入新闻中以充实报道内容。

（二）充分利用各种网络账号信息，来发现更多关于新闻当事方的信息

1. 寻找某人的 QQ 及 QQ 空间、微信及微信朋友圈、个人微博账号、个人微信公众号账号、个人播客账号、个人博客账号、论坛帖子、新闻跟帖等网络痕迹

虽然有人从保护个人隐私的角度质疑是否应该报道来自新闻当事人在网络空间上发布的信息，但是，当该个人在网络上公开发布的信息与可能能够促进公众利益保护的新闻报道相关时，对个人隐私信息的保护和促进公众利益保护的考量就交织在一起了，很难只考虑一端而不顾另一端。记者只有根据独立判断，尽可能在保护个人隐私信息的情况下来进行选择报道什么及如何报道等决策，才能更好地对个人隐私信息保护和促进公众利益保护这两者进行权量和平衡。人们感知事物的特点，是不容易注意、接收、理解和记忆枯燥的叙述、说理和数字，而更容易注意、接收、理解和记忆生动的人物经历和故事。栩栩如生的人物形象和有丰富细节的人物故事，更能够唤起人们的情绪，使人与之共情，给予同情。

在灾难新闻报道中，故事报道让逝去的人不再只是冰冷的数字，而是在读者流泪心痛中被深切感悟到的独一无二的宝贵生命。新闻报道通过寻找新闻当事人的网络空间信息，获得更多丰富、生动的事实细节，以此勾勒出新闻当事人有血有肉的形象，能够唤起和培养读者的共情能力和对自己与他人的生命负责的责任心。对生命的珍惜让读者更渴望了解真相，一定程度上能起到促进相关各方更为重视对真相的调查和追责，以期在将来更好地保护公众的生命安全。

2. 寻找单位官网、官方微博、官方微信、小程序、多平台账号等上面的相关信息

当一件新闻发生了，若涉及某些单位或部门，可以快速寻找该单位或部门的官网、官方微博、官方微信、小程序或多个平台上的官方账号，看能否从这些官方新媒体矩阵上找到与该新闻事件有关的信息，或者找到一些可作为背景资料提供的信息。

（三）通过有技巧地搜索，来发现更多关于新闻当事方的信息

1. 全网搜索新闻当事方的网名

很多人的网名常有全网通用的特点，可在全网搜索，寻找其网络痕迹。

2. 查看新闻当事方网络账号的最初关注者与粉丝

某人的微博（博客、播客）等网络账号的最初关注者与粉丝，常是其线下熟人（家人、同学、朋友、同事等）。可与之联系采访，滚雪球式地找到更多被访者。

二、网上找人与网下采访结合起来

（一）找到新闻当事人或相关知情者的联系方式

1. 找到新闻当事人的联系方式

可以通过网络搜索，看是否能搜寻到新闻当事人的联系方式。

例如，《成都商报》新媒体"红星新闻"2019年7月31日发布的新闻《重庆被保时捷女司机扇耳光男子：我也确实打了她 对不起》[①]，记者通过网络信息发现被打的人开的店叫小杨电脑，便试着用百度搜索"小杨电脑"，竟然幸运地发现了小杨电脑的电话，按该电话打过去，正是要找的人，于是采访到了新闻事件当事人，了解到更多事件相关信息。

2. 找到新闻当事人的周围人、知情人的联系方式

（1）找到新闻当事人工作的公司或单位电话。

可以通过网络搜索，寻找新闻当事人工作的公司或单位信息，并利用网络搜索出该公司或单位的电话，直接电话联系采访。

例如，上述小杨电脑的电话，爱企查上就有专门的"渝北区小杨电脑经营部"的企业信息网页，网页上不仅有经营者电话，还有经营者名字、经营地址、经营范围简介等信息。

例如，记者想采访被举报的某集团公司董事长，虽然没有找到该新闻当事人的电话联系方式，但记者通过网络搜索该公司信息，找到了该公司相关负责人的联系电话，并尝试通过电话联系该公司相关负责人，想了解该公司对视频中的举报内容持何种态度。虽然该电话未接通，但记者仍然可以把此采访经过写入报道中，呈现出该公司相关负责人没有接听来电这一情况，为读者增加更多帮助判断此事真伪程度的侧面信息。

（2）找到与新闻当事人有关的相关部门电话。

与新闻当事人有关的相关部门，常常涉及以下四种：一、新闻当事人所在公司或单位。二、新闻当事人所在公司或单位的上级单位或上级主管部门。三、突发新闻事件通常会涉及的一些政府职能部门，例如：与制止和侦查违法犯罪活动相关的公安局、与处理交通事故相关的交管局、与公共卫生相关的卫健局、与福利与救济等社会民生相关的民政局、与学生与教育相关的教育局等。四、与各种突发事件报道相关的当地宣传部门。

寻找与新闻当事人有关的相关部门的电话，一是可以打114查号台查找相关部门电话；二是可以上相关部门官网查看，公司网站、政府部门网站上通常会列出该单位多个下属部门的办公电话。可以试着拨打能找到的部门电话，再进一步询问采访需要找的相关部门的更准确的电话。

例如，《解放日报》新媒体"上观新闻"的报道《女子民宿中玩智能音箱，发现多名房客被拍！涉事品牌回应》中，记者电话采访了辽宁省本溪市公安局指挥中心工作人员，在得知"已经接到这个警情，目前明山区公安分局正在落实调查此事"后，又电话采访了辖区明山公安分局高峪派出所一名工作人员，了解到"此事是他们派出所民警出的警，目前已经立案，

---

① 红星新闻. 重庆被保时捷女司机扇耳光男子：我也确实打了她 对不起[EB/OL].（2019-07-31）[2022-07-04].https://baijiahao.baidu.com/s? id=1640504094857053407&wfr=spider&for=pc.

民警正在连夜调查网友反映的情况"①。

有记者曾总结过找有关部门领导联系方式的几个办法：第一，上网搜索你要找的那位领导，之前接受过哪些记者的采访，然后联系这些记者，看是否有联系方式；第二，询问当地跑相应线口的记者，看是否有联系方式；第三，加入一些记者 QQ 群，在群里问；第四，联系你所要采访的有关政府部门的上一级部门；第五，上招投标网站，招投标书里可能会有联系方式，或者上相应的政务网站，政务网站里一些文件和通知里会留有手机号等联系方式。②

要想在突发新闻发生时更快速地联系到与新闻当事人有关的相关部门负责人和相关工作人员，记者应该在平时就做好采访的长期准备工作，了解政府机构的组织结构、部门构成及各部门的工作管理范围，不断积累并扩充联系人资料。

例如，新华社云南分社的一位驻站记者在介绍采访经验时说，他在驻站最初的 6 年里跑遍了云南全部 129 个县，之后每年跑遍云南 16 个州市，以让自己"时刻跟踪了解全省面上情况、知道各州市县发展动态，一旦某地出现重大突发事件，可以对某地近况心中有数，拿起手机就能拨通知情人电话，'核实一发表'流程可以'快人一步'"③。

例如，《南方都市报》的一位报道时政新闻的记者在介绍条线跑口经验时说，"在没有采访又没有方向的日子，我死乞白赖地拉着曾经跑过我的线的同事吃饭，掌握了比如线上单位业务骨干、核心部门、领导之间关系等重要情报，然后也不预约就直接登门拜访，抓到一个就从个人爱好到时事政治海聊。我的新闻资源通讯录里人名越来越多。……一旦某个热度话题被激活后，人脉的作用就显现了。突发、深度记者往往需要的是现场突破能力；时政记者需要的是随时、及时获知信息的突破能力，这就要靠长期的人脉积累。……部门架构和责任权属是公务员们最熟悉的话题。没多久，我就可以绘出线上单位的组织架构图，核心业务部门是哪个、由哪个领导分管、业务骨干是谁、谁对具体事务有决策权等，它能帮你找到真正对新闻走向起决定作用的人。……现在做一篇调查之前，我通常会把需要的信息点、质疑点列出来，然后再把可能获知这些信息的相关部门一一列上去，这时候，另一张关系网也在我头脑中铺开。比如 A 和 B 是竞争关系，那么 A 的问题，B 那里或可得到求证。报道出街前，利害关系图已经了然于心，有了'预判'，第二天也就很容易找到新闻追踪方向了"④。

（3）找到新闻当事人的亲属、朋友的联系方式。

例如，一位失去语言能力的身患重症的女性希望众筹一笔路费去看女儿的毕业典礼，记者想要报道此事，便与相关的公益组织联系，找到了新闻当事人家属的联系方式。虽然该家属先是因为种种顾虑拒绝了采访，但记者没有放弃，在当事人众筹达成心愿后再次联系其家属，此时新闻当事方希望能有机会对大家的帮助表达感激之情，终于同意接受采访。⑤

（4）找到相关知情人的联系方式。

例如，网络上热传一条被戏称为"法治神曲"的音乐视频《法治青天我来扛》，作词和演唱者是江苏某县法院院长。记者想办法采访到该院长后，为了丰富信源，又再采访了几个该

① 上观新闻. 女子民宿中玩智能音箱，发现多名房客被拍！涉事品牌回应[EB/OL].（2022-07-06）[2022-07-06]. https://www. jfdaily.com/news/detail？id=505195.
② 杨锋. 新媒体时代记者如何巧用网络拓展新闻报道[D]. 杭州：浙江大学，2013.
③ 记者也要学"挖井"[EB/OL].（2021-05-21）[2022-07-04]. https://mp.weixin.qq.com/s/TMEn7zVA9hpV5WkMkFugSg.
④ 南方报业传媒集团团委. 记者不下班[M]. 北京：中国发展出版社. 2012：156-159.
⑤ 张洋. 新闻事件中如何迅速找到被采访对象[J]. 记者摇篮，2020（5）：162-163.

院的法官，请他们谈谈对院长的印象。还很碰巧的是，记者在浏览微信朋友圈时看到，一位朋友转发了该音乐视频，记者判断，该朋友很可能也认识该院长。于是，记者联系了该朋友，请他谈谈对其的印象，了解到更多的信息。[①]

（5）快速询问媒体同行尤其是当地媒体记者核实。

记者平时应有意识地加入一些聚集了媒体同行的微信群和 QQ 群，应注意积累各地媒体同行的电话或微信等联系方式。当需要采访某突发新闻时，记者可以考虑在相关网络群里发出求证信息，有可能知道此事的媒体同行会提供一些相关信息。如果记者知道该新闻事件发生在哪里，还可以有针对性地电话或微信联系当地媒体记者，有可能会获得一些相关信息。如果记者没有当地媒体同行的资源，在需要的时候，依然可以考虑网络搜索当地媒体电话，直接电话询问当地媒体同行，也有可能获得一些相关信息。

（二）到当地去，现场采访

有时候，只在线上搜集信息和找人电话采访，可能难以满足快速准确地获得核心有效信息的发稿要求。如果该新闻事件新闻价值较大，公众关注度够高，记者可能会考虑直接赶到新闻事件发生地，到现场去直接采访新闻当事人以及更多相关知情人，以获得更多准确翔实的相关信息。

第三节　快速寻找发出新闻信息者核实

自从"人人都有麦克风""人人都是自媒体"以来，很多有新闻价值的信息，最早是从网络上流传开来的。浏览网络信息已成为记者发现新闻线索的重要方法。

一、浏览网络信息发现新闻线索

为了发现新闻线索，记者必须随时保持对网络信息的关注，每天大量浏览各大社交平台上涌现的信息。当发现并判断某信息具有较大的新闻价值时，记者需要快速反追踪该信息的最初发出者，以进一步采访去核实信息。

记者浏览发现新闻线索的渠道，可大致分为以下几种：一是地毯式浏览一般信息，二是浏览热门信息，三是利用高级搜索发现有价值信息，四是利用专门软件发现有价值信息。

（一）地毯式浏览以发现新闻线索

地毯式浏览一般信息，可分为两种主要方式：一是非专门注意的方式，即在日常生活中使用网络时随意浏览信息，自然而然地偶遇发现新闻线索；二是专门注意的方式，即在工作中专门花时间浏览各大网站信息，进行密集的地毯式浏览以期更有效率地发现新闻线索。

地毯式的信息浏览有点像大海捞针，需要海量浏览，各大网站上实时涌现的信息，且并不能保证花了大量时间就一定能找到有新闻价值的信息。不过，通过地毯式浏览信息来发现

---

① 原澎湃新闻记者蓝天彬：用一万字，谈谈我眼中的新闻采访与写作[EB/OL]．（2022-04-01）[2022-07-06]．https://new.qq.com/omn/20220401/20220401A09M8W00.html.

新闻线索，虽然不像浏览热门信息那样能快速追已有的热点，但有独家首发新闻的可能。

为了在地毯式浏览时尽可能地提高找到有价值新闻信息的可能性，记者需要了解当前哪些网站更有可能发现有价值的新闻信息。记者需要熟悉这些网站的栏目架构、功能设置、常见信息内容等，预测哪些网站、哪些栏目、哪些账号、哪些页面信息的含金量高，这样更容易发现有新闻价值的信息，以便更有效率地发现新闻线索。

目前，微博已成为新闻记者最主要的新闻线索来源。在海量的微博账号中，记者可以着重关注以下 5 类微博[1]：

1. 政务微博

随着政府机构各部门开通政务微博以来，很多政府部门的日常工作活动、政务公告等信息常常首选在政务微博上及时发布出来。

对于记者来说，当某突发事件发生时，快速查看并不断刷新了解相关政府部门的政务微博上是否有对该突发事件的公告或解释说明等信息，是及时了解核实新闻信息的重要渠道。

而在平时，记者也需要有意识地关注一些重要的政务微博，尤其是跑口记者，应关注所跑口子的相关政府部门的政务微博，以期在日常信息流中或日常工作时间找选题有意注意的过程中，及时发现有新闻价值的信息。

2. 名人微博

政治、经济、社会、文化、娱乐、体育、科技等社会各界名人、专家等开通的微博，常拥有数万数百万甚至数千万的粉丝，其微博发布信息的社会影响力很大。

记者关注一些名人微博，尤其是跑口记者关注与所跑口子相关的名人微博，不仅可以及时了解该名人发布的关于他自己的生活工作动态，还可以及时了解该名人转发、评论的信息。一方面，从该名人发布的关于他自己的生活工作动态中，有可能发现有新闻价值的信息；另一方面，从引起名人关注而转发、评论的信息中，也有可能发现有潜在新闻价值的信息，而其转发评论的内容也可以作为该新闻事件引起的社会反应的一部分被写入新闻报道。

3. 行业微博

跑口记者需要关注所跑口行业中的一些重点企业、公司、行业垂直媒体等开通的微博账号，以及时发现有新闻价值的信息。

4. 微博爆料

在新浪微博里发微博时，加上#微博爆料#、或#爆料#、或#（某地）爆料#（如#天津爆料#、#成都爆料#等），该条微博就会被集纳到#微博爆料#、或#爆料#、或#（某地）爆料#话题页面里。

记者关注#微博爆料#、或#爆料#、或#（某地）爆料#话题，可以及时看到被加上此类话题标签的微博内容。这些微博爆料内容，常来自普通民众的草根微博，比较集中地汇集了有潜在新闻价值的信息。但是，这些爆料内容未知真假未经核实，记者需要谨慎对待，需要通过更多采访去进一步核实该信息的真假。

---

[1] 杨锋. 新媒体时代记者如何巧用网络拓展新闻报道[D]. 杭州：浙江大学，2013.

5. 新闻工作者微博

新闻工作者开通的微博账号，因其工作性质的特点，除了发布私人的日常生活信息外，还常会发布一些工作中了解到的具有一定新闻价值的信息，或转发评论的信息。记者关注一些新闻工作者同行的微博，能够借助同行的视野和眼光，及时发现更多有新闻价值的信息。

除此之外，微信朋友圈、微信群、QQ群、论坛、贴吧、视频网站、各大门户网站和各大社交平台等也是记者寻找新闻线索的重要来源。

最早在业内以善于发现网络新闻线索闻名的《南方都市报》网眼版某编辑，在《给网络提出的问号划上句号》中说："网眼团队需要尽可能地监控互联网，共同投入选题的寻找、发现、初查，浏览上百个论坛、博客、网站，其间发现的选题作为备选，然后对其一一进行研究核实，选择最后做的题目。在确定选题后又进一步翻看事件相关的每一个帖子、跟帖、博客和网站，从海量信息中搜集有价值线索。然后要想尽一切办法找当事人、知情者、有关部门的联系方式，再进行采访、整理、写稿、改稿……一个编辑、两个记者每天的工作时间都往往超过12个小时。"[1]

在海量浏览网络信息的过程中，记者的新闻敏感，即对信息是否具有新闻价值的判断能力非常重要。当大家看到的信息都差不多的情况下，谁能够独具慧眼地判断出哪些信息具有新闻价值，具有哪方面的新闻价值，新闻价值有多大，需要如何操作才能更好地挖掘新闻价值，谁就能够更好地利用网络信息进行新闻报道。《南方都市报》网眼版某编辑曾说："网眼的编辑记者熟悉网络、热爱网络，善于发现网络里的新闻线索、利用网络里的海量信息。当然，更重要的还是新闻判断。今年有一些报纸也说要做南都网眼这样的栏目，几次问到我网眼的线索主要从哪里来，我就把我们最喜欢的几个论坛告诉这些同行，结果人家不信，觉得答案太大众化了，就是天涯、猫眼之类的，继续问'独门秘诀'，我只好说没有了，归根结底还是新闻判断问题，能不能从帖子里看到新闻。"[2]

（二）浏览热门信息以追踪报道新闻第二落点

记者通过浏览各大网站的热门信息，查看不断实时刷新的热点事件，可以从已成为热点事件的信息中，找到值得继续追踪报道的新闻线索。要想有效率地查看热门信息，不错过重大热门事件，记者需要了解当时主要的热门信息聚集地。比如，新浪微博的热搜、百度的热搜、今日头条的热榜、知乎的热榜、抖音热榜、快手热榜、腾讯新闻的热点榜、新浪新闻的热榜、网易的跟帖榜和热搜榜，等等。

浏览各大网站的热搜或热榜之类的热门集纳信息，可以尽量少花时间就快速了解人们正在实时关注的热点信息有哪些。在这些上热搜热榜的信息中，一部分是普通用户发出的信息，还有一部分本身就是专业媒体报道的新闻。虽然这些上了热搜热榜的热点信息，是已经有数万数百万的用户点击阅读了该信息才让其上热搜热榜的，但也说明该信息有海量的用户关注，具有较大的新闻价值。这些具有较大新闻价值的热点事件信息中，常有一些事件才刚被披露出来，或刚刚被报道了一些简单基本情况，还有些事件甚至连简单基本情况都还不完整或不

---

① 王星. 给网络提出的问号划上句号[J]. 南方传媒研究，2008.
② 王星. 给网络提出的问号划上句号[J]. 南方传媒研究，2008.

明确，属于刚开始报道的第一落点，还有更多报道第二落点的机会和空间。比如，有些事件还报道得不完整、不翔实，人们密切关注对此事完整、翔实的报道；或者该事件还在继续发展变化的过程中，人们在关注此事不断发展变化的情况；或者该事件涉及面广，人们关注此事涉及的各方的回应或行动；或者该事件影响深远但较难被理解，人们关注此事到底"意味着什么"、究竟有哪些影响的解释报道；或者该事件的很多内幕、真相还没有被报道出来，人们关注挖掘此事内幕、挖掘此事被遮蔽的真相的调查报道。这些值得继续追踪报道的新闻点，可以作为报道挖掘的第二落点，通过进一步采访来连续追踪报道。另外，浏览这些热点事件信息，不仅可以帮助记者有效率地实时跟进该事件最新变化情况，还可以把这些信息内容作为收集整理关于该事件信息的一部分，在进一步核实查证的基础上，纳入对该事件的报道。

（三）进行高级搜索以寻找信息最初发出者

从网络上热传的有新闻价值的信息，很可能一时还难以弄清楚新闻当事人是谁。要想核实信息的真假，在一时难以找到新闻当事人的情况下，也可以考虑快速寻找最初发出信息者，以进一步核实该信息。但是，即使是要想找到最初信息发出者，也不是很容易的事。对记者来说，当一条有新闻价值的热传信息进入视野时，它常常已经是被转发多手的信息。可以试试利用一些网站的高级搜索，来帮助寻找该信息的最初发出者。

新浪微博 PC 端里有高级搜索功能（新浪微博手机端还未看到高级搜索功能），可以输入"关键词"，选择"类型"（全部、热门、原创、关注人、认证用户、媒体、观点），选择"包含"（全部、含图片、含视频、含音乐、含短链），选择"时间"（某年某月某日某时至某年某月某日某时）。可以利用新浪微博的高级搜索功能，尽快搜索筛选出新闻事件刚发生不久的时段的微博，从中寻找最初发出该新闻事件相关信息的微博用户。

如果记者利用微博高级搜索来寻找到在微博上最早发出该新闻事件信息的人，就可以继续尝试利用私信去联系该微博用户进一步采访。在幸运地联系上一个现场目击者后，说不定还可以继续请该目击者再介绍几位目击者进一步采访。这样，滚雪球式地扩大采访对象的范围，能够尽快找到更多现场目击者采访，以更好地还原现场。

各大网站的高级搜索功能其实也是在不断变化之中的，记者需要不断了解、熟悉各大网站的高级搜索功能，根据需要进行利用。

二、快速分析该账号信息

当搜索发现了最初信息发出者账号，记者需要快速判断此账号信息的可信度如何。

（一）从账号主体信息判断可信度

记者可以快速浏览该账号的头像、用户名、自我介绍、个性签名、关注与被关注等信息，初步分析判断该信息发布者账号的可信度。

一些账号的头像选择，可能会透露出该账号用户的某些潜在特征。比如，喜欢二次元的用户常用动画头像，喜欢某明星的用户常用该明星头像，喜欢动物萌宠的用户常用宠物头像，宝妈们常用自家小孩头像，不想泄露个人信息的用户可能选择网站默认头像，等等。

用户名、自我介绍、个性签名等，也能帮助猜测该账号用户的某些可能的个性化特征。如果用户名是名人名字加上一串随机的字母和数字，很可能是假账号或机器人账号。

而网站加"V"用户，是通过了网站认证的用户，一般来说其账号的可信度比普通账号的可信度要高些。比如，新浪微博里，企业与政府类认证加蓝"V"，个人认证加黄"V"。

还可以查看该账号的关注与被关注的情况，比如，该账号关注与被关注的数量是否符合一般情况；从该账号关注哪些账号，能大致猜测该账号用户的兴趣偏好；从该账号用户是否有其他账号用户关注、被哪些账号用户关注，也能大致判断该账号用户的真实性与可信程度。

（二）从账号此前发布信息判断可信度

记者还可以快速浏览该账号此前发布信息的内容、频率、时间，与其他账号的互动情况等，从而分析判断该信息发布者的可信度。

如果该账号此前发布的内容很少，或者就只发了关于此事件的这一条或几条信息，那么，该账号很可能是专门为了发布该事件信息而临时注册的账号。用临时注册的账号发布特别的事件信息，很可能是为了隐藏发布者的真实身份，如果该事件的披露对披露者并无从常识判断有需要进行自我身份保护的必要的话，那么，对其发布的信息可信度应高度存疑。

如果该账号发布的内容过多，涉及的领域过窄或过杂，比如每天都发布几十上百条信息，很可能该账号是个机器人账号。

对比查看该账号简介与所发布内容是否相符，也能帮助判断该账号的可信度。

如果该账号此前发布的信息质量较高，而且该账号用户与其他账号用户之间的日常互动较为正常，那么，该账号信息的可信度就较高。

三、快速分析有新闻价值的当条信息内容

最为关键的，当然是快速分析有新闻价值的当条信息内容的可信度。

一般来说，可以试着通过反向图片搜索、比对地图街景、比对天气情况、比对音频信息、比对其他特征信息等方法，来帮助快速分析判断该条信息的可信度。

（一）反向图片搜索

如何知道某张图片是否早就出现过呢？可以采用反向图片搜索的方式来辨别。

反向图片搜索，是指与输入文字关键词以搜索相应图片的方式相反，是一种以图搜图、以图搜文的搜索方式。

反向搜图工具有百度识图、搜狗识图等。

可以用百度识图等搜图类软件，用拖拽图片或粘贴图片网址到搜索框的方式，或用下载图片到本地、再用本地图片上传的方式，在软件上搜索，能搜索到配有该图或配有类似该图的网页列表。

如果包含该图的网页出现时间是很久前，这说明该图中事件很可能不是最近发生的。记者点击查看这些网页，能够进一步了解与此图相关的信息，是哪些时候出现的？是关于什么事的？由此可以帮助判断该图是否是旧闻重提或是被移花接木。

如果没发现其他包含该图的网页，那么，该图中事件由过去事件重提或嫁接伪造的可能性就减少了很多；相反，该图中事件是最近发生的真实事件的可能性就增加了一些。

如果包含该图的网页出现时间是最近而非很久前，有可能是该图中事件的其他多个来源的信息。记者通过查看这些网页，有可能获得关于该事件的更多信息。

如何知道某段视频是否出现过呢？

可以对视频关键帧截图，在百度识图等搜图类软件上搜索，能搜索到配有该图及类似图、配有包含该截图及类似截图的视频的网页列表。点击这些网页列表，跳转到网页正文页面进行查看，能够进一步辨别该视频是否早已在网络出现过。

（二）比对地图街景

如果照片图说或视频内容或相随的文字中提到了拍摄地，又或者从图像元素中能分析发现可能的拍摄地，记者可以查看地图街景，来比对该照片或视频是否与地图街景相符，从而在一定程度上判断该信息的可信度。

（三）比对天气情况

如果能判断照片或视频内容中显示的事件所在地和事件发生日期与时间，记者还可以查看那个地方那天那时的天气情况，以对比照片或视频内容中的天气情况是否与那个地方那天那时的天气情况相吻合。

（四）比对音频信息

如果视频中出现人物说话声和周围背景音等音频信息，记者可以从人物说话内容、人物说话的语种、人物说话的口音、周围背景声音的内容、周围背景声音的特征等方面来帮助分析判断该信息的可信度。

（五）比对其他特征信息

记者还可以尽量寻找该照片或视频中的多个有特征的图像、文字、声音等信息，多方面地进行交叉比对，以帮助分析判断该信息的可信度。

四、快速联系信息发布者核实并采访更多信息

当记者找到最初信息发布者账号后，可以尝试通过私信、电话等方式联系信息发布者来核实该信息的真实性。还可以追加采访，如通过提问更多相关细节、索要更多相关照片、视频等证据、请求提供更多现场目击者联系方式等办法来扩充对该新闻事件的报道并进行信息的交叉互证。

不过，通过网站内的私信联系，很有可能无法及时收到回音，甚至可能完全收不到回音。私信采访请求收不到用户回音的原因，有可能是该用户没有及时查看私信导致延迟，也有可能是该用户不愿意接受采访，还有可能是联系该用户的人太多而难以一一回应。

所以，如果能够想办法找到该用户的电话号码或电邮地址等其他联系方式，可以首选电

话直接联系或电邮联系。当然，通过私信、电邮等其他联系方式联系上后，最好能够要求与该用户直接通话或通视频，以更丰富的多媒介元素、更直接的对话互动来帮助记者分析判断该用户提供信息的可信度。

记者还应该密切关注、搜索查找是否还有其他账号用户也发布了与该新闻事件相关的信息。一般来说，有越多的用户发布关于某事件的信息，该事件真实发生过的可能性就越大。而发布关于该事件信息的信源越多，记者就越可能在多方搜集信息的基础上对这些多信源信息进行交叉互证，从而比对出哪些信息的可信度更大。

另外，记者还需要注意，在联系社交平台上发布突发灾难事件信息的目击者时，既要考虑获得相关突发灾难事件的信息，又不能自私地利用目击者而不顾灾难事件目击者甚至是亲历者可能正面临的不安全环境和所遭受的严重创伤。联络到目击者或当事人后，第一个问题应问他们的安全情况。如果目击者正处于危险状态，为了防止目击者过于"热心"帮忙而将自己置于更危险的境地，记者不应主动询问目击者的具体地理位置和联系方式。记者应该作为一个真实的人去同每个目击者和当事人交谈。突发灾难事件发生后，目击者或亲历者刚刚经历过不安全的危险环境，简单粗暴的采访容易让被访者产生敌意。不为被访者着想而只想获得报道内容的冷漠提问，是不能获取被访者的信任并获得有用信息的。虽然获得突发新闻的有用信息是记者的工作职责，但保证目击者或亲历者的人身安全和对被访者的人道主义关怀应是采访报道的前提和基础。

五、快速获得发布相关版权信息的授权许可

社交平台用户对自己在社交平台上发布的信息拥有著作权。记者如果需要引用社交平台用户发布的关于某新闻事件的信息，应征得该信息原创者的许可。如果记者未经该用户许可就擅自采用该用户发布的信息，是侵犯著作权的行为，会使该记者和所属媒体机构陷入道德和法律的泥潭。

第四节　巧用多种 App 找人核实

多种网络应用 App 在不断开发着联系人们的多种功能。记者还应了解不断迭代更新的多种 App 的功能，以快速利用各种网络功能帮助找人核实信息。

一、查找事发地周围商家电话

当一个突发新闻事件发生了，记者很难刚好在现场，但又需要尽快找到现场目击者进行采访报道，怎么办？一般来说，很多突发新闻事件更有可能发生在城市而不是乡村，更有可能发生在城市的街道上或小区里，那么，邻近城市街道或小区的商家们很有可能是这些新闻事件的目击者或知情者。那么，可以试着利用一些 App 上的信息和功能来快速找到新闻事发地附近的这些商家。

一些商家常会把自己的店名、地址和电话放在百度地图或高德地图等地图 App 上以做营

销推广。记者可以在百度地图等地图 App 上查找新闻事发地，并试着拨打该地附近商家们的电话联系采访。还可以打开街景画面，了解新闻事发地附近的街道场景如何，以帮助记者多源互证目击者们提供信息的可信度。

美团、饿了么等外卖 App 上也有很多外卖商家的店名、地址和电话。记者可以在美团等外卖 App 上查找新闻事发地周围商家电话，联系他们就有可能找到看到或听到事件发生过程的现场目击者或知情者。

天眼查、企查查等多个工商信息登记 App 上有很多公司及商铺的名字、地址和电话等工商资料信息，记者可以在上面搜索涉事地点附近的公司及商铺，找到联系电话，从而帮助找到新闻事件目击者。

二、查找事发地周围邻居电话

如果某新闻事件发生在某地某小区，还可以试着找找该事发地周围住户的电话，有可能有些住户刚好了解该新闻事件，是现场目击者或知情者。

58 同城、贝壳找房、赶集网等 App 上有很多为了卖房或租房的房主上传的房屋地址及房主电话等相关信息，记者可以在 58 同城、贝壳找房等 App 上试着搜索事发地或小区名字，有可能搜索到该事发地或小区卖房或出租房屋者电话，说不定其中有当事人邻居就是新闻事件的目击者或知情者。

三、查找网络信息找知情人

一个新闻事件被披露出来，在千千万万看到这条消息的网友中，有些人正好是该新闻事件的知情者甚至现场目击者，而他们有可能会选择在网络上该消息下面跟帖留言，透露他们知道的一些相关信息。所以，记者可以试着翻阅查找消息下面的跟帖留言，幸运的话说不定能找到该新闻事件的目击者或知情人。

（一）查找微博和新闻下留言找知情人

如果该新闻事件已被报道，或已经有人就此事发了微博，记者可以在该新闻或微博的跟帖留言中去翻阅查找，从留言中发现有可能了解此事的知情者或目击者。

（二）查找百度当地贴吧、地方论坛找知情人

突发新闻事件发生后，当地的一些新闻事件目击者或知情者，可能会在百度当地贴吧或地方论坛上发布相关信息或与人讨论此事。记者可以尝试查找百度当地贴吧和地方论坛，搜索看看是否有人在讨论此事，也许可以从中获得更多相关信息，还可以想法联系这些事件知情者以采访更多详情。

如果没有搜索到该事件相关信息，记者还可以尝试在百度当地贴吧或地方论坛上创立帖子，主动询问此事，看是否有当地知情者回复信息。

（三）搜索 QQ 群找知情人

突发新闻事件发生后，一些与此事件或当事人有关的 QQ 群里，可能会有知情者或目击者讨论此事。记者可以尝试用一些关键词搜索这些 QQ 群，想办法进入这些 QQ 群里寻找有用信息。

（四）搜索招工信息找知情人

突发新闻事件如果涉及某企业、工厂，可以尝试在搜索引擎里输入该企业或工厂名称，再加上关键词"招聘""招工"，有可能搜索到该企业、工厂的市场部经理、人事部经理等企业负责人的电话。拨打这些企业负责人的电话，有可能采访到该突发事件知情人，了解到更多情况。[1]

（五）搜索举报信、爆料帖的发布者

一些新闻事件可能此前已有人在网络上发布举报或曝光信息。一般来说，举报信、爆料帖的标题，常常含有"某某某"（被举报人姓名）、"举报""爆料""曝光"这样的词。记者如果知道事件责任人的姓名，可以尝试在搜索引擎里输入"姓名+举报+爆料/曝光"这样的搜索词，有可能发现网络上曾被发布的举报帖或曝光帖。[2]

记者可以从这些举报或曝光帖中发现很多信息，还可以想办法电话联系或通过微博私信联系、论坛站内信联系、跟帖回复联系等方式与该举报者取得联系，以进一步采访更多内容。有时候，还可以通过该举报人，滚雪球式地获得更多事件知情者的联系方式以深入采访；甚至还可以通过举报人了解到被举报者的联系方式，以在了解基本情况后与之联系进行求证核实。[3]

四、查找正在现场的网友

如果有突发新闻事件的现场状况仍在持续变化中，不在现场的记者想要尽快找到正在事件发生地附近的网友们，通过他们来了解新闻现场的实时动态变化，那么，记者可以试着利用一些社交 App 的找人功能来找到他们。

例如，QQ、微信等一些社交 App 上有"附近""附近的人"这样的功能，记者可以尝试利用这种查找附近的人的功能去找到那些正在新闻事发现场的网友。虽然记者不在事发地附近，但可以利用一些修改坐标的软件，把自己的坐标修改为新闻事发地，然后使用 QQ、微信、陌陌等社交 App 查找"附近""附近的人"这样的功能，去找到那些正在新闻事发现场的网友们，然后试着联系他们，请他们讲述一下新闻事发地现场目前的情况，甚至可以请他们帮忙拍几张现场照片或几段现场视频。

---

① 宋建华，刘峰. 致新记者：如何顺利找到并说服采访对象[J]. 新闻与写作，2019（5）：108-109.
② 同上.
③ 杨锋. 新媒体时代记者如何巧用网络拓展新闻报道[D]. 杭州：浙江大学，2013.

五、请人替记者跑现场核实

当记者难以及时到达新闻事发地去完成现场采访，一时半会也难以找到在现场的网友免费帮忙核实信息时，还可以考虑付酬劳请在事发当地的网友帮忙跑一趟现场去核实。

例如，美团上可以申请跑腿服务，记者可以考虑请美团上的当地跑腿员替自己跑一趟现场核实相关信息。

第七章 快速写微博新闻

新闻竞争激烈，新闻事件发生后，需要尽快抢秒发布新闻。快速写作篇幅短小的微博新闻是尽快抢秒发布新闻到社交平台的首选方法。

微博新闻虽然篇幅短小，但要想提高写作发布速度又尽量在字数限制内最大限度地呈现新闻事件，记者需要学习并不断练习微博标题写作、话题设置、正文写作、信源提供以及配图、音/视频的技巧。

第一节 微博新闻标题写作与话题设置

包括正文在内最多显示 140 字的微博新闻，其标题写作与话题设置作为首要的第一层次显示的内容，更需简短精到、直击要点。

一、微博新闻标题写作

微博新闻作为一种篇幅特别短小的新闻样式，其标题写作在适用一般新闻标题写作的基本要求与技巧之外，还相应地有一些特别的要求与技巧。

（一）形式区隔

微博新闻的标题并不像一般新闻标题那样，用单独放置首行及折行、字号加大、字体加粗、字体变化等特别呈现手法来与字号更小的新闻正文明显区隔。

受限于 140 字，若用户的字号设置为每行显示 20 字左右，一条微博新闻常常总共也只显示约 7 行文字。这 7 行文字，如果还要像一般新闻那样专门为标题加大字号、变化或加粗字体、单独放置首行及折行，会占用过多的空间，与尽量在有限空间内展示更多条信息的微博呈现方式不相符。

那么，如果不变化字体字号、不单独首行及折行，如何区分哪是标题、哪是正文呢？微博采用了方括号"【 】"把标题文字括起来从而与正文文字区分开来的方式。微博标题文字与正文文字的字体字号一样，且不另分段，只用"【 】"隔开。这样区分标题与正文的好处是既节省空间，又相对醒目。

也许有人会说，一则微博文字这么少，不如不要标题了，直接几句话把内容说清楚就行了。能用几句话、百来字就把一件事情说清楚，当然是很好的，这也是微博限一则信息为 140 字内的初衷，但毕竟还是有 7 行文字，人们其实是难以对不太熟悉的事情一目十行、瞬间了然的。人们的时间非常宝贵，能省一秒是一秒。一般来说，普通人普通语速每分钟大概能说出 200 字，阅读文字的速度一般比说话速度快 2 倍多，为每分钟阅读 500 字左右。阅读熟悉或相对简易的内容，阅读速度会更快一些。假设普通人阅读新闻每分钟可阅读 600 字左右，那么，也就是每秒钟阅读 10 字左右。一则微博新闻，约 20 字一行，每行阅读需时 2 秒左右，7 行一则微博新闻阅读完需时 14 秒左右。完整阅读每则微博新闻，每分钟约能阅读 4 则。有些微博新闻完整读完后，网友才发现其实并不是自己真正想了解的，如果能早做判断，就能够节省更多时间，让阅读时间花得更有针对性、更有价值。陆机在《文赋》中说："立片言而居要，乃一篇之警策。"立片言以居要，意思是用一言半语就说清事情的要点或本质。很多事情，可以尽量先用一句话说出这件事情的要点，以让信息接收方尽快了解此事要害，以做出更准确的下一步行动判断。而在篇幅短小的 140 字微博新闻中，依然用心写作标题并设置标题与正文的区分度，能够为网友更快了解该则微博新闻内容要点提供条件，并为是否值得完整阅读该新闻全文提供判断的基础。假设情况极端，网友每条微博新闻都只快速阅读标题，每条标题 20 字左右需时 2 秒，那么每分钟就可以阅读约 30 条微博新闻标题内容，这比完整阅读 4 则微博新闻内容，信息量上多了约 7 倍。因此，为微博新闻设置标题是很有实效与必要的。

（二）实题

由于网友需要从新闻标题来接收主要新闻事实，并从主要新闻事实信息来判断是否真正需要阅读关于此新闻事件的更详细的正文信息，所以，网络新闻标题适合做成实题。实题是把该新闻事件是什么实实在在地、具体地说出来的新闻标题。实题常由多个具体、实在的新闻信息点组成对该新闻事件的概括，有时也会对该新闻事件的某个特别新闻点进行凸显。

一般来说，做新闻标题主要有"打点"和"出面"两种方法。"打点，是指新闻标题中突显最具新闻价值的一个或几个新闻点。这些新闻点，一般来说都是比较具体的信息点，是该新闻事件中比较特别的细节。出面，是指新闻标题中概括了该新闻的主要事实。不过，不要以为概括主要事实，就一定是抽象、不具体的。新闻标题中的出面，其实也是由多个具新闻价值的细节点组合而成的面上情况。出面，与打点，其实都需要呈现具体的新闻信息点。只是相对来说，出面是由较多的新闻信息点组成了对主要事实的概括；打点则更偏向于突显特别具新闻价值的点。而实际做新闻标题时，常常两者并不是截然分开，而是有机结合的。比如，有的新闻标题，可能一半是出面上的情况，一半突显个性化的具体新闻点。"[1]

微博新闻标题，也适合做成有具体、实在的新闻点的实题，以让网友一两秒内就快速了解该新闻事件的主要内容，并帮助判断是否需要继续阅读更多正文信息。

例如，"【#男孩把头埋进超市黄豆里玩妈妈全买下#】"这个微博新闻标题，是由"男孩""头""埋进""超市""黄豆里""玩""妈妈""全""买下"等 9 个细节信息点组成的。网友若只看括号中的微博新闻标题，17 个字，需时约 2 秒，就基本从此具体实在的新闻实题中了解到了此事的主要内容。若网友对此事比较感兴趣，愿意继续阅读详细一些的正文信息，就可以了解到关于此事的更多详细信息点：事件发生时间为"8 月 6 日"；事件发生地点为"四川成都"；事件具体经过为"妈妈带娃去超市，一个不留神，孩子把头埋进黄豆里玩"；事件中的更多场景、动作、言语、反应、评价等多方面的细节，如"妈妈称：看到时，他已经把头埋进黄豆里了，自己才拿手机拍下。吐槽：'熊孩子'暑假才放几天，就整事儿，当场就教育了儿子"，以及事件结果"也把所有黄豆都买了下来，现在发愁如何尽快吃完这些黄豆"。该微博新闻正文共 120 个字，看完全部正文需时约 12 秒。若网友只看微博新闻标题，觉得已经基本了解了此事，不需要再花时间细看，则只花 2 秒，剩下的十几秒可以了解更多其他重

---

① 胡明川. 网络新闻编辑[M]. 北京：中国人民大学出版社，2020：88-89.

要的新闻事件信息。这样的微博新闻实题，其好处是实实在在的，哪怕只花一两秒，也能只通过标题就获得某事件的有价值信息，为网友节省了了解外部世界变化状况的信息处理时间。

（三）简短

微博新闻标题在做成具体实在的实题的基础上，如果能够尽量简短，用最少的字呈现出最大的信息量，就能够帮助网友提高信息接收处理效率，节省更多的时间。

例如，微博新闻标题"【#深中通道正式通车##首批社会车辆驶入深中通道#】"，实际上，只需要前面的"深中通道正式通车"就可以了，后面的"首批社会车辆驶入深中通道"并无更多有意义的信息增量，完全不必画蛇添足，反倒让"寸土寸金"的微博新闻标题看起来冗长、不够简洁。

让新闻标题更简短的方法主要有三个：一是省略，二是换说法，三是删信息点。

精简句子的基本方法之一：省略那些省略之后不影响理解的字。"尤其是量词、介词、连词、谓语中心词等，在不影响意义传达的情况下常被省略。甚至主语、谓语、宾语被省略的情况也不难见到。……标题应尽量不说套话、少用虚词、避免堆积无用信息、尽量不出重复字眼、禁止为凑字数而加长标题。"[①]

例如，新闻标题"美国就其潜艇撞沉日本船只一事向日方道歉"中，删去"美国"中的"国"字，一般不影响理解；删去"就其"中的"其"字不影响理解；删去"日本船只"中的"只"字，用"日本船"表达的是同样意思；删去"就其潜艇撞沉日本船只一事"中的"一事"不影响理解此事；删去"向日方道歉"中"向日方"这个状语，依然能理解道歉是向日方道歉的。所以，省略那些省略后不影响理解的字之后，该标题可修改为"美就潜艇撞沉日本船道歉"，删去了8个字，从原来的19字精简到11字，但没有删去已有的新闻点，依然表达了同样的意思。

精简句子的基本方法之二：换个说法，以更少的字表达基本同样的意思。例如，"一天内"换成"昨"，换了个说法，少了2个字，依然表达了"一天内"这个意思，还多表达了"这一天是昨天"这个意思。

精简句子的基本方法之三：删去一些信息点，按这些信息点的新闻价值的高低，以从低到高的顺序，删去新闻价值相对更小、有趣程度相对更低的信息点。

不过，简短不是盲目地只求最短，而是追求"尽量用最少的字表达最大化的信息量"。应尽量在可一两秒看完的一二十个字的标题字数内，呈现出最基本的、最主要的、最多的、最具新闻价值的信息点。

（四）点明要害

微博新闻标题在尽量精简字数的情况下，应特别注重点明要害。不能因为字少而忘了最重要的事。越是想省时间，越是要练就一语中的、直指实质、直抵要害的认知判断能力和选词用字的准确表达能力。

在真正有特别需要注意的情况时，因怕网友会疏忽此信息而造成重大损失，就采取前置记者编辑对此新闻事实的主观判断词的方式，以提请网友特别注意，这是可以的。不过，狼

---

① 胡明川. 网络新闻编辑[M]. 北京：中国人民大学出版社，2020：107-108.

来了的故事大家也听过很多次了，若非真正的特别紧急情况，一般情况下多次滥用紧急呼告语和夸张的主观判断词，会导致人们信息接收疲劳和对记者编辑判断的不信任。常见的主观夸张判断词有"震惊！""难过！""史上最……""刚刚！""突发！""疯狂！""恐怖！""害怕！""注意！""快！""揪心！""喜报！""痛心！""前所未有！""紧急提醒！""首次发现！""全程震撼！""最新！""紧急通知！""时间表有了！""吓人！""重磅！""太乱了！""当心了！""惊艳！""明确了！""尴尬！""定了！""深夜通报！""惊呆！""骄傲！""离谱！""太猖狂了！"等。

很多记者、编辑已经习惯了在做新闻标题时，想方设法地把这些过于主观且言过其实的判断词放在标题最前面，还一定跟上表达最强烈的标点符号——感叹号，意在以夸张用词来挑起网友情绪和注意力，以增加被阅读点击的可能性。但这样在标题上夸张表达的后果是浪费网友接收有用信息的宝贵时间和注意力，会让网友不再信任记者、编辑对新闻事件的判断和表达，会让网友分不清真正的重要紧急信息，会对真正紧急重要的信息也将信将疑，甚至不再相信他人的紧急呼告，最终造成每个人及整个社会的时间浪费和资源浪费，不能把最重要的时间和资源及时用在最需要的地方。

因此，在写作新闻标题时，应遵循客观化描述事实的原则，一般只尽量客观叙述最关键的基本事实，让网友自己根据基本事实来判断该新闻事件的重要性和紧急程度，而不是为增加流量就添加情绪偏向严重的过于主观的判断词。

（五）多用名词，少用形容词和副词

具体、实在的新闻标题，应多用名词，少用形容词、副词等修饰语。

语言是对现实的抽象。朗格把符号分为两种：推理符号和表征符号。推理符号"有两种功能：一是唤起即暗示某些抽象的概念（比如和'狗'联系在一起的概念）；二是命名（直指）经验世界里符合那些概念（四足、摇尾、冷鼻、多毛、汪汪叫欢迎你回家的那个动物）的事物。……真实语言的特征是用数码符号，数码符号的意义和表示意义的关系都可以是很清楚的；这些特征使真实语言具有强大的能力去表征经验并且把经验传递给他人。……命题式话语既是真实语言的符号形式和使命，又是推理性的表征形式。符号表征的推理性形式的构造成分是命题式语言和数学，是人们进行理性思维和推理的代码，凭借这样的代码，人们积累有关世界的科学知识和逻辑知识"[1]。名词是对世界万物的命名，是推理符号中最基本的一种。指代某个事物的名词，能够在人们头脑中唤起对该事物的概念与具体形象的记忆。看似普通常见的名词，不仅能准确地指明具体的事物，还能唤起生动的形象。所以，在新闻标题中，多用名词，多用该新闻事件所涉及的多方面事物的指代语——名词，是准确、具体、形象地呈现新闻事件的最为适用的方法之一。

例如，微博新闻标题"【#多地体育场馆免费开放##我国人均体育场地面积近 2.9 平方米#】"中，25 个字中有 21 个字都是名词和名词词组，占了约五分之四的比例：有"多地""体育场馆""我国""人均体育场地""面积""近 2.9 平方米"等 6 个名词和名词词组。这几个名词和词组，加上动词词组"免费开放"，能在人们头脑中快速唤起一系列事物的形象或意象：很多地方的、体育场馆、免费开放啦、我国的、人均体育场地面积、将近 2.9 平方米。

新闻标题在多用名词的同时，还应注意少用形容词、副词等修饰语。形容词、副词虽然

---

① 林文刚. 媒介环境学：思想沿革与多维视野[M]. 北京：北京大学出版社，2006：225-228.

也是对一些事物特征、状态的命名，也协助着人们对现实状况的理解和推理，但是，形容词、副词对事物特征和状态的判断标准常常是因人而异的，差异有时还很大。比如，有的人说的和理解的"多"，与其他人说的和理解的"多"，可能相差不止一个数量级，几个也可以用"多"来形容，几十个、几百个、几千个、几万个等用"多"来形容也没有错，那到底是多少呢？最好能说出具体数量或接近的大约数量。

很多作家和记者都曾建议过，少用形容词，多用名词和动词。E. B. 怀特曾以一段文字举例："到处飘着火鸡香味的又一个感恩节前那个严寒的下雪天，漫长的下午快到黄昏的时候，我高兴地开了一整天车后，终于回到了家里，在舒适的起居室里迅速生起了暖融融的火。十分干燥的桦木欢快地烧着了。大约三分钟后，红色石板砌成的壁炉不甘大大落后，轰然旺烧起来。"怀特认为这段文字是"已遭严重损害的文字"，他把这段文字修改为："感恩节前一天，时近黄昏，我开了一天车，回到家里，在起居室里生起了火。桦木欢快地烧起来。大约三分钟后，壁炉也不甘示弱，开始燃烧起来。"[1]可以看出，怀特主要是把形容词和副词删去了，删去的是"到处飘着火鸡香味的""又一个""那个严寒的下雪天""漫长的下午""高兴地""一整天……后""终于""舒适的""迅速""暖融融的""十分干燥的""欢快地""红色石板砌成的""轰然""旺"；留下的主要是名词和动词，留下的是"……感恩节前……（一）天，……（时近黄昏），我……开了一……天车，……回到……家里，在……起居室里……生起了……火。……桦木欢快地烧……（起来）。大约三分钟后，……壁炉（也）不甘（示弱）……，……（开始）（燃）烧起来"。为什么怀特尽量删去形容词和副词（上述例子中只留下了一两个副词，如"欢快地""不甘示弱"），留下大量名词和动词，认为这样的文字才是没有"遭严重损害的文字"呢？形容词和副词是用来修饰名词和动词的，是起修饰作用的，其实比起具体实在的名词和动词来说，形容词和副词唤起的画面感较弱，且不太准确。所以，多用看似朴素但更准确、更易唤起具体形象的名词和动词是新闻写作的基本技巧。

（六）动词精准

新闻标题应多用动词，选用的动词应尽量精准、直白、形象、易懂。通过多个准确的名词与动词的结合，新闻标题才能够快速地串起新发生事件的主要信息点，从而建构或讲述发生了什么事。"为了构建经验的表征，推理性形式还必须依靠造句法。句法是一套规则，显示单词所指事物的关系。……事物安排的顺序告诉我们，在某种情况下，什么是主语（或行为者），什么是宾语（或行为接受者）。一般规则是：'首先指明行为者，然后指明行为，然后证明行为作用其上的事物。'这条规则使我们知道，'狗追猫'是什么意思；这一串词汇的意思是：那只狗在追那只猫（因为这是句中指明的顺序）。"[2]朗格认为，推理符号在句法规则下连接成的命题形式可以建构出经验的表征，帮助人们进行认知判断和推理，以理解现实及其意义。因此，名词和动词，作为"为万物命名"的符号，通过串联成句子，让我们能够理解世界上发生了什么。新闻标题需要达到的目的是在尽量短的时间内让读者快速而准确地了解新近发生的事情，所以最好的标题写作办法是将尽量准确的名词和动词在句式规则下串起来呈现出主要信息点，让读者在快速浏览中也能顺利地了解发生了什么事。

例如，微博新闻标题【我国科学家发现#宇宙最高能量伽马谱线#】中，"发现"这个动

① 广告文案写作[EB/OL].（2020-10-04）[2022-08-19]. https://www.docin.com/p-2467798568.html.
② 林文刚. 媒介环境学：思想沿革与多维视野[M]. 北京：北京大学出版社，2006：226-227.

词其实很普通，单看起来没有什么过人之处，但真正好的写作并不是乱用夸张的动词，而只需准确、精到地呈现出真实发生的事情即可。你看，在"我国""科学家"和"宇宙最高能量""伽马谱线"这 4 个名词和名词词组之间，仅简单地用"发现"这个动词连起来，通过选用普通、直白但描述精准的名词和动词，一句话就说清了发生了什么事。

（七）主动语态

新闻标题应多用主动语态，尽量少用被动语态。罗伯特·奈特在《最佳写作要领》中分析了尽可能使用主动语态的几个理由和几种不得不用被动语态的情况："加上一个'被'字就使句子拉长，……于是，就成为优秀作者尽可能避免使用被动语态的一个理由。然而，至少还有两个理由要求尽可能使用主动语态。有时拿到一个缠夹的句子，开始似乎起于若干方向，结束又不知落到何处。仔细一看，有可能就是作者用上了被动语态。要用主动语态的另一个理由，就是因为它更坦诚。它负责任。被动语态是规避责任的一种办法。……为新闻工作者写的语法书《当字词冲突的时候》中，举出两种情况必须用被动语态。第一种情况是，如果动作的接受者比动作的发出者更重要的话，那么用被动语态是对的。他们举出以下例子：'一幅伦勃朗的极为贵重的画昨天在大都会艺术博物馆被三名假装管理人员的男子盗走。'在这种情况下，伦勃朗的名字应该留在主语里，尽管它属于动作的接受者之列。它显然比那三个偷盗者更重要——更有新闻价值。凯斯勒和麦克唐纳举出的第二种情况是，作者无法选择，只能用被动语态。那就是作者不知道谁（人或物）是行动者、动作的发出者。他们用的例子是：'货物在横渡大西洋的飞行中被损坏了。'是空难？是破坏？是货物没捆绑好？作者尚不知道，因此用被动语态。最后要特别指出的是，在报道警方或法庭事务的时候，'被控'一词通常必须用被动语态。你可以说警方指控一女子犯谋杀罪，但实际上不是警察作指控的动作。控诉是一个过程，包括检察官——区或州的检察官、或其助手。因为新闻工作者常常不能确切知道谁作指控，说'那女子被指控……'应认为是恰当的。"[①]

（八）突出特别细节

新闻标题除了选取 5W1H 等六要素中的重要信息点组成对事件的概括叙述以外，有时还应突出有特别意味的细节，以更好地凸显该事件的特别之处及其意义。

例如：微博标题"【五！连！冠！#国乒男团拿下金牌#】"，前置了一个特别细节"五！连！冠！"，以凸显意义，极具震撼。随后，才是对事件的要点概述："国乒男团"（人物要素）、"拿下金牌"（事件要素）。

微博标题"【谁能跳高过他们啊！#天宫空间站运动会也太会整活了#】"，前置了一个特别细节"谁能跳高过他们啊！"，这么高的评价让人一看就愣住了，不禁会想"谁呀？跳高冠军？"接下去看，才不禁莞尔："天宫空间站"（竟然开）"运动会"，而且"太会整活了"。

微博标题"【高约 2.88 米！#三星堆二号神树虚拟复原后长这样#】"，前置了一个特别细节"高约 2.88 米！"，随后是对事件的要点概述："三星堆二号神树""虚拟复原后""长这样"。把具体高度放在最前，让网友在"首因效应"中更容易注意到三星堆二号神树有多高，竟然有 2.88 米，差不多一层楼高，作为青铜制品，可不是几十厘米的小物件，而是个几米高的青铜

---

① 罗伯特·M. 奈特. 最佳写作要领[M]. 方辉盛，孙廷政，译. 北京：新华出版社，1999：95-97.

制的"大树"。

二、微博新闻话题设置

微博新闻话题设置是微博新闻在内容和形式上与其他种类新闻的特别不同处之一。利用设置话题的功能，微博新闻编辑可以为任一微博新闻创建话题，网友点击该话题，会跳转到汇集了多个发布该新闻事件信息的专门的话题页面。

（一）形式区隔

由于微博新闻文字限制在 140 字之内，仅有的六七行文字，既难以单独为标题特留出一两行空间，又难以单独为话题特留出一两行空间。微博新闻话题设置采用特殊符号"# #"与微博新闻内的其他文字区分开来，且"# #"及其之间的文字都以蓝色字体呈现，不仅在普通黑色正文字体的衬托下显得较为突出，还表明其是一个可点击跳转的链接。

（二）实题

微博新闻话题其实可以被看作另一种特别的微博新闻标题，只是这个标题还是一个链接，是与更多其他来源发布的该新闻事件信息形成汇集联系的网络节点。微博新闻话题设置中的文字内容，也应该遵循微博新闻标题制作对实题的要求，呈现出具体、实在的新闻事实。

一些实题话题可能直接就是标题。例如，微博新闻"【#港珠澳大桥今年出入境客流破 1000 万人次#】""【#我国万吨级江海直达船首次驶进长江上游#】""【#第 2 艘国产大型邮轮开启总装#】""【#2023 年新增野生东北虎豹幼崽 35 只#】""【#全国铁路暑运以来累计发送旅客超 5 亿人次#】"等话题属于实题类型，且直接作为标题。

也有很多实题话题只是标题的一部分。例如"【转发好消息！#我国发现全球首个超深水超浅层大型气田#】""【文物上新！#龙门石窟在墙壁内发现石刻造像#】""【春意盎然！#成都二环高架下又现童话绿色长廊#】""【太有爱了！#社区为金婚老夫妻拍了第一张婚纱照#】"。

（三）短句或词语

被设置成微博新闻话题的文字常常是一句短句。例如，微博话题"#一起看嫦娥六号发射#""#520 成功发射一箭四星#""#爱宝诞下双胞胎#""#甘肃发现 500 多张汉代纸#""#超 5 万公里的中国隧道发展有多快#""#动车首次开进黄龙九寨#""#云南近亿只蝴蝶集中羽化#""#壶口瀑布邂逅彩虹美如画#""#博物馆这些文案封神了#""#中国队包揽汤尤杯双冠#""#辽宁男篮实现 CBA 三连冠#""#12K 超高清看三星堆镇馆之宝#""#这场雨中的接力赛看得热血沸腾#""#金星合木星明日上演#""#大熊猫好乖哦#"等，都是一句短句式的话题。

少数情况下，话题文字也可能只是一个词语或词组。例如，微博话题"#世界微笑日#""#公众科学日#""#5 月第一天#""#追光的你#""#国防教育法#"等，只是一个词或词组。

（四）标签化或关键词化

微博新闻话题文字常呈现出标签化或关键词化的特点。

词或词组式话题文字就属于非常明显的关键词或标签。例如，前面提到的微博话题文字由词语或词组组成的例子中，"#一起看嫦娥六号发射#"，核心词就是该事件关键词"嫦娥六号""发射"，关键词化和标签化的特征非常明显。

即便是一些短句式的话题文字，依然是由事件的多个关键词串成的。例如，前面提到的微博话题文字由一句短句组成的例子中，"#港珠澳大桥今年出入境客流破 1000 万人次#"是由该事件关键词"港珠澳大桥""出入境客流""破 1000 万人次"等串成的；"#我国万吨级江海直达船首次驶进长江上游#"是由该事件关键词"我国万吨级江海直达船""首次驶进""长江上游"等串成的。

（五）可同时设置多个话题

微博新闻话题设置并没有数量限制，虽然大多数微博新闻只设置一个话题，但也有不少微博新闻同时设置了多个话题。

例如，这条微博新闻就设置了 2 个话题，提供了有价值的信息增量："【#动车首次开进黄龙九寨#】7 月 25 日，55831 次试验动车组列车缓缓驶入黄龙九寨站，这是川青铁路镇江关至黄胜关段联调联试工作启动以来，上线作业的首趟动车组列车，也是黄龙九寨站首次迎来动车组列车。据了解，#川青铁路镇江关至黄胜关段计划年内通车#，届时，旅客乘坐动车组列车将直抵海拔 3000 多米的川西高原，'公铁换乘'可快捷到达黄龙、九寨沟等著名景区，进一步满足旅客多样化的出行需求。"

（六）话题放置位置灵活

微博新闻话题文字的放置位置灵活，可放在微博新闻标题及正文的任意处。最常见的是，话题文字放在标题方括号中，甚至与标题文字直接完全一样。另一种常见的情况是，话题文字放在标题前或紧接在标题后。有少数时候，话题文字会放在正文中或正文末尾。

例如，"#女孩收到清华大学通知书忍住不拆#【拿到通知书竟然不拆？女孩收到清华大学建筑类录取通知书，专程赶回老家祭拜外公，再请木匠爷爷拆封[心]#女孩被清华录取请木匠爷爷拆通知书#"，"#被凉山彝族火把节震惊了#【超壮观！凉山彝族火把节西昌主会场一晚上近 20 万人'玩火'狂欢[打 call][打 call]】#近 20 万人一起玩火狂欢有多壮观#"，话题文字放在标题前、标题后都有。

例如，前面提到的微博新闻"【#动车首次开进黄龙九寨#】"，话题文字不仅放在标题中，正文中也在靠后处设置了另一个话题"#川青铁路镇江关至黄胜关段计划年内通车#"。

第二节　微博新闻正文写作[①]

微博新闻正文限制在 140 字内，但可以加链接、配图或音/视频。

最初，一条微博信息超过 140 个字，就再也不能输入更多字进去了，必须删减到 140 字内，才能点击发送。

为什么微博会对每条信息做出 140 个字的限制呢？可能是考虑到要尽量减少读者的阅读负荷，对每条信息做出字数限制，有利于简化信息，提醒人们在有限的字数内把一件事尽量讲清楚讲完整。那么，多少字数限制合适呢？前面我们在讲标题字数、摘要字数的时候，说

---

① 此节内容部分来源于胡明川. 网络新闻编辑[M]. 北京：中国人民大学出版社，2020：232-236.

过字数限制会影响到呈现信息的内容特点和作用。20 字左右的标题，适合点出最重要的几个信息点。百来字的摘要，能呈现出包括更多重要信息点的完整简讯式内容。所以，把每条微博信息限制在 140 字以内，就相当于出个"标题+摘要"的内容。

一、限 140 字的微博是"标题+摘要"式简讯

一条 140 字微博新闻内容，最适合做成"标题+摘要"式简讯。

一般来说，用最能突出显示出区别又不太占位置的标点符号——方括号"【 】"——把标题文字括起来，表示方括号中的文字是与后面文字不同的标题文字。

而后面的百字左右的文字空间，最好是做成能够比较完整地呈现出该条新闻重要信息点的简讯式的摘要，以支持用户在不断往下刷微博信息流时，在目录页面既能快速了解标题重要信息点，又能快速了解简讯式摘要信息点。

微博做出把每条信息都限制在 140 字以内的严格规定，就是想要以此规定严格束缚微博作者，让每条信息都只能呈现精简过的完整简讯式内容，以此达到减轻用户信息接收负荷的目的。

可是，微博作者们仍想尽办法来突破 140 字对内容表达的限制。

比如，有的微博作者利用评论方式把还未表述完的内容添加完整。但是，评论内容需要点击"评论"后才能出现评论内容。无法直接显示在微博信息流目录页面上。

比如，有的微博作者利用微博信息中可设置文字链接的规则，把发布在其他网站的长文章用文字链接的方式把短微博信息导流到长文章页面上。很多新闻机构在发布微博新闻时，就采用"文字链接"到新闻全文页面的方式，但文字链接的方式仍无法把全部内容直接显示在微博信息流目录页面上。

比如，有的微博作者利用可以直接发图片或每条微博可以配图的规则，把该条微博文字内容转成图片格式，直接发图片或配图在该条微博 140 字信息框之下。甚至还出现了专门的软件来帮助人们把文字信息转换成"长微博"，这样终于可以达到把长文字内容直接显示在微博信息流目录页面上的目的。但用户也需要点击该长微博图片，才能完整展开该图片信息。

这么多想方设法突破 140 字内容限制的方式，反映出微博作者们想要更详细表达全部内容的强烈需求。

后来，微博放松了限制，你可以输入比 140 字更多的字，发出来时，在微博信息流目录页面上，每条微博只显示 140 字。点击该条微博跳出的该条微博单独的正文页上，可以显示超出 140 字的该条微博的全部文字信息，但超过的字数仍不可太多。

再后来，微博干脆可以直接发"文章"，对文章的字数限制就宽松了许多，几千字长的新闻信息，完全可以装下了。不过，微博文章发送出去后，在微博信息流目录页面上，仍然每条微博只显示有限字数，需要点击"文章"链接才能跳出正文页面显示出全部内容。

笔者观察到，很多条微博信息的文字内容每行约 22 字，在 6 行半左右就已达到 140 字限制，超过的就用省略号加"全文"链接代替。点击"全文"，跳出的该条微博信息正文页面上，往往只比 140 字再多出十几个字，甚至只多出几个字。这样也实在太浪费用户的点击了。而且，笔者发现，由于新浪并没有在跳出的正文页面把目录页面上用户已阅读过的 140 字以铺上底色的方式淡化，导致用户往往要再寻找接下去的地方，继续浪费时间。因此，笔者建议，

微博新闻编辑最好严格遵守 140 字的限制，尽量不显示"全文"链接，以避免用户多一次点击，却多看不了几个字，还要费心去找接下去的地方。也建议微博改进显示设置，至少给绝大多数用户可能已看过的 140 字铺上底色，以示区别。另外，笔者注意到，微博对链接目标为长文章全文页面的链接文字是"文章"，而对链接目标为短微博信息的完整页面的链接文字是"全文"。这样的措辞选择，很容易让用户弄不清并混淆这两个链接目标指向的内容是什么。"全文"这样的措辞，很容易让用户误会成点击出来的页面应该是一篇长长文章的全文内容。因此，笔者建议，若只是把原本限制为 140 字的微博适当延长一点的微博，当 6 行半显示不完时，可以在后面用"展开"和"收起"键直接在当页显示，免得跳出另一页却只多几个字，还打断了继续往下阅看其他微博信息的行为。

二、微博新闻的叙事结构：核心事实+评论

有学者从叙事学角度研究了多条微博内容后，归纳出微博新闻叙事的几种基本结构[①]：

1. 事件消息："核心"+"卫星"

#×××#【标题】（记者从×××获悉/了解）5W+H+背景资料+网址链接+@+记者+图片+视频

2. 事件消息："核心"概述+细化

#×××#【标题】（记者从×××获悉/了解）事件概述+事件详情+网址链接+@+记者+图片+视频

3. 事件消息："核心"并列

#×××#【标题】（记者从×××获悉/了解）"核心"1、2、……+网址链接+@+记者+图片+视频

4. 人物消息："夹心"模式

#×××#【标题】（记者从×××获悉/了解）人物身份+"核心"事件+评价+网址链接+@+记者+图片+视频

由于微博 140 字的限制，要想用很少的字数写清楚一件事，只有聚焦核心事实，所以 5W1H 作为核心事实要素，需要首先得到叙述的保证。若字数空间有限，甚至只能出现 5W1H 中的最重要的几个，要点是讲清楚出了什么事，而"怎么样"这一个"H"，常常来不及叙述。若人物不重要，连人物名字都不会出，常只出个身份，甚至略过人物部分不提。若地点、时间不重要，也常略过不提。若有更多空间，常会考虑多出几个"核心事实"并列，或在"核心事实"后跟一点具体详情，或在"核心事实"后配上一句能帮助理解其信息意义的评论，或在"核心事实"后配点有必要提及的背景资料。

据研究，其选择样本显示出，人民日报微博新闻中，只叙述核心事件的微博新闻占总样本量的 44%，"事件+评论"的占 20%，"事件+背景+评论"的占 17%，"事件+背景"的占 14%，转发原文的事件后续报道占 4%。[②]

① 孙芙佳. 从"新华社中国网事"谈微博新闻的叙事结构[J]. 中国地市报人，2013（4）：61-63.
② 尹忠伟. 人民网微博新闻的叙事研究[D]. 重庆：重庆工商大学，2016.

笔者观察到，目前较多的微博新闻的文字信息中，已较少出现记者名字，也不会在标题后出现"记者从×××获悉/了解"这样的话语，而是直接在标题后出核心事实信息。但有一些微博新闻会在最后用括号括出该新闻的机构信息来源名字，如"（某某日报）"。笔者认为，信源是有必要在目录页出现的重要附文信息。记者名字则是可以不必出现在目录页面但应该出现在全文页面的附文信息。

因此，微博新闻的叙事结构也可以是这样的：

极简版：【标题】+5W 中的核心事实+网页链接+信源+配图（视频）

稍详版：#×××#+【标题】+5W1H 中的核心事实+一两个详细事实+背景+评论+网页链接+信源+配图（视频）

例如：

【经济日报：#飞出低空旅游新高度#】CityWalk 已经不新鲜了？CityFly 了解一下！这个暑期，全国多地推出空中游览、动力滑翔伞、景区无人机配送等新项目。低空旅游乘风而起，但产业尚处发展初期，还存在产品供给不丰富、价格超出大众预期、安全运营要求高等问题。让低空旅游飞出"新高度"，还需政府部门大力支持，各方面通力合作。#知名记者说经济#网页链接

此条微博新闻的标题，一开头就出现消息来源"经济日报"，不仅可以突出其信源的权威度，同时也有利于在该微博新闻被不断转载的过程中"看似顺便"却是"有意突出植入"对该新闻机构的"广告"。

信源之后用标点符号冒号与后面新闻信息内容相接。"："不仅能清楚表明其后信息是来自前面的信源，而且前后隔断的视觉效果也很明显，表达方式简洁。

标题中的新闻信息"#飞出低空旅游新高度#"，核心关键词"低空旅游"以偏正名词短语的方式，让标题信息有了实实在在的内容。而动词短语"飞出"和名词短语"新高度"的组合"飞出……新高度"，表达了对"低空旅游"（现象）的评价，从中可看出"核心事实+评论"的结构。标题中的新闻信息同时设置为话题形式，也有利于促进该微博新闻作为话题新闻进一步被推广。

正文第 1 句用设问和对比的方式带出新闻点"CityFly"，以本就引人注目的 CityWalk 来吸睛，凸显出更为新潮的 CityFly。"CityFly 了解一下"，借用网络流行语中的特定句式，轻松、简洁又委婉地表达了邀请网友关注或尝试了解某事，更容易让人留步。

正文第 2 句才相当于实质性的概括导语，概述了时间（这个暑期）、地点（全国多地）、事件（推出空中游览、动力滑翔伞、景区无人机配送等新项目），比标题内容多了具体的时间、地点与事件内容，是对标题中只简要呈现的要素"低空旅游"更详细一些的展开，是 5W1H 中的核心事实。

正文第 3 句添加了背景信息："低空旅游乘风而起""但产业尚处发展初期""还存在产品供给不丰富、价格超出大众预期、安全运营要求高等问题"。这几个背景事实以更宏观的视角，呈现了低空旅游现象的复杂面向。

正文第 4 句添加了评论信息：认为低空旅游的发展"还需政府部门大力支持，各方面通力合作"，表达了对低空旅游发展状况及其所需条件的看法。

正文末尾添加了话题"#知名记者说经济#"，点击可转到该话题的汇集页面。可看到该话题已有阅读量上亿、讨论量上万。用话题汇集同类新闻信息，能很好地起到集中某方面有价

值信息以方便网友使用的作用，也在一定程度上有利于微博新闻的长尾阅读和再利用。

正文末尾的"网页链接"，点击后跳出经济日报的"数字版面图+报道全文"。

微博新闻目录页文字下方配了 1 幅大图。新闻标题叠放在图片左下角，图片左上角是《经济日报》的图标和文字，图片右上角是一个闪电标志和"文章"二字。如果有网友对此微博新闻感兴趣，想了解更多详情，可以点击"文章"二字或点击该图片，都是跳转到新闻全文页面。该微博新闻的全文有 1000 多字，更详细地报道了低空旅游的现象。

三、添加"#××× #"制造话题效果

在新浪微博中，点击量大的、标注了某话题的微博信息，会被特别推荐到"热门话题""分类话题榜""今日话题榜"等话题榜的页面上。若被推荐到这些话题榜页面，被用户接触到的机会将呈几何倍数级增加。

一条微博新闻，若没被推荐到话题榜页面或热搜榜页面，只有机会出现在已关注了自己账号的用户的"关注"信息流页面上，且转瞬即逝，就会很快被其他后发的信息流挤下去，很难刚巧被刷到。而若被微博推荐到"推荐""榜单""热搜""话题"等页面，则该条微博新闻被用户刷到的机会就大大增加了，点击量常会因之而呈几何倍数上升。一条在自己账号上默默无闻、点击量为个位数、两位数或三位数的微博新闻，常会因为被特别推荐到而点击量轻轻松松上万，甚至数十万、数百万。但是，因报道事件热门、报道内容新鲜、报道速度极速而被微博主动选中来推荐的微博新闻，毕竟有些碰运气。

微博作者可以通过添加"#××× #"的方式，尽量想办法来为该条微博新闻提炼、归纳话题，以与已有热门话题相联系，或者制造出一个新的有望成为热门的话题。这样不仅可以达到利用热门话题的超高曝光量来推广该微博新闻的效果，也可以在用户主动搜索某话题新闻时更容易看到该条微博。

四、添加表情符以增加表情效果

微博中有插入表情符的功能。很多微博编辑也喜欢利用这个功能，让微博文字信息，尤其是微博标题信息显得文风更活泼，更有网络特点。

另外，表情符能够表达某种特别的、强烈的情感。通过添加某种表情符，编辑可简洁地表达对该条微博新闻信息内容的某种评价、情感体验等。在仅能呈现 140 字的有限空间里，对表情符的运用，可以很好地起到言简意赅、寓意深远的效果。

而且，表情作为一种图形符号，在文字段落中特别显眼和突出。文字丛中的一点小表情，往往是画龙点睛的一笔，特别吸引眼球，灵动而有意味。

不过，在添加表情符时，编辑应在准确理解表情符的含义的基础上，正确选用适当的表情符，以免选用不适当的表情符或误用表情符而造成始料不及的偏差效果甚至负面效果。

五、用"转发+评论"方式进行连续报道

微博编辑可以利用微博"转发"时可添加"评论"的功能，通过转发此前报道的某条微博新闻，把该事件的最新变动信息，以转发时添加评论的方式呈现出来，以此进行微博新闻

的连续报道。

例如，中国新闻社发布了《河南一马戏团幼虎从笼中逃脱 目前已形成合围》的微博新闻，在该事件有了新的进展后，就在原来发布的微博新闻后，把最新事实变动信息《最新消息：逃脱幼虎已成功捕获》以转发并评论的方式发布了出来。这样的操作方式能够让此前发布的新闻直接被放置在最新消息之下，此前消息和最新消息都能够同时呈现在信息流目录页面上，方便用户直接在同一页上就快速浏览到最新消息和此前信息。这是微博新闻发布连续报道的非常好的方式。

六、发微博新闻的时间有规律吗？

由于微博信息在用户页面上是以倒时序信息流的方式呈现，每条微博信息在各用户页面上的呈现时间极短暂。所以，为了增加被用户刷到的可能性，也考虑到不过分打扰用户，考虑到重要与热点新闻可能发生及报道的集中与分散的程度，同时也考虑到微博编辑的工作强度和速度，机构媒体渐渐形成了每隔半小时左右发一条微博新闻的规律。

一般来说，7 时到 24 时之间，微博编辑可能会发布 20 条到 30 条微博新闻。当有热点或重要新闻需要及时发布时，也会打破每隔半小时左右发布一条微博新闻的规律，根据需要抢秒发布热点或重要新闻。

另外，根据用户阅读微博信息的时间规律，微博编辑会尽量抓住用户阅读高峰时间来发布信息。例如，常见的微博发布时间点为早安帖、午聊帖、晚间深读帖、晚安帖等。

第八章　融合新闻中的文字编辑

基罗杰·菲德勒在《媒介形态变化：认识新媒介》一书中梳理媒介变革的进程、分析第三次媒介大变化时，提出一系列大胆的预想和推测——数字技术将使所有电子形式的传播媒介更具个性化和交互性，还基于此设想出未来一系列可能出现的情景，如虚拟社区、光波通信等。同时，传播学著名观点"媒介即讯息"也强调，媒介本身而非其传递的内容才是真正有意义的讯息。比如，文字承载口语，印刷书籍承载文字，电视承载图像，互联网承载的则是之前所有内容的总和。同时，不同的媒介形态承载的内容都有其特性，对媒介变迁的时间线进行纵向观察可以发现，报纸的文字讲求逻辑性与因果关系；广播电视的图像声音则注重细节的放大与直观性、冲击性；在 PC 互联网时期，传播内容与形式的丰富性得到极大满足，交互性特点越发明显。由此可见媒介形式对传播内容的影响。互联网发展至今日的移动互联网，在网络传播技术的高速发展下，媒介形态已走进媒体融合时代，而融合新闻除了在媒介形态上发生巨大变革外，其内在的文本内容创作方式也焕然一新，包括标题、摘要（导语）以及正文部分的文字处理，传统媒体与新媒体在这些方面有着显著的差异。本章将分别对新闻的标题、摘要（导语）以及不同形态的新闻样式进行分析，以期说明新旧媒体在文本创作上的差异，以及如何处理好融合新闻的文字。

第一节　标题

俗话说，看报先看题，题好一半文。标题是文章内容最精到、准确的概括，是文章思想的精髓和灵魂。标题作为报纸的眼睛，是吸引受众注意力和阅读兴趣的第一抓手，其重要性不言而喻。新闻标题的创作是有明确目的的，即引起受众的兴趣和关注，保证新闻的曝光度、传播范围和关注度。网络时代也是碎片化阅读时代，这使得短篇幅内容和有特色的标题成为人们的首选。另外，新媒体行业蓬勃发展，各平台竞争激烈，以微信订阅号为例，每 10 秒钟可能就有一个订阅号的消息置顶，抢先进入用户视野。新媒体语境下，新闻标题还存在内容趋同的问题，数以万计的订阅号往往以相同话题不断刷新视频、推送文章，因此，新闻标题的制作必须具有吸引力，才能激发受众的点击欲望。

一、融合新闻标题的制作原则

标题作为新闻内容的一部分，新闻价值的五要素在标题上也能够体现。无论是传统媒体还是新媒体，其标题制作都需要遵守下面几个原则。

（一）标题务必真实：题文一致

新闻标题的真实性首先来自对新闻事实的准确把握。因此，新闻标题创作最基本的要求就是好的新闻标题必须忠实于新闻事实，准确传达新闻事件的真实信息。任何脱离新闻事实本身而胡编乱造的标题或对新闻事实概括不准确的标题，都可能导致读者对新闻事实理解的偏差，影响甚至损害新闻的传播效果。这要求编辑记者在创作标题时注意标题所提示的事实要与新闻内容一致。首先是标题所写的事实应是新闻中本来就有的，不是虚构的。其次是标题可以从新闻中选择某一事实，但是这种选择不能不顾及事物全貌，不能歪曲整个新闻的基本事实。

"标题党"是互联网兴起后新闻制作的一个名词，多出现在媒体、论坛、博客或微信等平台，往往以增加流量为目的，背离新闻基本原则，靠无中生有、夸大其词、断章取义、偷换概念等不良手段，骗取用户的点击和阅读。"标题党"危害巨大，不仅会严重误导受众，也会影响到新闻资讯的真实性、客观性、准确性，甚至导向性。

（二）标题突出精华：重点明晰

编辑记者需要将新闻中的精彩部分作为标题的写作内容，即将新闻中最具有新闻价值和社会意义的事实写在标题之中。

标题中的论断在新闻中要有充分依据。标题可以具体描述新闻事实，也可以对新闻中的事实进行概括，做出论断，但所做概括和论断一定要以充足的新闻事实为依据，不能片面、夸张、拔高。

（三）标题需要吸睛：有吸引力

值得注意的是，标题讲究文采必须以真实准确、简洁明了为前提，不能因辞害意、为文采而文采，不能为文采而忽视真实性、准确性，滥用诗词、典故，以致晦涩难懂，损害标题应有的作用。

标题要做到快速吸引读者眼球，可以采取押韵、谐音、数字等趣味性方式使标题更加生动有趣，从而激发读者的阅读兴趣。

例如：

（1）押韵：《共圆足球梦 同唱一首歌》

（2）谐音：《别再让孩子们"压力山大"》

（3）数字：《629 户人的藏乡走出 359 名大学生》

尽管新旧媒体所遵循的标题创作的核心理念是大体一致的，但依托于纸质媒体呈现新闻文本，其标题在制作上可以采用三行复合式，以呈现更多的新闻内容。同时，纸质媒体的标题通常必须包含一条实题，但在特稿等报道中也会选择能够概括新闻内容的虚题，这与传统媒体的严谨性以及纸质新闻文本的篇幅长、信息量大是分不开的。

新媒体时代下的融合新闻标题创作打破了传统新闻标题的方式。在良好的粉丝互动基础上，可以"不按套路"：比如某种程度上，可以以"偏"概全，将内容最精要的部分、最具传播力的语句、最新的表述等放到标题里；可以用设问激发好奇，让读者产生解答问题的冲动；可以"欲说还休"，避免直接把相对冷门的主要内容放入标题；以观点见长的文章，通过在标题中亮明观点和态度，帮助读者获得更有逻辑的梳理和阐释；等等。

二、融合新闻标题的创作策略

相较于传统纸质媒体，融合新闻在发展中形成了自身的标题制作特点。

（一）点明主要新闻事实

让读者能够从标题中获取尽可能多的信息和观点，用重要的新闻事实来吸引读者。

例如：

（1）《我国消费品品种总量突破 2 亿种　位居全球第一》

（2）《Q2 全球智能手机出货量 3.142 亿部同比增长 11%》

（3）《中国人首次进入自己的空间站》

（4）某纸媒《我国第二位女航天员将圆飞天梦》的新闻标题在被某网转载时变为《王亚平参加"神十"选拔为其中唯一女航天员》

第一、二个标题以新闻事实为基础，数据可靠、用词简洁、专业严谨、信息含量大，能够有效吸引对相关领域感兴趣的受众。

第三个标题聚焦新闻点，极其醒目，不仅将新闻价值体现得淋漓尽致，也突出了该条新闻所蕴含的历史意义，彰显了新闻报道书写时代、记录历史的功能。

第四个标题将原标题中"圆飞天梦"这一概括性表述直接以事实取代，"第二位女航天员"改为女航天员的名字公布在标题中，新闻信息量更大。

（二）标题中重视情感传递

抓住受众的情绪制作标题，引发读者共鸣。可以在标题中融入真情实感，用触动人心的标题引发受众共鸣，让标题内容直击人心，但是要避免过分煽情，尤其是在突发事件报道中，要避免出现情绪化表达。此外，在制作社会类、法制类新闻标题时，可以将具体数字与重要细节融入标题，实现新闻价值与受众诉求的巧妙结合，凸显新闻核心。

例如：

（1）《除夕夜的这场直播，看哭了》

（2）《郧阳农田里为何音乐声声——嘘，那是赶猪的》

（3）《"金钱豹，你可是猛兽啊：怎么能爱喷香水"》

（4）《痛心！协和专家：在兴趣班学的这个动作已致 1000 多名中国孩子瘫痪》

第一个标题，这个报道的主要内容是一段只有短短 13 秒的视频，展现的是在海拔 4655 米的詹娘舍哨所，边防战士们在除夕夜以最端正姿态完成换岗交接的画面。编辑在标题中，用"看哭了"表达自己的真实感受，主动融入读者中，便于读者接受从而提高转发率，继而提高传播力。

第二个标题，不仅"声声"可以加强语气，"嘘"字也彰显出俏皮活泼之感，增强了新闻内容的画面感，实现了以趣动人。

第三个标题，原题目是《刘媛媛和"猫"做同事》。新闻是一部微纪录片式的视频节目，讲述了南京市红山森林动物园猫科馆饲养员的故事。新华社新媒体中心"新青年"栏目出品、新华社微信公众号刊发此视频时，将题目改成了《"金钱豹，你可是猛兽啊，怎么能爱喷香水"》，带着诙谐调侃，突出了视频中出乎大家想象的内容，很好地起到了吸引读者的目的，且雅而不俗。

第四个标题，用"痛心"直接表达记者的情感，标题中的数字 1000 多引人关注。通过对少儿培训机构的深入调查采访，指出不规范的下腰是导致中国儿童"下腰瘫"的直接原因。

报道彰显了主流媒体的社会责任，受到各界关注和肯定，对家长和少儿舞蹈培训机构具有很强的警示意义。

（三）语言表述口语化，可读性强

融合新闻标题与传统纸质媒体新闻标题相比，具有口语化、趣味性和可读性强的特点。由于融合新闻信息量大，并且需要快速更新，相对于纸质媒体，融合新闻标题的制作不仅生动形象，还会引用感叹、调侃、鼓励等口语化的表达，语言表述轻松幽默，使读者有点击标题链接看整篇文章的欲望。

例如：

（1）某纸媒新闻标题《科学家发现与地球最相似星球》，在微博平台发表时，标题改为"【科学家发现地球的'兄弟'】"，新标题的口吻更亲切生动。

（2）"【中国经济'颜值'更高'气质'更佳】"，"颜值"是近两年的网络流行语，用来形容中国经济的表现，可谓恰如其分。

（3）"【火烧店，火了】"，"火"字的运用巧妙传神，动词"火"与地名"火烧店"一语双关。

（4）"【'没有5块，拿去用吧'】"这一标题引自公交车司机与一位小女孩乘客的谈话。一天早上，一位小女孩错将用于吃早饭的5元钱投进了票箱，一时又没有用零钱投币的乘客。公交司机见状拿出了10元钱，赠给小女孩，并说"没有5块，拿去用吧"。直接把司机的话作为标题，受到众多网友的称赞。

（四）擅于使用修辞

在融合新闻标题中采用拟人、夸张、借喻、借代等修辞手法，是显示融合新闻标题吸引力的手段之一。网言网语在融合新闻标题中的使用已非常普遍，用得准确，会让读者感觉亲近、自然。

例如：

《垃圾桶还能自己"奔跑"？》

《他的眼睛也是尺！》

《"最暖年"为何这么冷？权威回应》

《龟去来兮》

第一个标题，垃圾桶奔跑，标题从修辞上讲用了拟人，内容上主要介绍北京冬奥会场馆内智能垃圾箱的情况。这个标题非常新颖。这篇报道是视频、图文融合的新媒体作品，传播效果非常好，有读者通过客户端咨询智能垃圾桶的详细情况。

第二个标题用的是类比的修辞。北京冬奥会期间，著名运动员王濛在比赛解说中激动地喊出了"我的眼睛就是尺"，立即成为网络热词，《他的眼睛也是尺！》这一标题正是"蹭"了这个热度。这篇视频报道的原标题是《少年凌云志》，讲述的是"国际军事比赛2021""安全环境"项目最佳射手王兴的故事。而新华社微信公众号修改的《他的眼睛也是尺！》的标题，让这篇报道更具时效性、贴近性、可读性，更适合移动端传播。

第三个标题用了设问修辞。

第四个标题用了谐音的修辞，谐音陶渊明《归去来兮》。陶渊明是著名的田园诗人，这个标题就有一个与自然和谐的基调。广东惠东海龟国家级自然保护区是我国唯一的国家级海龟自然保护区，该新闻以史上最大规模的一次增殖放流活动为题材，讲述"海龟保姆"以及海龟保护区所有工作人员悉心喂养和呵护濒危物种海龟，并为海龟安全顺利放生，开辟出一条安全绿色的洄游通道的动人故事。

（五）融合新闻标题宜实不宜虚

纸质媒体的新闻标题有实有虚，实题往往需要交代新闻要素，虚题经常使用点评或者议论。网络媒体则不同，融合新闻只能抓住一个或者几个精而又精的新闻要素，也就是通过抓住"新闻眼"来吸引读者。以人民日报微信公众号的新闻标题为例，其经常会采用最小的独立音义结合体，从词典中选取一个字或一个词，引导受众将其看作表意完备的"句子"，即单词句，如"敬""暖""强"。这种标题是高概括性标题，选取新闻中最有特征的部分，概括新闻事件，简单明了地表达媒体立场或受众感受。有时也会采用专名标题，即用特定人名、地方名、事物名称充当标题，如"幸福长街 40 号"等，将新闻要素中最具典型意义或代表性、最具突出性特征或具有较高知名度的名称作为标题，直点新闻主题的价值。而临时简单性标题是指由一般性短语临时构成的标题，句子表现形式主要由常见结构组成，比如偏正关系、联合关系、同位关系等词性结构标题，例如"一个人开始高度自律的 4 个迹象""创新中国一分钟""我们的 40 年"等。

第二节　导语

新闻导语，就是用简明生动的语言，把新闻中最重要、最新鲜的事实提炼、概括和展示在开端部分，起到开门见山、画龙点睛的作用。导语其实就是标题的扩展，补充标题中没有的重点事实，因此导语不能是标题的重复。著名新闻人、新华社原社长穆青为新闻打了一个比方，"消息像一个人，导语是人的脑袋，主体是身躯，脑袋精神了，身体再壮实灵巧，就显出活跃劲来了"。美国"报业大王"赫斯特曾说过："如果你第一句话吸引不住读者，那就不要再写第二句了。"美国现代新闻学者麦尔文·曼切尔说："写作过程中的第一步，也是最重要的一步，就是写作导语""写好导语相当于写好了消息"。导语的写作是新闻采访与写作关键技能之一。导语是一条新闻最重要的部分，它决定了读者是否会对这条新闻感兴趣，是否会继续阅读下去，因而也就决定了这条新闻报道的成败。

一、导语的种类

导语的种类有很多，分为叙述式导语、引语式导语、描写式导语、设问式导语、评论式导语等。

（一）叙述式导语

叙述式导语又称直叙式导语，是指以凝练的语言简要而直接地将消息中主要的事实叙述出来，通常用在重大新闻事件、突发性新闻事件等当中。其优势在于能开门见山地告知读者最新发生的事实，为读者提供信息增量，但其缺点在于难以持续吸引读者的兴趣，叙述较为平淡。

例如：

中国人首次进入自己的空间站

本报酒泉 6 月 17 日电（记者余建斌、吴月辉、刘诗瑶）记者从中国载人航天工程办公室获悉：6 月 17 日 9 时 22 分，神舟十二号载人飞船在酒泉卫星发射中心发射升空，准确进入预定轨道，顺利将 3 名航天员送上太空。神舟十二号载人飞船入轨后顺利完成入轨状态设置，于北京时间 6 月 17 日 15 时 54 分，采用自主快速交会对接模式成功对接于天和核心舱前向端口，与此前已对接的天舟二号货运飞船一起构成三舱（船）组合体，整个交会对接过程历时约 6.5 小时。这是天和核心舱发射入轨后，首次与载人飞船进行的交会对接。

导语非常简洁地抓住新闻的核心要旨，这是科技的巨大突破，是中国在空间领域载入史书的要素。该导语中重要的信息新闻六要素即时间、地点、人物、起因、经过、结果完备。

（二）引语式导语

引语式导语是引用新闻人物精彩而生动的语言来揭示消息主题，使得新闻更加生动，能够迅速引发读者阅读兴趣。引语式导语最常见的是引用领导人或知名人士的话语、言论，以增强新闻的权威性，也可引用一些具有特色和代表性的人物的话语，以增强新闻的可读性。

例如：

"破五唯"后　学术评价如何走好量质"平衡木"

"学术评价体系建设和学术体系、学科体系、话语体系、教材体系建设等共同构成构建中国特色哲学社会科学的有机组成部分。就目前来看，学术评价体系建设成为我国学术发展的瓶颈之一。"近日，在中国人民大学人文社会科学学术成果评价发布论坛上，上海社会科学院党委副书记王玉梅研究员指出，怎么有效突破，形成新时代中国学术繁荣进步所需要的和与之相匹配的学术评价体系，可以说是当务之急和重中之重。

这是一个标准的引语式导语，先用重要、典型人物的直接引语引出主题，再提出新闻事实。这句直接引语的选择需要慎重，要能表现整则新闻的内涵或者亮点，起到提纲挈领的作用。

（三）描写式导语

这类导语以展示事物的形象和事件的场景为主要特征，写作时常抓取某一生动形象、色彩鲜明或有特色的细节加以描绘，更能引发读者的共鸣。使用这种导语形式时应特别注意：描写的文字不宜过多，尽量使用简洁而又富于表现力的白描文字。

例如：

我国最后一个不通公路的建制村车路双通　滴滴！阿布洛哈村来车了

"车来了！"6 月 30 日上午 10 时许，冒着雨，驾驶员杨保安开着乡村客运小巴，沿着崭新的通村公路，驶入布拖县乌依乡阿布洛哈村，喇叭声引来招呼站内的村民阵阵欢呼。

《四川日报》的这条消息导语 78 个字，描写了阿布洛哈村通车那一刻的场景：有"车来了！"的兴奋，有汽车的喇叭声，有招呼站内的欢呼……只寥寥数语，场景就栩栩如生地展现在了读者眼前。

（四）设问式导语

设问式导语是用设问的修辞方式突出新闻主题、引发读者思考的一种导语形式，是叙述式导语的一种变体。为避免平铺直叙而采取设问句式，不仅使导语跌宕有势，而且会使读者产生"必欲穷其究竟而后快"的阅读兴趣。设问式导语一般是边问边答，也有的是只在导语中提问，在主体或结尾部分作答。

例如：

2024 年电影暑期档持续"上新"

烈日炎炎，何不来清凉的影院享受一场视听盛宴？近日，记者走访北京市区的多家影院看到，琳琅满目的新片海报遍布影院大厅，精彩的预告短片滚动播放，高热度影片吸引观众前来观看。

人民网这个导语，用设问的修辞手法，吸引读者的注意。新闻核心事实在问句后提出，具有可阅读性。

（五）评论式导语

评论式导语又称"评述式导语"或"议论式导语"，是叙议结合、虚实相生的一种导语形式。一般说来，导语写作应尽量避免发议论，但有些报道新事物或典型经验、重大事件的新闻，其意义不易被读者迅速理解，在这种情况下，加一些画龙点睛的评议是必要的。

例如：

40 强赛战胜菲律宾队赢得出线主动权　拿下关键战国足很硬气

经历了有惊无险的 90 分钟，北京时间 6 月 8 日凌晨，在 2022 年卡塔尔世界杯亚洲区预选赛 40 强赛 A 组的比赛中，中国男足国家队以 2∶0 击败菲律宾队，在移师阿联酋的首场比赛中取得了胜利。

《人民日报》（海外版）的这条消息导语在叙述新闻事实的同时，也对报道的人物或事件做出评论。这样做既突出新闻的意义、升华新闻的主题，又起到了引导舆论的作用。

二、导语的制作要求

导语要求把最新的事态发展、最引起广大读者关注的重要事实，用最简洁明快的新闻语言，在新闻的开头告诉读者，以"唤起阅者注意，使阅者脑子里先得一个总的概念，不得不继续看下去"。

导语写作需要遵循以下几方面的要求：

（1）新闻要求能够迅速、及时、全面地呈现整个事件的发展历程，因此在导语中必须突出最新鲜的事实，突出距报道时间最近的时间概念。这样写的好处是能够变从"头"写起为从"新"写起，把新闻写新，把新闻的节奏加快。

（2）新闻导语要用经过提炼的、简洁精彩的文字表达最主要、最新鲜或富有趣味的事实，做到简明扼要，突出通篇新闻的中心思想，把握住事物特点，从而起到提纲挈领的作用。

（3）新闻导语语言要形象化。在导语中要抓住事物的特征，截取新鲜的画面，也要讲究表现的角度。可以形象生动有力地描绘重大的历史性的场景，使读者印象深刻。再就是抓住最能体现事实本质的形象，既具有深刻的内涵，同时也很有力量。描述式导语就能很好地体现出新闻导语的形象性。

（4）新闻导语要创新，不能墨守成规。导语用事实说话，叙事要不落窠臼，有创新的追求。经过一百多年的演变，业界已形成了一些公认的基本要求和规范。俗套的表达往往会使本来具有新意的新闻事实变得索然无味，达不到应有的传播效果，因而在导语写作上要敢于创新。新闻导语讲究出语不凡，尤其是导语开头的那几个字，一语定意，对于整个新闻导语乃至整篇消息影响巨大，不能忽视。

三、融合新闻导语的创作策略

在融合时代下，导语依然是一篇新闻报道的重要组成部分。首先这是新媒体时代的必然要求。当今的受众被各类信息包围，报纸、杂志、电视、广播、各种资讯类 App、各类自媒体账号、社交软件……超载的信息让用户变得更加浮躁，很少有用户能够将一篇几千字的文章从头到尾阅读完毕。导语起到的作用是概括全文大意，帮助用户迅速理清时间脉络，节省阅读时间。相反，一旦导语没有勾起用户的兴趣，用户就会迅速选择退出。

（一）言之有物，重在新闻事实

简明扼要地概括出新闻中最新鲜、最具特点的事实，是导语写作的要求。

例如：

大庆发现超大陆相页岩油田

导语一：今天，大庆油田宣布：古龙页岩油勘探获得重大战略突破，发现了预测地质储量超过 10 亿吨的超大陆相页岩油田。

导语二：据中央广播电视总台中国之声《新闻和报纸摘要》报道，大庆油田 25 日宣布：大庆油田古龙页岩油勘探取得重大战略性突破，发现了预测地质储量 12.68 亿吨的超大陆相页岩油田，对于保障国家能源安全、推动页岩油气产业发展具有重要意义。

导语三：中新网大庆 8 月 25 日电 (闫婷婷 记者 史轶夫)中国石油 25 日发布消息，中国石油大庆油田不断深化页岩油地质认识，破解工程技术瓶颈，实现松辽盆地陆相页岩油重大战略性突破，大庆古龙页岩油将成为大庆百年油田建设的重要战略资源。

这三个导语有效地传达了大庆油田发现超大陆相页岩油田这一重要新闻的核心信息。导语一以简洁明了的方式吸引读者；导语二提供了具体的预测地质储量数字，指出了这一发现对于国家能源安全和产业发展的意义；导语三突出了中国石油在页岩油地质认识和技术工程上的深化和突破。

例如：

黄河"地上悬河"历史正在被改写　二十一年调水调沙使下游主河槽下切3.1米

导语：本报北京12月28日电（记者马姗姗、谢文、邢宇皓）记者从水利部获悉，最新数据表明：调水调沙实施21年来，黄河下游主河槽平均下切已达3.1米。也就是说，随着调水调沙持续实施，黄河"地上悬河"的历史正在被改写！

这则导语的信息量很大，数据运用得当，强调了这一成果对黄河治理和历史的影响，增加了新闻的深度和重要性，使得新闻报道既具有信息价值，又能够吸引读者的注意力。

例如：

"48万封来信"研究项目在我省启动

导语：60年，48万封来信，因为一个人，因为感动，因为崇敬，更因一份共同的信仰！今年是雷锋同志牺牲60周年，2月27日，记者从有关方面获悉，一个名为"48万封来信"的研究项目已经在我省启动。这是对60年来雷锋班收到的48万封来信的首次系统性挖掘、整理和研究，其成果必将为雷锋精神的研究开拓出一方崭新阵地，对新时代弘扬、传承雷锋精神发挥重要作用、产生重要影响。

这则导语除了新闻要素齐备外，突出的特点是使用了富有感染力的语言，如"感动""崇敬"等词汇。感叹号的使用也增强了语言的表现力。

（二）导语要凝练、简洁

融合新闻制作导语时并非完全按照传统的导语格式一板一眼地叙述，由于媒介终端的不同特性以及注意力的稀缺，比如微信公众号平台消息通常不在封面上标注导语，导语与标题相融合。在网络上，评论、特稿等长篇报道、深度报道往往会在标题下加注一句概括性的导语。这些导语往往以概括事实、调动受众情感以及激发读者阅读兴趣为目的，惜字如金。

例如：

一名高中生充钱观看色情直播牵出千万大案

导语一：这几年，网络视频直播发展火爆，产生了一大批网络直播平台和专职的网络主播。中国互联网络信息中心发布的第41次《中国互联网络发展统计报告》显示……不过，网络直播也成为当前网络违法犯罪的新平台，一些低俗、恶俗信息借助网络直播平台快速传播，更有人利用平台组织淫秽色情表演、传播淫秽物品攫取暴利。网络直播环境需要得到净化。从今年年初开始，全省公安机关组织开展了为期一年的网上秩序整治专项行动，打击网络传播淫秽物品、网络组织淫秽表演等违法犯罪和整治网络直播平台作为专项重点工作之一。

导语二：违法直播之所以不断涌现，是因为技术上很容易搭建，钱来得快，一些涉黄视频甚至都抓取自其他涉黄直播平台，而涉世未深的少年却偷拿家里的钱进行打赏。

导语一将无关的背景材料大量堆叠在新闻最为重要的导语之中，冗余信息过多。而导语二只用了70个字，就把新闻的主要内容概括完备。

微信公众号平台的消息是由微信公众号名称+封面导图+标题+导语的矩形图呈现的，空间非常有限。如果要标注导语，必须要非常简洁，才能保证句子的完整呈现，同时这些导语又必须具有很高的概括性，要能很好地传达出文章的深意。

例如：

标题：哈哈哈！没想到这届奥运会连这个都统计到了

导语：在巴黎奥运会闭幕式致辞上

一项新的纪录被提及

那就是

本届奥运会创下了

最多的

求！婚！次！数！

（三个爱心符号）

这个导语在形式上具有创新，用提行形式将新闻的核心要义表现出来。

（三）导语要善于叙事

对新闻人物、现场或个性化的细节进行简洁而有特点的描绘，使人有如见其人、身临其境的感觉。其特点是，开头即出现画面、出现镜头，具有可视可感的效果。

例如：

标题：加大扶持力度创新发展模式 贵州夯实乡村振兴产业基础

导语：架好设备，调好灯光，贵州织金县猫场镇皂角产业园里，"90后"姚技雨准备开始今天的网络销售直播了。她销售的香糯润口的"皂角米"，很受消费者欢迎。

例如：

标题：23年圆梦，福建晋江水流进金门

导语："来水了！来水了！"5日上午，随着来自福建晋江、穿越约28公里陆海输水管道的碧水，在金门田埔水库喷涌而入，3000多名围观的当地欢呼雀跃。

例如：

标题：从"第一"到"第一"7本火车驾驶证见证"中国速度"

导语：70年前的今天，在李国方的记忆里是模糊的，但在中国铁路史上，却无比清晰。

那是1952年7月1日，新中国成立后建成的第一条铁路——成渝铁路通车，他的父亲李鸿升拉响了首班列车的第一声汽笛。3岁的他，被大哥抱去现场观看。

此后70年间，李国方和他的儿子，先后也成了火车司机。祖孙三代司机收藏的7本火车驾驶证成了"传家宝"，它们见证了中国铁路从时速40公里到350公里的飞跃，也见证了中国铁路多个"第一"的进阶之路。

导语中的"70年前的今天"设定了一个清晰的时间框架，并提示读者这是对70年前事件的一次回顾；通过李国方的模糊记忆引出成渝铁路通车这一重大事件，使个人经历与国家历史紧密相连，增强了故事的感染力；文中描述成渝铁路的历史地位和速度的飞跃，强调了这一事件在中国铁路史上的里程碑意义；运用"传家宝"和"多个'第一'的进阶之路"这样的表述方式，让读者想要了解更多关于这个家庭和铁路发展的故事，并为后续报道奠定了基础。

第三节　微博短新闻

　　微博是微博客的简称，文字内容发布限制在 140 个字以内，是一种通过关注机制分享信息的广播式社交网络平台。其实质是"即时信息流"。微博以信息内容的简短精炼为主要特征，它的普及使人人都有了发声的机会。我们不仅仅是信息的被动接收者，而且是信息的主动发布者。作为一个跨媒体的传播工具和信息发布平台，微博时效性强，加之它具有评论和转发功能，能在极短的时间内实现裂变式传播。

　　微博自身所具有的这些特点，使得它很快就成为传统媒体的宠儿。以"央视新闻"为例，2012 年 11 月 1 日，中央电视台新闻中心官方微博"@央视新闻"正式登录新浪网（如图 8-1 所示）。依靠央视强大的新闻采集能力和快速响应能力，央视新闻中心通过微博这一高效的新兴传播渠道，以即时新闻、独家报道为特色，与更多网友分享优质的实时信息、新闻资讯、观点评论等，并将网络舆情及时反馈到电视节目中，进一步拓展央视新闻的传播渠道，扩大影响力，拉近公众与新闻事实的距离。目前，几乎所有的主流媒体都在微博上开设了自己的专属官号。

图 8-1　央视新闻微博账号

　　在转移到新阵地后，传统媒体势必要根据平台特色来调整自己的编辑策略。首先，由于微博的即时性很强，一些重大突发消息几乎都会在微博上第一时间发布，再加上"粉丝"的裂变传播，能够使消息在短时间内迅速扩散，大大扩展了传播范围。

　　由于最初微博是限制 140 字的发布字数的，尽管现在已经取消了这一规定，但人们似乎已经习惯了这种简短的消息发送方式。我们在微博上常常看到一些短视频新闻和带图片的短新闻。因为微博用户习惯了碎片化的信息浏览，一些长新闻往往转移到微信公众号和客户端上发布。故媒体常常选择将一些简短的一句话新闻或者长新闻的开头（导语和第一段）发布在微博上，并在末尾附上微信公众号或客户端链接，引导受众跨平台阅读全文，这样也能促进自身其他平台的浏览量。

　　此外，微博平台上发布有各类话题，媒体在发布新闻时往往会在开头发布"#……#"的相关话题（如图 8-2 所示）。话题相当于一个独立的流量池，其中会汇聚任何带有该话题的新闻报道，从而实现相关信息的聚拢、舆论声量的扩大。当话题热度不断上升时，便会进入微博实时热搜榜排名，从而获得更高的曝光度，因此微博新闻带话题几乎是一个必需的准则了。

图 8-2　央视新闻微博话题

第四节　微信公众号新闻

微信是腾讯公司 2011 年 1 月 21 日推出的一款以语音交流为主的即时通信软件,截至 2013 年 11 月,微信注册用户量已经超过 6 亿。这一数字在将近三年的时间里增长惊人。微信公众平台是一个自媒体平台,是腾讯公司在微信的基础上新增的功能模块。通过这一平台,个人和企业都能打造一个微信公众号,可以群发文字、图片、语音、视频内容。公众平台将信息内容快速发送到订阅用户的微信上。这种传播方式是一对多的,特殊情况下,公众平台还可以与订阅用户进行一对一的交流。同时,微信公众平台支持自动回复功能,用户可以根据订阅号发来的关键字进行回复,得到想要了解的内容,具有方便快捷、智能化、即时性的特点。

2013 年 4 月 1 日,"央视新闻"官方微信正式上线,经过"央视新闻"公众账号编辑团队的多次调整,最终形成了目前"早晚推送精选新闻图文专题,随时推送重大突发新闻独家资源,以图文素材为主,注重多媒体搭配"的推送模式。随着"央视新闻"微信公众账号影响力的不断扩大,每日推送的新闻次数也随之增加。每逢节日,官方微信还会与订阅用户进行互动,如央视新闻频道主持人发表对节日的感想和感悟,以语音的形式分享给大家。在没有突发事件发生时,"央视新闻"官方微信平台每天早、中、晚向订阅用户各发送一版图文新闻信息,内容涉及重大新闻事件和热点话题等。

从图 8-3 我们可以看到,微信公众号是对新闻进行分栏收录的,包括"主播说联播""夜读""正直播"等。除了日常重大新闻的直接推送,央视新闻还另外开办了自己的特色栏目。各栏目的新闻资讯都有自己独特的定位,如"主播说联播"是央视著名主持人以短视频形式将当天发生的重大事件和热点新闻,以年轻人喜闻乐见的通俗形式来传达,并发出主流声音;"夜读"是在每天 22 时许推送一期走心的人文作品,以时下新闻为切入点,以散文、随笔、诗词、诗歌、新闻故事、演讲、传记手记等丰富多变的文艺作品揭示主题,主打央视主持人朗读,辅以相宜的配乐优选的配图,使读者在睡前享受到集视觉享受、听觉享受与精神享受于一体的优秀作品；"正直播"则是对一些较大型的事件进行现场直播，用户可以在该栏目中实时收看事件或者赛事发展的最新情况。

微信公众号平台能够承载不同类型的新闻内容，包括文字、图片、音频、视频、动画、H5 等，因此微信公众号上的新闻更加丰富多彩。同样一篇新闻，在微博上可能只是采用文字图片简单叙述，在微信公众号上则可能以视频解说、H5 互动的形式呈现。这也要求微信公众号平台的编辑具备创作各种类型新闻的能力。然而由于微信公众号推文是在手机屏幕上呈现的，一些时政性不强的、比较轻松接地气的新闻往往采用短句居中排列的形式，并配上各种与文意相符的配图，使读者阅读起来轻松愉悦，同时增加其阅读兴趣。而那些时政性较强的新闻也不宜以纯文字形式作长篇大论，还是应当尽量精简文字，同时加入多种形式的新闻素材，以吸引读者的注意。

图 8-3　央视新闻公众号主页面

第五节　平台长新闻

在这个信息爆炸的时代，注意力是稀缺资源，媒体要聚拢用户注意，实现一站式的新闻资讯平台，帮助用户不必在各个平台间切换，而是在一个平台获取所需信息，这就催生了新闻聚合平台。

新闻聚合就是运用先进的技术手段如大数据分析、云计算等，将不同渠道、不同平台上的新闻内容挑选出来，进一步筛选、审核、加工之后聚集在一个全新的网络平台上，针对不同用户的需求，提供个性化、分众化、垂直化的信息产品服务。

新技术成为聚合新闻客户端发展的根本驱动，为其整合提供根本支撑。它兼具内容生产与发布两大功能，依托云计算、大数据等技术，每一个平台都可以对受众行为进行分析，并能及时根据相关数据进行个性化内容的推送。"今日头条""一点资讯""BuzzFeed"等是典型的聚合新闻客户端。

对于读者来说，聚合新闻有助于节约时间，快捷地获取关于复杂主题的摘要信息，从而满足不同读者的个性化需求。对于新闻发布者来说，聚合新闻的生产成本低、速度快，因此各大新闻媒体纷纷打造自己的新闻平台，实现用户流量的内部流动，提高用户黏性，提升品牌知名度。

以澎湃新闻为例，它是一个以原创新闻为主的全媒体新闻资讯平台，拥有超过 400 名记者与编辑，通过图文、视频、VR、动画等全媒体新型传播方式的综合运用，为中国互联网用户生产、聚合优质时政思想财经文化类内容，并迅速成长为中国媒体融合发展的领跑者之一。由于澎湃新闻客户端内容聚集，页面精简，且 App 功能强大，能够呈现各种形式的新闻信息，再加上一站式的资讯提供，能够长效留住用户的注意力，因此平台新闻有篇幅较长、视频化、社交化、个性化等特点。

首先，由于平台能够营造出一个帮助用户集中注意力的阅读环境，所以一些长篇深度报道往往被置于客户端上。这些长新闻的写作可以不必像消息那样简略，除了将关键信息表达清楚外，长新闻更重要的是拓宽用户的认知视野，将事件发生的来龙去脉梳理清楚，将事件背后的本质原因剖析深刻，再针对此事件做出中肯的评价，在无形之中帮助用户吸纳主流积极的价值观，同时自发地采取行为去维护或更改这一现象。因此长新闻的写作一定要条理清晰，逻辑缜密。叙事时要讲清楚事情的起因、经过、结果，并配上来源可靠的相关新闻图片；挖掘本质时要以小见大，并采用通俗易懂的语言，尽可能简单地将事情说明白，若事件过于复杂或是文字很难描述清楚，可以采取可视化图表帮助读者理解；发出号召时，应尽量使用平易近人的语言，拉近与读者之间的心理距离，也能更好地将价值观渗透给读者。

其次，由于平台能够稳定地承载输出视频新闻，因此视频新闻的创作也应当受到重视。视频新闻的文本编辑应当尽可能简略，用一句话概括，但这句话既要能概括视频大意，又要能调动起读者点开视频观看的兴趣，所以很多编辑在处理这一部分内容时会采用"话说半截"来设下悬念；对一些公众关注的健康知识则采用专家的话语和带有数据的信息来作为文本内容；对于一些原本新闻价值就很高、属于全民关注的重大事件，往往只需要精简地写出新闻六要素即可，因为事件本身的重要程度决定了其必然会获得很高的点击量。

无论是新媒体还是旧媒体，文章内容的好坏其实都决定了这篇作品的成败。在时代转换的节点，在新技术飞速发展的今天，新闻业的发展已经日新月异，也对新闻工作者提出了更高的要求。为了不被时代淘汰，我们自然要根据不同技术、不同终端的特性来不断更新改良自己的编辑能力，以生产出更符合时代需要、更贴近读者兴趣的作品。

第九章　融合新闻中的多媒介编辑

第一节　图片及图表编辑

一、图片编辑

融合新闻中图片及信息图表编辑的重要性和方法现在显得尤其突出。图片编辑强调了保证画面质量、拍摄真实自然、突出版面主题以及充分发掘图片和图表的作用。信息图表编辑则着重于将复杂信息视觉化，以直观、简洁的方式引导读者关注和思考。这些内容不仅提高了新闻报道的质量和吸引力，也加强了与读者的互动和参与度。

（一）保证画面质量

在新闻摄影中，图片编辑需要注意保持较高的画面质量。良好的画面质量是优秀新闻报道的重要载体，它可以保证信息的准确传递。一般来说，如果画面质量较差，非常容易导致呈现时产生信息模糊，使观看效果大打折扣。随着技术的进步和人们对摄影要求的提升，图片的画面质量已经基本能够保证，但是对于一些老旧照片来说，依然具有一定的难度。因此，使用老旧照片需更加注意保证图片的质量。

（二）拍摄真实自然，消除主观因素的影响

在新闻摄影的过程中，人们要保证图片真实自然，能够真实、准确地反映所要表达的新闻内容。对于同一个场景，为了保证图片的真实性和观赏性，摄影师一般会拍摄数量较多的图片，事后对这些图片进行筛选和使用。其间，不仅要保证图片的质量，还要选择与新闻报道内容有紧密联系、满足审美要求的图片。随着人们对新闻报道要求的提高，新闻照片的视觉表现力已经成为新闻报道的新标准，它决定了新闻图片吸引眼球的程度。

摄影师的主观因素也是影响图片质量的重要方面，不同的摄影师对新闻报道主题的理解是不同的，并且报道的侧重点也不一样，这使得后期图片选择具有一定的差异。摄影师会选择自身花费较大精力来拍摄的图片，对图片的选择受摄影师个人喜好的影响较大。从新闻传播的角度来说，图片的选择和编辑必须保证真实性和及时性，然后向大众传递新闻内容。这就需要专业团队对图片进行选择和处理，排除摄影师主观因素对图片选择的影响。

（三）突出版面主题

图片的版面安排是影响新闻报道的重要因素，图片与文字的有效结合能够提高图片的观赏效果，使得图片更加吸引人们的注意。一般来说，有效的安排能够节约新闻报道的版面，提高版面利用率。图片的版面安排需要注意：不一定每一张图片都能上版，有些图片经过筛选后不可以用于新闻报道，因此人们需要根据新闻报道的情况，结合图片的质量和内容来选择合适的图片。图片选择方面，图片与新闻报道的主题要具有较强的联系，同时能够简单明了地体现新闻报道的内容，节省人们的阅读时间。除此之外，人们还需要对新闻照片进行分

类，使得不同图片之间具有一定的联系。因为版面问题，图片的使用有具体的要求，人们需要结合新闻报道内容来选择合适的图片，使得报道的主题能够更加突出。

新闻摄影图片都有一定的意义，能够补充和解释文字报道，引导读者阅读。因此，在图片的使用和排版过程中，人们需要充分考量，保证每一张图片的信息传递都清晰可辨，同时要在版式上进行图片整合，突出重点，吸引观者，达到1+1>2的整体效果。

（四）充分发掘摄影图片以及图表的作用

新闻报道对图片有较高的编辑要求，编辑需要结合新闻报道的内容，从整体构思和局部排版出发，选择合适的照片进行报道。摄影图片犹如影视作品中的演员一样，都有其存在的意义与价值。因此，在对图片进行编辑时，编辑需要考虑不同图片出现的方式和时机，通过使用图片来提高新闻报道的作用。例如，可以通过叙事手法来加强图片编辑，打破时间和空间对照片的限制。一般来说，编辑可以使用黑白相间或者不同尺寸图片相结合的方式，扩大新闻报道的社会作用。在对摄影图片进行编辑的过程中，编辑要注意图片数量，一般来说，摄影图片的数量需要与文字相结合，既要满足新闻报道对图片的需要，又不能影响读者的阅读，所以摄影图片的数量需要适当。主题图片要有效抓住读者的眼球，让读者能够联想到下文中所要描述的新闻内容，引起读者对事件的兴趣。主题图片还要给予读者强烈的视觉冲击和震撼，因此编辑需要选择最能体现新闻价值的图片。在对摄影图片进行编辑的过程中，要注意图片的大小和数量等，主题图片要在版面上被给予最大的面积或最重要的位置。

在新闻摄影的过程中，图片编辑需要满足新闻报道的要求。编辑要从真实性、视觉表现力以及图片质量等方面入手，结合新闻报道的内容和实际情况，选择最有信息价值、视觉效果较好的图片，使得每一张图片都具有一定的意义，彰显新闻报道的价值与作用。

1. 图片要有视觉感染力、冲击力

读者在了解图片新闻信息时，会对图片产生深刻的印象。新闻图片一般都是对事件发生的某个瞬间进行拍摄，但是同一个事件中，记者绝不会只拍摄一张照片，在进行照片选择时，新闻编辑者一般会侧重使用最具有代表性的、最生动的、最有特征的、最能说明问题、最能表达信息的图片作为新闻编辑素材，因为这样的图片可以阻止读者对新闻内容产生浮想联翩的构思，从而避免新闻传播失实的情况。感染力强的图片可以使真实的新闻事件广泛传播，让读者受到强烈的视觉冲击，直观地判断出新闻事件的真实性。

2. 新闻性高于艺术性

新闻图片首先是新闻，其次才是图片，因此新闻性是新闻中较为重要的。新闻性是报刊中最为基础的特点，它的核心是科学而真实、准确而生动，它不像文学作品一样追求读者的需求和注重作者心理变形的艺术真实。在新闻图片中，新闻性都普遍高于艺术性，因为一则新闻如果缺乏真实的素材、科学的依据、准确的信息，就仅仅剩下一个空壳而已，即使描写得再生动，也只是一个光鲜亮丽的花瓶，失去了自己原有的价值，便与平凡的文学作品无异，甚至有可能连文学作品中的艺术性都达不到，没落于迅速发展的信息时代中。当然，新闻图片的编辑也不可以放弃它该有的艺术性，使其内容枯燥无味而难以吸引读者。

3. 最大化承载信息量

其实一张图片无论多么生动、如何具有特点，它都只是新闻事件的一个瞬间而已。图片不能使读者对新闻事件完整地了解。在这一方面，它与新闻视频、音频和直播相比都有一定的局限性。图片最大的信息承载量都不一定达到其他方式的 1/10，因此，这就要求记者在对事件进行拍摄时选择合适的角度，让读者能够在图片中读取到他们想要的信息，并且在进行新闻编辑时，也应该将图片中蕴含的信息做最大化表达。

二、信息图表的编辑

信息图表的一个主要功能就是将原本复杂冗余的文字信息变为象形符号，以视觉的方式来引导读者的关注和思考。即便是在新技术不断涌现的今天，信息图表作为信息的萃取和精炼的一种方式，仍对新闻工作者提出了较高的专业要求。

在一起飞机失事的报道中，网络媒体在第一时间跟进事态的发展，主动挖掘信息，展开实时的信息播报，并对碎片化信息进行专业、深度的整合，在事件的舆论场中发挥了重要作用与影响。

以下主要将信息图表放置在突发灾难报道的视角下，按照"是什么""为什么""怎么办"的逻辑分析媒体对信息图表的使用，并揭示信息图表的相关功用和价值。

（一）是什么——展现事件大背景

事件发生后，如何快速清晰地让读者了解事件的大致经过成为制作融合新闻的最基本、最紧急的要求。在这方面，地图和时间轴成为普遍使用的工具。制作的信息图表，既可以通过地图展示航班路径、雷达覆盖范围，同时也可以通过时间轴的方式，展现出重要时间节点上发生的事情。

网络内容的井喷式增长导致了读者对简洁、直观界面的需求。海量信息并没有带来人们信息阅读量的增长，相反却有可能使人们陷入信息迷雾之中，影响人们对信息的接受。地图和时间轴以简洁、直观的界面，呈现了复杂的新闻信息，有利于解决信息增长与有限的阅读能力之间的矛盾。另外，这两种手段有利于克服地理上、时间上的点状报道带来的碎片感，可以将其整合以突出重要的信息动态，获得较为完整的线索。最后，读者较容易接受这种新颖、趣味的信息展现形式。只需点击，就能看到地图上的动画、文字等信息，有利于增加互动性与体验性。统计数据和地理信息在地图上的直接表达是地图在融合新闻里最基本的应用。这种表现方式以地图本身为核心，通过在地图上添加点、线和色块来展示信息和数据，最大限度发挥地图简洁直观的特点。此外，融合新闻中的地图往往需要经过针对报道内容的选择和优化，地图上呈现的区域、符号、标签与传统地图不尽相同，这都是为报道内容服务的。在这样的事件性新闻中，时间轴可以追踪事件的发展过程，回顾事件整体的脉络，满足网民对事件来龙去脉、发展历程的信息需求。此外，该事件有一定延展性，会不断有新的变动发生。较长的时间跨度，也为编辑时间线提供了较大空间。

（二）为什么——主体内容介绍

在了解事件发生的时间、地点之后，读者对事件主体的信息有了进一步要求：为什么飞机会坠毁？什么是黑盒子？黑盒子是如何运作的？……这就让解析事件主体的结构图表有了用武之地。比如，可以制作一系列结构图，从各方面剖析这架飞机可能与失事相关的构造。

结构图可以说明黑匣子外观、位置、与中控室的距离。多张类似的结构图在此专题中依次呈现，用图画和文字展示了飞机的应急措施。即使是对飞机构造不甚明了的人们也能理解危机来临时，此类型的飞机会如何应对。

结构图表设计的主旨是将信息有效地传递。一方面，结构图表通过在读者脑海中建立起形象，可以快速、有效、吸引人地进行信息传播。与照片一样，结构图表可以让人直观地了解整个景象和事件，同时又可以包含数字的概念，显示事件的发展过程；另一方面，它不仅仅是对可见或非可见信息的简单呈现，还包括建立信息之间联系的过程。结构图表的展示可以从飞机，到黑匣子，再到黑匣子的记忆区，最后到包括整体上对卫星信号的处理过程。

面对数字信息技术的快速发展，"跨界"设计一词在现代社会中出现得越来越频繁。面对新技术、新媒体、新工具和新的受众需求，设计结构图表需要整合多种学科的专业内容，也需要掌握各种不同的专业技能。在这样的背景下，结构图表设计往往跨越文理两大学科，成为一项团队作业，而不仅仅是平面设计师之间的合作或"孤军奋战"。

在当前的融合新闻中，结构图表的运用揭示了信息、设计和科技之间"联姻"的潜力，激励了不同领域专家的积极合作，最终创造出更具功能性甚至更意味深长的传播体验。

（三）怎么办——展现开放互动状态

类似于人人可参与编辑的维基技术，地图也形成了一种面向社群的协作式探索。某家卫星地图众包平台，旨在通过众包的力量分析卫星图像，进而帮助人们更好地认识自己所处的世界。其运作逻辑是让成千上万的志愿者们通过卫星图片来解决现实中的问题。在每天由卫星生成的地球图片中，团队会选择标记出图片中重要的地理位置，以供志愿者们进一步探索。用户看图片找可疑地点，当一个点被标记次数够多，就会被送给专家去进行细致分析。

该案例中，疑似飞机坠毁地、有大量水面浮油的区域等都是被标记较多的区域。卫星地图众包平台为愿意参与寻找失联航班的普通民众提供了一个简单的交流工具，达到共享知识的目的。与其他需要大量专业人士参与其中的寻找方式相比，卫星地图众包平台拥有使用方便、开放的特点，可以看作众包模式在新闻报道领域的一种实现方式。

众包是一种新的商业模式，即企业利用互联网将工作分配出去，以发现创意或解决问题。众包的一个中心理念是：比起最具才华最专业的员工，数量庞大而多样化的劳动力群体总是能提出更好的解决方案。这个概念后来对互联网商业组织的发展模式产生了广泛影响，新闻传播业当然也不例外。众包调查新闻其实就是利用大众的智慧和力量，集体完成一个新闻调查计划。

在新闻内容呈现方面，融合新闻能用最合适的媒体形式报道相应的内容。在开放、互动方面，融合新闻与众包是相通的。在本例中，一方面，让感兴趣的读者一起参与到寻找失联航班的活动中增强了融合新闻的互动属性，吸引读者参与阅读；另一方面，一位用户产生的内容能够为其他用户提供借鉴，共同扩展融合新闻内容的深度与广度。

第二节　音/视频编辑

一、遵循"内容为强制性"的基本原则

在规范的短视频新闻中，有很多过时的表现形式，只有不断改进才能在激烈的竞争环境中博得用户欢迎。可以特别改进以下几个方面：第一，将短视频与生活环境相结合。短视频由于时间短，特别适合从微观角度展示新闻素材，而这些短视频内容更贴近人们的现实生活，能够有效地拉近新闻与观众的心理距离。第二，将重点放在大众身上，信息是以人为本的信息，短视频新闻的编辑也要严格遵照这一原则，从而让用户对新闻内容进行关注，给用户留下深刻印象。

二、引进新技术，建立新的生产体系

一是利用移动终端采集新闻数据，结合新装备进行采访，借助广泛普及的移动互联网和智能手机，充分利用媒体功能，接入广泛的信息收集和传播渠道，实现新闻信息内容的拓展，同时通过引进 VR 全景相机、无人机等先进的调查手段，增加采访范围和深度。二是要努力把"两微一端"融入新闻体系。"两微一端"是指微博、微信和手机客户端。我国的新闻短视频媒体需要充分运用这些平台对新闻信息进行传播，创作传播力更加强大的短视频。此外，国内一些大型的互联网平台在内容传播中具有非常大的优势，可以运用智能算法，对用户的信息浏览习惯以及偏好进行分析。

三、优化人工生产

第一，对新闻内容的选题进行优化，以新闻价值为中心，明确新闻选题的标准。

网络时代，媒体需要形成以用户为中心的理念，转变信息传播的方式，充分满足人们的需求。新闻编辑对事件主题的选择也需要与社会公共生活以及人民的需求有效结合，从公众的视角，展示最真实的事件。

第二，扩大新闻材料的界限，寻求以新闻为基础的更广泛的政治、经济和文化内容。在编辑短片新闻的过程中，记者要关注国内外的重要时事并及时报道，让公众了解。

第三，在内容编辑器中，应推敲标题、细化字数、突出内容等，有效激发人们的好奇心，引起人们对新闻的关注。

第四，视图必须与移动终端兼容。例如，要格式化播放，可以使用移动"播放图像"突出显示视频和实时图像，也可以呈现给观众，使其获得更加直观的体验。

四、UGC 视频材料的开发

UGC 内容是新媒体用户自己拍摄的具有非常强的个性化特点的新闻短片，有非常强的原创性。随着现代社会的发展，智能手机普及以及摄影效率提升，在许多紧急情况下，人们用手机拍摄照片，并直接传送到网上。短视频新闻内容非常丰富，第一时间还原了新闻场景，

更能吸引受众。UGC 视频内容是新闻视频内容的重要来源。

（一）立足于真实，严谨客观编辑

新闻短视频的素材从现场采集或网络获取到后期视频编辑，涉及信息数据的采集、传送、加工与处理分析等多个环节，其复杂程度和链条延伸度都要求编辑更加严谨、认真，确保每个环节没有疏漏或错误。新闻最大的特点是真实性。新闻短视频编辑要注重对信息来源、图片或网络视频来源的真实性进行判断，要确保信息不存在伪造、虚假等方面的问题。同时，在信息处理编辑过程中要严格把握流程，确保不存在失误、错误的问题，譬如字幕错字、少字等。在编辑新闻短视频内容时，应当以谨慎客观的态度进行，要遵循事实，不要因为情感而有所偏颇，失去公平客观性。

（二）掌握知识方法，提高技能水平

新闻短视频发展迅猛，许多媒体或个人涌入社交平台，致使新闻传播存在同质现象。新媒体时代的快速发展，许多媒体编辑从文字编辑转变为新闻视频编辑，在镜头利用、视频节奏的掌握以及文字提示的运用方面存在不足。主流媒体进入新闻短视频领域为时尚短，存在优质内容缺乏、视频形式不生动等缺陷。因此，要注重新闻短视频编辑人才的培养，尤其是知识和技能的培训，包括对于视频、音频、文字如何协调搭配，新闻素材故事怎样解释，从而使视频动画和新闻故事能够严谨流畅地表现在新闻短视频中，提升新闻短视频的质量。新闻短视频编辑要注重素材的时效性和真实性，多运用文字与镜头和视觉冲突等技巧，在几秒内吸引用户注意力，使新闻短视频主旨明确，更符合大众兴趣，这就要求编辑多方面获取信息。

第三节　链接编辑

一、超链接的定义

超链接是指文本中的词、短语、符号、图像、声音剪辑或影视剪辑之间的链接，或者与其他的文件、超文本文件之间的链接，也称为"热链接"，或者称为"超文本链接"。词、短语、符号、图像、声音剪辑、影视剪辑和其他文件通常被称为对象或文档元素，因此超链接是对象之间或者文档元素之间的链接。建立互相链接的这些对象不受空间位置的限制，它们可以在同一个文件内，也可以在不同的文件之间，也可以通过网络与世界上的任何一台联网计算机上的文件建立链接关系。网络新闻的写作形式，就建立在超文本这一核心技术思想之上。超文本的技术核心是超链接，人们用链接来描述计算机中文件的组织方法，并把这种方法组织的文本称为"超文本"。超链接的使用，既是一种技术手段，也是一种新的写作思维方式。

二、融合新闻编辑中怎样运用超链接

（一）超链接的方式

超链接的方式主要包括两种——文中链接和文尾链接。文中链接是指为文章当中出现的关键词语或句子做链接；文尾链接是指在文章结束的地方重新开辟空间，以参考文献的形式罗

列相关文件的标题并予以链接处理。

（二）分层表达，立体展现

传统媒体都是以线性结构传达信息，网络媒体则打破了新闻文本的线性结构。利用超链接技术，网络新闻可以采用分层写作的方式，立体地展现新闻信息。

把最关键的新闻信息写在第一个层次，更为详细的相关信息写在第二个层次里。第一层次里设置超链接，让读者自己决定是否进入下一个层次阅读更加详细的信息。这样做的好处是既使得新闻报道简洁，又保证了对背景信息的详尽呈现。例如，某新闻报道只是简单地陈述了背景事实，如果网民对相关信息感兴趣，可以点击链接深入阅读。

如果报道持续的时间很长，不妨在每次报道之后做一个"事件进展条"。当网友把光标放在事件进展条的圆点上时，圆点上下会弹出相应的事件进展时间和内容梗概（新闻标题），网友若想了解详细内容，可点击进入阅读。

（三）设置关键词搜索链接

凡是遇到关键词的地方，可以考虑给予搜索引擎链接。用户只要将光标移到关键词上就可以点击链接，阅读更加详细的信息。关键词搜索链接便于用户轻松、快捷地了解详情。

（四）更加广泛的搜索链接

每个用户对关键词的认定和理解都有所不同，每个用户在接收新闻过程中的疑问也会千差万别，新闻工作者有时很难把握所有用户的口味。新闻工作者按照自己的理解，为部分关键词做了链接，但还是会有一些用户认为有的地方需要更加深入地搜寻相关信息。

融合新闻编辑应该考虑用户的这些个性化问题，采取积极有效的手段满足用户的需求。从传媒技术上讲，传统媒体很难解决类似问题，但互联网技术却可以轻松地应对此类问题。可以采用这样的设计思路：用户将有疑问或感兴趣的词语选定，点击鼠标右键，便会弹出搜索对话框，由用户从搜索结果列表里选择适当的页面点击浏览，接收相关信息。

（五）提防死链接

不管采取什么形式的链接，保证链接的有效是最关键的。文中链接、文尾链接等直接对相关文字设置的链接尤其需要注意提防死链接。由于链接的文件被删除等原因，读者在点击链接时，页面不能正常显示，这种情况是需要警惕的。可以通过设置"纠错反馈"功能，让用户及时提供死链接信息，及时予以改正。

（六）基于 SEO 策略的链接技术

从搜索引擎优化的角度考虑，超链接是影响目标页面主题相关性和链接权重的重要因素。超链接表明了源页面对目标页面的肯定，一个超链接代表了一次投票，通过分析页面间的链接关系，搜索引擎能够分析出比较重要的新闻页面。融合新闻编辑在运用超链接技术时应该加强两个方面的操作，一是要高度重视内部链接，二是要积极寻求被外部网站链接。

1. 高度重视内部链接

内部链接是指网站内部页面之间或同一页面不同位置之间的链接。如果能够做内部链接，任何一个新闻媒体通常都不愿意将链接导向外部网站，因为链接导出很可能带来用户注意力的流失。相关链接指向内部页面可以保全用户注意力资源，而从搜索引擎优化的角度看，链接导向内部页面可以增加目标页面的主题相关性和链接权重，有利于提升搜索排名，将更多的用户吸引到本网站上来。

内部链接要求融合媒介平台拥有高质量的报道基础，否则链接指向就会失去实用价值，就不能为用户提供优质新闻服务。从这个意义上讲，内部页面如果可以提供充分的链接保障，那也说明了这个媒介平台具有稳固、优良的新闻传播基础，它应当有一个强大的新闻数据库作为支撑，在长期的新闻报道中能够保持一以贯之的职业操守。链接本身表明了一种信赖关系，一个页面能够被链接，说明这个页面的内容是被对方看重和信任的。链接的内容范围非常广泛，融合媒介平台必须具备足够雄厚的新闻基础，才能够保证链接在内部就可以解决。

另外，搜索引擎对每个融合新闻页面内部链接的数量是有限制的，超过这个数量限制则会受到搜索引擎的惩罚。搜索引擎会忽略这样的新闻页面或忽略超出部分的链接指向页面（目标页面）。有些网页的链接数量限制是100，但对大多数的融合新闻编辑来说，100的数量限制是非常宽容的，一个新闻页面通常不会也没有必要做那么多的超链接。如果用户有疑问，需要对不同的关键词做深入了解，可以采用前文所述"更加广泛的搜索链接"操作方法，选中相关词语重新搜索。

2. 积极寻求外部链接

外部链接是指网站页面与其他网站页面之间的链接关系，寻求外部链接是指融合新闻编辑要争取被更多的外部网站链接。在一定范围之内被更多的外部网站链接，这说明融合新闻编辑能够被更多的网站认可，搜索引擎也会基于这些外部链接的数量和质量来判断其价值，给予更高的评估和更好的搜索排名。

寻求外部链接要比设置内部链接困难得多，内部链接是由融合新闻工作者自己决定的，可操控性强，外部链接却很难操控，别的媒体是否愿意链接你的报道是不容易预料和控制的。

从搜索引擎优化的技术与方法上看，增加外部链接可以利用分类目录、交换链接和使用链接诱饵等方法，但这些方法未必完全适用于具体的融合新闻编辑页面。SEO操作技巧里讲的链接诱饵强调软文、网络广告和共享软件的使用多是针对商业网站采取的一些方法，不能直接照搬到融合新闻编辑上来。

不过，链接诱饵给融合新闻编辑的启发仍然存在，融合新闻编辑用不着费尽心思写软文、做广告，只要把注意力集中到热点新闻、实用资讯上，吸引更多站点的转载和链接就足够了。寻求外部链接更主要的是依赖于内容的权威和吸引力，只有新闻内容做到足够好，才有可能吸引到外部链接。另外，必须注重用户的力量，用户参与创造内容、发表评论意见、分享新闻页面，会将融合新闻编辑外部链接的网不断散开，这是扩大外部链接的有效方法。

（七）链接竞争网站的矛盾

互联网倡导开放的精神，不要害怕链接到外部网站，甚至不要害怕链接到竞争对手的网站上去。不拘泥于自己的网站，本着一种包容的精神看待超链接问题，体现了一种大度、自信的风貌，有利于赢得用户的尊重和新闻业务的长远发展。

很多时候，融合媒介平台运营者担心主动链接了别的网站，会稀释自己页面的PR值（网页排名，Page Rank）。但事实上，PR 值和搜索排名的关系的重要性已经明显下降了。很多搜索引擎注意到了这一问题，改进了算法，给予导出链接价值计算。换言之，如果导出链接做得好，不但不会折损源页面的价值，反而会提升其搜索价值，这是搜索引擎对导出链接的激励，融合媒介平台运营者应该有足够的信心进行导出链接。

融合新闻本身是一个开放的系统，只要需要，就可以把链接延伸到外部网站去。这种做法的出发点是为了方便用户，而不是为了媒体运营者的私利。在运用超链接的时候，不要斤斤计较网站流量，害怕用户跑到别的网站去。如果有为用户服务的精神，完全为了用户体验而设置超链接，从长远看终将会有更大的收获：用户的忠诚和信赖。

第四节　新闻的推送

当今是一个媒介充斥的时代，我们生活在媒介的包围圈中，每天借助媒介了解外部世界的变动信息，并在此基础上建构外部世界的图景。媒介如同一个窗口，透过它，我们认识外部世界，了解外部世界的变动。囿于人类自身的认知能力，我们只能依靠媒介提供的信息来建构外部世界的图景，无论其信息是否如实反映了客观世界的变动。信息推送服务的出现更是在信息的生产和流通过程中加入了一个新的"把关"环节，用户接收到的信息是经过二次过滤的信息。每一次信息加工与处理都是对世界的一种选择和重构。在当前媒介融合背景下，新闻的推送服务对于世界而言类似于一种二次重构。

一、信息推送服务的产生——网络发展的自觉进化

信息时代的到来以及可产生的海量信息让用户遭遇前所未有的选择困境。搜索引擎曾经是帮助人们"大海捞针"的得力助手。随着 Web2.0 时代的到来，用户生产内容，同一信息被稍加改动或不加改动之后大量转载，信息在接连转载过程中悄然变形。同一关键词检索到的数千条信息中含有大量的信息冗余，增加了用户信息选择和信息甄别的难度。用户往往耗时费力，却难以找到真正需要的信息。在这种情况下，信息推送服务应运而生。

信息推送"就是网络公司通过一定的技术标准或协议，从网上的信息源或信息制作商那里获得信息，然后通过固定的频道向用户发送信息的新型的信息传播系统"。信息推送技术并非新兴的互联网技术，1996 年就已出现推送服务。其基本原理是"由推送软件按用户需求搜集信息，当用户联网时将有关信息自动传至用户终端，供用户脱机阅览"。从用户自主搜索"拉出"信息到系统自动"推送"信息给用户是信息传播技术发展的新阶段。信息推送借助于推送软件，以频道、邮件、网页、小信息窗等方式向用户推送定制信息。其推送依据在于用户定制的信息诉求及系统记录的用户信息中所涉及的用户兴趣、职业和研究领域等基础信息。这既节约了用户信息搜索的时间成本，又可以高效地满足用户的信息需求。

信息推送服务能够满足网络用户多维度的信息需求，如电子商务领域的商品信息推送在某种程度上契合了用户的现实需求；新闻网站根据用户信息搜索痕迹和长期的信息浏览情况而进行的新闻推送也基本符合用户的新闻接触取向。从这个意义上说，信息推送技术的产生是网络技术自觉进化的产物，新闻推送服务则是网络服务发展到一定阶段的必然产物。

当互联网使用逐渐常态化、主流化和趋势化，网络就成为人们获取新闻信息的主要渠道

之一；当网络信息量开始以指数形式迅速增长，信息超载乃至信息爆炸，新闻推送就成为帮助用户摆脱选择困境的现实需求。随着媒体间竞争的日趋激烈，新闻推送便成为媒体争夺注意力资源的技术手段之一。随着媒介融合时代用户至上的理念深入互联网发展逻辑，新闻获取的便利性成为用户体验的重要层面，"一键到达"或"一指完成"至关重要，新闻客户端由此发轫。因此，可以说，新闻推送是网络自身发展的自觉进化过程。

二、新闻推送的传播过程——智能化的人机互动

新闻推送服务因其方便性和高效性受到了网络用户的青睐，同时也受到了网络服务供应商的重视。从门户网站到社交网站，从电子邮件到即时通信，从媒体网站到电子商务网站，服务商都致力于信息推送服务，信息服务成为"信息过剩"时期一种高度个性化的信息服务活动。"推送技术的核心思想是建立一个信息代理机制，把由客户端担负的责任转给服务器，由服务器将用户定制好的网上信息用推送或网播的方式直接传送到用户面前。"因此，新闻推送过程实际上是智能化的人机互动过程。

计算机的不断智能化带来人机交互模式的变革。你在读屏幕的时候，屏幕也在读你。新闻推送正是计算机网络以某种"不可见"的方式读取用户需求，进而按"需"推送的信息传播过程。这种"不可见"的方式就是执行新闻推送命令的一系列算法和程序，是新闻推送服务得以实现的后台技术支持。当用户享受新闻推送服务时，他们正处于电脑智慧的包围之中。

（一）新闻推送的主体

从推送技术的作用机制看，新闻推送的主体应该是执行推送命令的某种算法程序。服务器按照软件既定的命令执行用户兴趣、信息诉求等信息的获取，并据此按照内设的新闻选择标准，从后台数据库或者通过网络数据接口从互联网上获取新闻资源，再按照相应的用户地址完成推送服务，整个过程似乎没有人的介入，完全是机器的选择行为。其实，人的意志在推送程序的设计过程中就已经在起作用。任何传播工具都是在人力支配下完成信息传播使命的，人的因素在传播过程中是无法完全屏蔽的。因此，新闻推送的主体本质上说是人，是带有利益诉求和各种目的的媒介机构、商业机构或者其他社会机构。从推送技术的发明到将其应用到新闻传播领域，再到新闻推送服务向互联网应用的广泛渗透，新闻推送的主体由技术背后（传统新闻推送）走向台前（互联网应用的新闻推送业务，如即时通信的新闻推送业务），这个过程中承载着社会各个相关机构利益诉求和价值诉求的合力。

（二）用户需求信息的获取

用户需求的获取是信息推送服务的基础。网络用户在互联网使用过程中留下的个人信息和个人行为轨迹数据是分析网络用户信息需求的"源头活水"。随着信息推送行为的普遍化，用户的任何行为轨迹都将成为表征其兴趣所在和个人需求的蛛丝马迹，可利用信息抓取技术获取这些行为信息并进行分析，从而使新闻推送更具针对性和指向性。

获取用户兴趣的另一渠道就是攫取用户注册信息中与兴趣爱好、职业、研究方向等相关的信息，从而分析判断用户的信息取向和信息需求。推送程序还能够根据系统推送信息的使用情况进行判断修正，如某类推送信息从未被点击阅读，某类推送信息不仅得到及时点击，

甚至还被转发、评论。据此，推送系统会在下一轮推送服务中修正，从而使信息推送与用户的兴趣与需求更加契合。

用户兴趣与需求信息获取还有一种途径是借助用户的订阅行为和定制行为进行信息推送。电子邮件的订阅号和微信的订阅号就是典型的精准推送服务，它根据用户的订阅选项进行相关信息的投递，从而契合用户的信息取向，满足用户的信息需求。很多流行的即时通信软件安装时都设有"是否接受推送信息"的选项，其系统设置往往默认打开"迷你网页资讯"以及相关的"购物资讯"，这是一种普遍化的、非定向的新闻推送行为。

（三）推送新闻的获取

针对个体用户的定制新闻推送，是在推送程序攫取用户需求信息之后，按照推送程序事先设定的信息选择标准，从后台连接的数据资源库中搜索与之匹配的信息，推送到既定用户端。针对大众的新闻推送服务则是新闻推送者依据服务提供者的传播意图，选定某些重要的、契合大众需求的信息群集，并对信息进行相应处理（如重新制作比较醒目的标题），以某种既定的方式（频道、邮件、网页、小信息窗）推送到用户端。新闻推送既有人工推送，也有程序算法推送，偏向于后者的方式渐趋增多。

新闻推送信息的根本来源是互联网上的媒介信息，通过推送程序与互联网的数据接口，或者借助于人工选择，直接获取网络这个更为庞大的数据资源库上的新闻信息。移动互联时代，新闻推送主要基于各类新闻 App，如平台类的今日头条、腾讯新闻、百度等，以及由传统机构媒体转化而来的人民日报、澎湃新闻、红星新闻等。

原本专业新闻机构生产的信息经过新闻媒介直接传播到受众。而不少网络公司的新闻推送则是在专业新闻机构的媒介信息与信息接收者之间加入一个信息再选择的环节。媒介信息经历二次筛选，被推送到用户面前。网络新闻推送在某种程度上为网络用户进行议程设置，限定了网络用户的认知范围和思考范围，而这些都是用户建立"世界图景"的基础。

三、新闻推送的影响——对现实世界的二次重构

新闻推送的信息来源主要是新闻媒介的新闻信息，而新闻媒介的新闻信息源自媒介与新闻从业人员的新闻选择，是新闻媒体对现实世界的反映。但是这种反映并非"镜像式"的直接反映，而是借助媒介新闻信息选择进行的间接反映。媒介传达的现实世界也不是全部的现实世界，而是被选择重构的"拟态现实"。李普曼用柏拉图的"洞穴寓言"来比喻大众媒体对现实世界的这种重构作用。从这个意义上说，新闻媒体的信息本质上是对现实世界的一次选择性重构，而建立在媒体新闻信息基础上的新闻推送服务则是在建构"拟态环境"的信息资源中的二次选择，无论其选择的标准反映何种价值诉求，带有何种传播目的，都是对现实世界的一种二次建构。以微信新闻推送为例，其选择新闻的价值标准决定哪些新闻能够借助这个当下最为火爆的即时通信进入用户的视野。根据 CNNIC 第 32 次互联网报告，手机网民成为中国新增网民的主要来源，而微信是最受欢迎的手机应用。微信用户中，即便每天只有1%的用户浏览推送新闻，这巨大的信息扩散面也是很多媒体无法企及的，其推送新闻的影响力可见一斑。但是，受制于用户良好体验的设计，其推送新闻的数量很小，微信一般每日 3 次推送，每次 4 条新闻，这样的新闻信息对现实的建构更加残缺，因为其是在新闻媒体新闻选

择基础上的二次选择。暂且不说传播环节的增多引发的信息失真和变形，单就二次选择过程中大量忽略和少量提取对现实产生的异化就无法估计。推送新闻除了对现有新闻信息进行筛选之外，还要对事实和观点进行选择，因为推送新闻一般不宜长篇大论，而是尽量精简。新闻"瘦身"让大量的新闻事实细节失去表达的机会，也让用户失去了全面认知新闻的机会。如果新闻推送主体以某种利益诉求或者刻板成见来选择新闻、删减事实，那么新闻变形的程度则更加剧烈。因此，由推送新闻建构的"世界图景"与现实世界之间存在一定程度的差异。尤其是对那些媒介接触行为比较单一的、数量极大的、把推送新闻当作建构现实的唯一来源的移动网民，新闻推送的影响力更大。

新闻选择不是新闻传播过程中的某一个环节，而是贯穿于新闻传播的始终，不仅包括新闻媒介和新闻从业人员依据媒介诉求和专业理念所做的新闻选题选择、根据新闻选题对事实和主题的选择，还包括用户依据自身需求和价值取向对新闻内容的选择。新闻推送服务借助推送技术，作用于用户对新闻的选择性认知，虽然依靠程序的智能设计对用户的信息需求和价值取向做出了基本判断，但是用户需求并非一个恒定不变的常量，而是随时随地变动的变量，推送软件无法反映用户需求的这种常态化变动。因此，真正的精准推送事实上是做不到的。故而新闻推送更多反映的不是用户信息需求的逻辑，而是新闻推送背后的多元利益逻辑。

如果说新闻生产是考察不同力量如何以不同路径影响媒介的一个关键点，它回答了"要选择什么作为新闻，如何报道新闻，不同的新闻来源、新闻记者、新闻机构的编辑，还有专业主义、市场和文化传统各自不同的诉求之间在这一过程中的角力与协商"，那么，新闻推送服务则是考察推送主体借由对新闻信息的"二次把关"，对现实世界进行合乎自身利益诉求的"二次重构"。麦克卢汉认为"媒介即人体的延伸"，报纸是眼睛的延伸，广播是耳朵的延伸，电视是耳朵和眼睛的双重延伸，互联网则是人体的全面延伸。新闻推送服务在某种程度上限制了这种人体的媒介化延伸。因为它在解除人们信息搜索之苦的同时，也限定了人们的环境认知的广度和深度，在某种程度上剥夺了用户的部分选择权利，进一步加深了用户的媒介依赖。

马克·威瑟说过："最深刻的技术是那些看不见的技术，它们将自己编织进日常生活的细枝末节之中，直到成为生活的一部分。"新闻推送服务正是左右用户新闻选择的看不见的手，它时时刻刻作用于网络用户的新闻选择和新闻接触。点击量作为网络经济学的基础逻辑，不仅仅决定着网络信息的用户接触率，也是推动网络舆论的风向标。

新闻推送主体为了追求最大化的传播效果，在新闻推送的同时，往往带有一定的情绪性。这种意见性信息更容易触发网络用户的情绪，个体情绪借助意见性新闻信息快速扩散，成为意见气候。批量推送引发群集反应，匿名的群体感染会让新闻事件迅速升温，引发主流新闻媒体的重视，进而转变为社会议题，左右人们对现实世界的认知，强化其对现实世界的二次重构。

综上所述，新闻推送的产生是网络技术发展到一定阶段，为满足网络用户的新闻获取而进行的自觉进化。新闻推送过程既反映了人与计算机之间的智能互动，又反映了新闻推送主体与社会集体意识之间的微妙互动。新闻推送的结果作用于人们对客观世界的认知与观察，从而完成对现实世界的二次重构。

四、融合媒体给新闻推送工作带来的影响

（一）媒体融合对新闻宣传及推送工作内容的影响

媒体融合整合了信息传播的各种渠道，以文字、图片、视频等形式传播，展现了信息资源统筹化的发展趋势，其与传统媒体平台的信息推送有较为明显的差异。媒体融合的信息内容展现出生动真实的一面，可迅速提高信息的传播效能。除了各种信息表达形式外，媒体融合还渗透到了其他传输领域，以前信息传输借助报纸、电视等载体，无论是在传播受众还是传播效果上，都存在较为明显的局限。媒体融合将传统媒介中的信息内容加以整合，从传统载体转移到网络载体，无论是信息资源的使用还是阅读受众与媒体的交互水平都得到了相应提高。新闻宣传工作应将媒体渠道扩增作为新的发展方式，在各种主流媒体平台的基础上提高信息的受众面，完成新闻宣传工作的落实。短视频内容日渐火爆，受到不同年龄层人群的关注，这正是媒体融合信息推送包容性提高的体现。新闻媒体应利用短视频推送机制，创造更多的宣传渠道，使新闻宣传内容符合受众的阅读习惯。

（二）媒体融合发展对新闻宣传工作运营思维的影响

移动设备的普及，扩大了互联网平台的影响力，在信息网络化、内容视频化的发展趋势下，新闻宣传工作应重视对各种媒体平台的应用，借助更具新闻媒体风格的语言，配合符合宣传工作主色调的画面，创新新闻宣传方式。可利用较为贴合民众生活的词语与接地气的媒体形象，形成鲜明的反差效应，使新闻宣传内容令人眼前一亮。互联网的发展虽然提高了新闻宣传工作的效率，但如果新闻宣传工作无法借助各种平台的流量，完成移动端、网络端的平台运营，就会丧失媒体融合的平台流量效应。网络使用人群数量激增对新闻宣传工作平台提出了新要求，新闻宣传工作不仅要传递主流的价值观念，还应对媒体融合中所出现的各类应用形式加以利用。

五、融合媒体如何做好新闻宣传与推送工作

（一）创立统一层级构架的新闻推送与宣传工作模式

网络媒体平台的应用不仅满足了更大人群的信息阅读需求，也使新闻宣传工作的层级架构发生了改变。新闻宣传工作形式要在媒体融合中成为统一化的平台，对新闻采编人员按照平台的应用方向进行统一管理，使其参与到新闻宣传内容制作中，促进媒体平台的内容融合，使新闻宣传与推送工作成为综合性的信息平台。应按照不同主流媒体平台的内容方向，利用多平台的流量差异，整合采编人员生产多样化的新闻产品，改变新闻宣传的方式，使新闻宣传制作方向符合主流媒体平台的受众，满足网民的新闻阅读需求。综合性的新闻宣传内容要满足各媒体平台的需求，在对采编人员的统一管理中打造多元化的新闻传播平台，更好地完成新闻宣传工作，并在网络主流平台上收获大量的流量关注。

（二）创立信息一体化的内容平台

短视频、抖音、微博等媒体平台的使用，体现了媒体融合新闻信息的分化传播趋势，媒

体融合的内核是短视频、图文结合的信息内容传播与制作。随着人们生活节奏的加快，短视频易于培养黏性阅读受众，相较于文字信息内容，短视频等新闻宣传推送形式更易于帮助受众提高阅读效率。相较于短视频传播载体，文字形式的内容容易使受众产生阅读疲劳，从而对常见的新闻宣传形式感到麻木，不利于新闻宣传效果提升。利用短视频作为新闻宣传的载体可在新闻制作中融入主流价值观，使文化产品传播更易于被受众接受。媒体融合时代，可以短视频等媒体平台为流量核心，以微信、微博、网站等为第二渠道，在面向不同媒体平台进行内容制作时，需要完成媒体平台的共享化创建。不同阅读指向的网友对不同形式的内容有着不一样的阅读体验，新闻宣传工作按照不同媒体平台的特色元素，编排和设计不同的内容形式，可在各种不同的媒体使用，扩大新闻宣传的受众范围，提升各种媒体平台的传播效果。

（三）创立数据资源整体化的数据平台

图片、视频、资料等信息载体的运用让阅读人群感到新鲜，能在媒体融合环境中提高新闻宣传工作的效率。在媒体融合发展过程中，新闻宣传作品的制作形式更贴近生活，这是媒体融合发展带来的个性化解放的体现。图片、视频、成品稿件等信息数据库的建立，有助于在不同平台的内容制作中扩增表现形式，为不同平台的新闻宣传提供数据支持。同时，制作不同形态的新闻宣传内容时，还需要在图片、视频、成品稿件的大数据信息平台寻找更多的制作资源。

（四）新闻推送工作的平台联动

随着主流媒体官方账号的创立，内容的呈现出现了差异化的发展特点。为了避免推送工作出现问题，应在各种媒体平台进行阶段性的宣传联动，在新闻产品的制作上加以创新，提升新闻宣传工作的传播效果。媒体融合时代不再是单一媒介的新闻信息推送，各种主流媒体平台的发展收获了较多的用户流量，新闻账号是扩大新闻宣传效果的一种方式。在主流媒体平台使用中，新闻宣传工作获得了新的传播渠道。需要注意的是，新闻宣传工作中的价值观点不是自我表达，通俗的制作形式不等于低俗，想要让新闻宣传工作在媒体融合时代健康发展，相关工作人员应坚守职业底线，坚决杜绝不良文化内容，在平台联动增加流量的同时，进一步加强自我约束与管理。

第十章　融合新闻评论

随着新兴媒介的勃兴，舆论生态、媒体格局、传播方式发生日新月异的突变，新闻评论在媒体中的作用越来越凸显，无可争议地成为媒体的核心竞争力。在新闻评论的诸多样式中，技术的融合赋予新闻评论更多可能性，让新闻评论变得生动、有趣，适应当代受众的阅读喜好，并通过移动终端的多元化、精准化传播，达成最终的传播效果。融合新闻评论逐步成为当前新的传播格局下新闻评论发挥作用的重要形式。

第一节　融合新闻评论写作的多样性

融合新闻评论，简称"融评"，是传统媒体在新媒体环境下的一种创新形式，通过这些融合创新，新闻评论能够更好地适应舆论生态、媒体格局和传播方式的快速变化，在解读重大时政题材、分析重大新闻事件以及评价热点新闻事件等方面不仅具有权威性和专业性，在创新新闻评论方式的同时，还保留了新闻评论的客观性与传播的互动性等特点，融合评论的形式也越来越多样。

一、短视频评论

"短视频+新闻评论"凭借可视化呈现、故事化叙事和交互式传播的组合优势，已发展成为新闻业务领域最具竞争性的融合报道形式之一。

（一）主体多元化

融媒体时代，与传统媒体相比，短视频评论的制作不需要专业的拍摄技巧，使得更多普通用户能够参与到内容创作中，评论主体的扩大使得专业化的新闻媒体评论改变了精英主义的话语方式，更加注重专业内容输出方式与用户内容输入方式之间的契合度。主播的准入也大大降低，只要有麦克风，就可以发表评论，没有任何特色的主播则难以出圈。

（二）内容精简化

相较于文字、图片评论的单一化呈现形式，"短视频+新闻评论"更加贴合互联网用户精简化的内容消费特征。基于短视频有限的传播时长和内容容量，在短视频新闻评论的创作中，创作者常常通过折叠评论观点来节省内容时长，避免"大而全"的宏观评论取向，以"小而精"的微观评论角度锁定评论对象，并采用在论点中聚焦关键词、在论证中提炼结构图等制作技巧，提前告知用户短视频评论的主要论点，揭示短视频评论的说理层次，从而使得短视频评论的论点简洁有力、论证条理清晰。

《"+3"之后，如何更好守护这些瑰宝？》评论针对的是最近中国新增三项世界遗产的新闻，具有很强的时效性和新闻价值。选题关注的是世界遗产的保护与传承，这是一个具有深远意义的社会话题，体现了对文化遗产和自然环境的重视。评论涉及中华民族的文化瑰宝和自然珍宝，突出了文化遗产和自然遗产的文化价值。对于这样一个重要选题，短视频评论摒弃其他，集中切入两点一个是"保"，一个是"新"，强调保护，强调传承与利用，重点突出，不旁枝逸出。

（三）时长浓缩化

短视频作为新型的言论载体，凭借"短、平、快"的媒介本体优势成为新闻评论的优选，其中"短"的界定需要综合考量内容的完整性与平台的适配性，根据评论本身的论题特点和推送媒介的平台属性来裁定短视频新闻评论的最佳时长。如《新闻联播》推出的《主播说联播》均将评论时长控制在 80 秒到 100 秒之间，通过控制总体评论时长来契合用户接收日益碎片化的消费倾向，从而保证短视频新闻评论的舆论引导效果和社会传播效果。

二、微评

微评是一种以简短、精炼的文字形式对新闻事件、社会现象或公共话题进行分析和评论的文体。它通常以精悍的文章形式呈现，以快速、直接、生动的特点受到广大读者的喜爱。

（一）快速

首先，它能够迅速捕捉热点，对时事进行及时评论，在时间上与新闻事实几乎同步进行。比如在微博或微信等平台上，用户可以边观看某个事件或作品，边撰写并发布评论，这种即时性的评论方式在快节奏的阅读环境中显得尤为重要。

（二）篇幅短小

微评最多几百字，短则几句话，却能够很好地表达观点。这种短小而有力的特点使得微评在快速阅读的背景下具有强大的吸引力。比如人民日报官方微博的"人民微评"，以"转发+评论"的方式，对当天热点事件进行点评。这一类"快评""锐评""微评"被大量运用在媒体中。

（三）观点鲜明，感染力强烈

微评往往直击要点，亮出观点，不过多论证。比如 2023 年，奢侈品牌宝格丽在其中国以外的官网将"中国"与"台湾"并列，引发争议，事发后宝格丽发表道歉声明。

人民微评：宝格丽道歉了，寥寥几句，满满求生欲。所谓的"管理疏忽""标识误注"，难以服众。这个道歉是否"专供"中国大陆？如何从根子上整改？红线不能碰，底线不能踩，原则问题不容打马虎眼，中国一点都不能少！

这个微评一共五句话，第一句为新闻由头，第二句亮明观点"难以服众"，第三、四句提出意见"从根上整改"，第五句摆明立场，表达对中国领土完整的坚定态度。寥寥数语，将宝格丽道歉事件及其背后的深层问题展现得淋漓尽致。

三、网络跟帖评论

跟帖评论服务是指互联网站、应用程序以及其他具有舆论属性或社会动员能力的网络平台，以评论、回复、留言、弹幕、点赞等方式，为用户提供发表文字、符号、表情、图片、音视频等信息的服务。网络时代，互联网跟帖评论为人们表达观点、互动交流、舆论监督提供了广阔舞台。网络新闻跟帖评论与传统新闻评论具有一些相同之处，如时效性、对新闻事实的依附性、议论的倾向性和针对性等，但它们之间的差别是非常明显的。网络新闻跟帖评论的特点主要表现为大众化、简洁性、互动性、趣味性。

（一）大众化

传统新闻评论是由专业人士撰写，在媒体认真选择、把关之后发布的，基本代表了媒体的"官方"立场，有着鲜明的针对性和指导性。网络新闻跟帖评论则是网友自行发布在网络媒体上，具有很强的个体性和随意性，属于一种大众化的意见表达。

（二）简洁性

网络新闻跟帖评论与新闻报道的文本紧密关联，形成互文关系，一般不能脱离新闻原文而单独存在。因为它在形式上通常都是三言两语，有话则长、无话则短，自由灵活、随意多样，有的甚至只有表情符号，不像传统新闻评论那样具有完整的论说文形式，不能被称作"文章"，如果脱离新闻语境，其意义的表达就显得含混不清。

（三）互动性

网络跟帖评论是"多对多""群发性"模式。在这种"多对多"的模式里，媒体为网友提供了一个"话题"和互动平台，媒体在互动过程中基本处于"退场"或"缺席"状态，由网友们自行展开"多对多"的群发性互动。

（四）趣味性

网络新闻跟帖评论是网友阅读新闻过程中的即时心得体会。在宽松随意的发言语境和互动氛围中，网友的跟帖评论往往无拘无束，有的嬉笑怒骂，有的调侃嘲讽，批驳、抬杠、起哄无所不有。这种评论平台使网友既加深了对新闻事实的理解、认识，又收获了一份轻松、愉悦。

四、漫画评论

新闻漫画是以漫画的手法对新闻时事进行评论，它是一种视觉艺术形式，为读者所喜爱。在媒体融合的过程中，新闻漫画不仅是一种呈现方式，而且体现了传统媒体和新兴媒体交融的情怀，漫评包括图片和简短的文字评论。漫画评论有以下特点。

（一）形象表达

漫画评论通过设计，将主观抽象的事物具象化，更生动形象地传递传播者的观点和态度。漫画的表现符号既有语言符号，又有非语言符号，高度概括，形式真实生动，意义丰富而深邃。由于不仅仅是语言符号，漫画评论因此具有进行跨文化表达和接受的可能性，可以更平易近人地表达严肃议题，生动形象地针砭时弊。比如某地部分乡镇发出"移风易俗节俭杀年猪"的倡议，建议养猪户尽早屠宰年猪或统一宰杀，提倡自宰自食，不铺张浪费，引发网民热烈讨论。我校学生做了漫评，漫画非常形象，表现了村民办杀猪宴的心理、对食物的浪费，为倡议发起的意义做了很好的舆论准备。

图 10-1　漫评（西南交通大学王晶晶作）

（二）便于分享

一方面，相较于篇幅较大的文字评论，漫画评论更便于在多个平台传播，同时，可视化的叙事方式不仅降低了受众的获知成本，而且提高了受众对信息要点的记忆效率和分享欲；另一方面，图形化的传播便于用户保存分享且不容易被篡改。

五、移动端 App 评论

移动端 App 评论是指在 App 这一载体上，多以音频形式发表的对某一主题、作品或事件的看法和评价。这种形式的评论具有便捷性和丰富的表现力。在音频方面，主要是在移动端的 App 平台中出现的一些电台评论节目和作品，例如在蜻蜓 FM 上、张召忠的《局座时评》栏目、喜马拉雅 FM 上的影评《电影不设防》节目。

第二节　融合新闻评论的选题

融合新闻评论与传统媒体时代一样，其成败关键在于选题。能否选准选好论题，直接关系到评论的指导作用，并影响到写作。选题的标准要具有新闻价值，包含显著性、重要性、接近性、时新性、趣味性五大特点。

评论的选题，主要应从大政方针和具体实践的结合中去找，最根本的就是从实际工作中去找，从现实生活中去找，要把群众关心的问题、群众迫切需要解决的问题列入评论选题范围。

一、关注党和国家的重大事件、方针政策

对于党和国家的重大议题，应当抓住网络平台，主动选题，高屋建瓴，站住舆论高地，牢牢掌握话语权。从另一个方面讲，网络也是网民参政议政的重要渠道，对于国内外重大新闻的选题，新闻评论也是急群众所急，引领群众，促进社会的发展。

例如《全面辩证看待当前经济形势》发布于我国经济形势为大部分公众所担忧、网络平台上出现杂音噪声之时。经济日报社主动回应了关注，用数据直观展现我国经济发展状况仍保持稳中向好，积极提出应对措施，将大众的目光重新聚焦到脚踏实地发展经济上来。第 34 届中国新闻奖获奖作品《用自己的手攥紧中国种子》关注的是减少对外依赖，确保国家粮食安全，事关全国人民的饭碗问题。

在党的二十大即将召开之际，人民日报刊发任仲平文章《十年砥砺奋进绘写壮美画卷》，这篇文章选题重大，获得中国新闻奖一等奖的推荐理由是"时间镌刻不朽，奋斗成就永恒，十年砥砺奋进，历史的如椽巨笔绘写壮美画卷。这篇文章在思想上把握中央精神的精髓要义，在站位上胸怀大局、把握大势，在结构上体现理论厚度、逻辑力量，实现了权威性、精准性、及时性、可读性的有机统一，为党的二十大胜利召开营造了良好舆论氛围。作品展现出任仲平这一传统政论品牌历久弥新的生命力，充分体现了党报评论在舆论上的导向作用、旗帜作用、引领作用"。

《智能生活不能"屏蔽"老人》这篇评论的选题来自中国进入老年社会，国家陆续出台相关政策。2020 年 11 月 24 日下午，国务院办公厅印发《关于切实解决老年人运用智能技术困难的实施方案》，第二天，四川广播电视台创作的作品《智能生活不能"屏蔽"老人》这条时长 15 分钟的评论节目在四川卫视《今日视点》栏目编排播出。作品坚持问题导向，提前策划，团队主创人员聚焦"数字鸿沟"下的老人，经过一个多月时间走访医院、地铁、火车站、银行等多个智能设备应用场景，以老年人的真实感受为切入点，采用现场跟拍、抓拍、专访等形式，以大量鲜活的场景反映老年人对智能化设备的适应程度，在此基础上，穿插对采访专家学者的采访，通过夹叙夹议的方式，研究老年人遭遇"数字鸿沟"的原因，提供从政策、社会、家庭等方面填平"数字鸿沟"的思路办法。作品一经播出，引发观众网友大量关注和转发，当天电视播出时的收视率最高达到 0.066，网端的观看点击浏览量超过百万次。

《守住农业"芯片"，端牢中国饭碗》这篇评论的选题来自 2020 年末的中央经济工作会议。会议把"解决好种子和耕地问题"列为经济工作八大重点之一，提出"要开展种源'卡脖子'技术攻关，立志打一场种业翻身仗"。创作组敏锐地捕捉到这次会议精神的重要意义，第一时间采访权威专家、种业企业、农技人员，对中国种业发展问题给予深度关注，并深入探讨确保重要农产品种源自主可控的具体路径，最终形成了《守住农业"芯片"，端牢中国饭碗》这篇广播评论作品。

二、关注热点，即时选题

互联网为热点话题的快速产生和传播创造了有利环境。截至 2023 年，全球社交媒体用户已超过 45 亿人，预计到 2025 年将达到 50 亿。这为热点话题的传播提供了庞大的用户基础。热门话题的热度通常在几分钟、几小时内迅速变化。人们在社交网络上迅速形成对事件的看法，借助标签和转发迅速传播。个体的故事和感受，只要踩上某个节点、贴合某种情绪，就有可能成为全网焦点，而海量的关注、评论和跟帖，更多信息的加入，也会持续引爆话题，不断放大后续效应。这种现象不仅显示出公众对事件主题的关注程度，还反映出舆论的多元化和即时性。

移动互联网时代，人人都有麦克风，舆论场的构成和发展也因此极为复杂。在此过程中，主流媒体平台必须敏锐地发现受众在关注什么、讨论什么，及时做出反应。从我国目前的舆情来看，新闻热点的形成和发酵是自媒体平台上无数个体自发推动的，这个热点本身和其背后的动因就成了极好的新闻评论选题题材。面对讨论热度较高、易引发网络舆情的话题，新闻评论的作用显得尤为重要。在评论选题上，新闻评论者应具备敏锐的社会洞察力，从这些热点中及时识别那些对公众生活影响深远的话题。这些话题不仅能引发广泛的讨论，还能映射出当前社会的矛盾和痛点。例如，新闻评论通过分析气候变化如何影响食品价格、健康以及居住安全等方面，能够帮助公众理清思路，引导人们更好地理解和应对这些复杂的社会现象。新闻评论工作者还应从热点中关注社会痛点，选择那些具有实际指导意义的话题进行深入分析。

迅速抓住热点，并发表理性、深入的观点，不仅能够引导舆论走向正轨，还能在一定程度上减少谣言和误解的传播，维护清朗的网络空间。对媒体而言，评论可以能够提高公众的关注度，还能激发更多人参与其中。舆论热点并非由我而出，但可以为我所掌控和主导。我们可以利用完善的采访、编辑、策划和整合能力，挖掘热点背后的故事，进行深入分析解读，在网络热点的第二波传播中争取主动，努力在复杂的舆论场中发挥自身的竞争力。

获得第 33 届中国新闻奖的评论作品《"建议专家不要建议"是希望专家好好说话》的选题，是从多日连续登上微博热搜的"建议专家不要建议"新闻而来。评论通过引入热搜事件和时间线，逐步展开讲述"专家建议"话题的发展历程，形成一个时间线的叙述，生动地勾勒出这一社会的关注焦点。在明确事件发展的背景后，文章转入分析人们对"专家建议"的负面态度，细致剖析了人们反感专家建议的几个主要原因，形成了问题的分类讨论。在分析人们对专家建议的负面态度时，文章切中要害，明确指出人们排斥的是专家群体中的个别人，而非整体专家形象，避免了过于概括的错误，有效引导了舆论。在这一分析的基础上，文章再次回溯到热搜事件，强调了这一话题在舆论中的持续发酵，并提到了网友的态度。最后，文章通过总结呼吁专家"好好说话"，形成对问题的明确观点。这有助于读者逐步了解事件发展、问题本质以及相关原因，使文章的信息呈现更有层次感。

新闻评论在现代社会中扮演着至关重要的角色，尤其是在处理和引导公众对热点事件的讨论方面，及时选择公众关注的热点话题进行引导，减少舆论对热点事件的负面影响，防止谣言和不实信息的传播，通过提供全面的信息和深入的分析，有助于在公众中形成共识，增强社会凝聚力。

三、关注民生题材

好的新闻评论题材的重要性不可忽视。新的媒介生态背景下，信息海量，新闻评论可以选择的题材变得越来越繁多，选择面也越来越宽。好的评论关注的往往是民众最关心的事，从民生视角出发往往能出好作品。把脉民生热点，回应社会关切，深入现场，贴近群众，做扎实的采访、深入的调查，这类作品与时代合拍，赢得受众喜爱。从看似琐碎的民生题材中，"多挖两锹"，想深一层，用专业眼光分析探寻新闻故事背后的深层意义和社会价值，既考验记者、编辑的能力，也反映总编的魄力。第 33 届获奖评论《"第三卫生间"应该被看见》就是切合民生的好的评论题材。2022 年 12 月 1 日，我国第一部公厕管理地方性法规——《成都市公共厕所管理条例》开始实施。这是截至目前全国唯一一部对公厕建设管理进行立法的地方性法规。这个条例中首次提出："有条件的公厕应当设置'第三卫生间'。"记者敏感地捕捉到了这一事件的独有新闻价值，迅速展开扎实的调查采访，并在法规实施当日发出这一篇材料丰富、观点新颖的评论。

2019 进入下半年，多重原因导致生猪产能连降、价格攀升，引发社会舆论对于猪肉供应和价格的恐慌，更牵动了党中央、国务院的心。这是关乎民生的重大问题，评论员敏锐认识到加强生猪保供稳价舆论引导的重要性和必要性并撰写了《生猪价格不断攀升——保供稳价慢不得，转型升级等不起》的评论。文章选取重大民生新闻，聚焦社会关切，深入分析生猪产能下降和价格波动原因，明确中央稳价保供决心，提出恢复生产和产业升级的切实建议，旨在稳定市场情绪，提振信心。

第三节　融合新闻评论写作

传统媒体形成了系统有效的新闻评论写作方法与理念，聚焦于新闻性、说理性，弘扬主旋律、正能量，形成健康良善的社会舆论氛围，为经济社会发展提供保障。然而在新的媒介生态背景下，新闻评论既要强调流量，又要具体个性化，从大量的碎片化信息中突出重围，从而形成了一些新的特点。

一、标题简洁明确、富有悬念

拟制标题时，一定要把新闻的出发点同群众的关注点结合起来。对习惯于快速浏览的网民来说，切合网民注意力焦点的标题更容易让他们停留，要做到让读者一看到标题就能自主思考判断，激发参与讨论的兴趣。比如《9999 元天价粽物有所值？》基于新闻内容而在标题上吸引了网民的注意力。

言之有物，无论新闻想要传递什么信息，还是标题想要告诉读者什么内容，都应"万变不离其宗"，这个"宗"就是新闻事件的始末。吸引受众固然重要，但新闻评论标题首先要表达观点。对信息的选择都变成了以关键词为最小单位。易理解、强观点的标题更容易抓住眼球。一行式新媒体标题才能让人有一探究竟的欲望。融媒体时代的新闻评论作品需要在以防成为"标题党"的同时，逐步使用句式精炼、表意明确、观点突出的标题。为了适应融媒体时代的新闻发布环境及受众喜好，新闻评论标题也逐步实现了句式简练、论点明确、善用网言网语等创作特点。获得第 33 届中国新闻奖评论类二等奖的作品《不说大话空话，说实话管用的话》就直接亮出观点，讲明领导干部在说话中不应如何做，而应该如何做，对领导干部话风不良问题提出了明确的建议和要求，直达受众内心，激起受众共鸣。而获得三等奖的作品《少些"群里吼"，多些实地走》直击互联网时代的"工作群"问题，将群里吼和实地走的现象在评论标题中展开对比，句式与音韵都讲究工整对仗。

善用修辞，增强评论标题的可读性。作为新闻评论的第一句话，标题在整个传播过程中起着最为关键的作用。所以，标题一定要刻画得特别准确，善于运用各种修辞手法。《对矛盾问题不要"击鼓传花"》这一标题用了"击鼓传花"的游戏比喻领导干部不担当、不作为的懒政现象，既巧妙又直观，流行元素的生动使用也给了网络受众耳目一新的感受。又如，有位记者为了阐述市民破坏公园内大象雕像，呼吁相关部门采取措施、相关人员加以注意，撰写了一篇题为《难以想"象"的痛苦》的评论。此标题一出，让大家在不知道消息具体内容的情况下，都想点击进去看上一看。作者巧妙地使用谐音的修辞手法，让标题充满悬念。

二、论据故事化

新闻评论的论据有多种，在新媒体时代，"故事化"写作是新闻文本的发展趋势之一，受众更容易接受有现场、有故事、有细节的新闻，从而达到更好的传播效果。新闻评论的论据中，故事也显得比较重要。故事包括古今中外的历史故事，包括不同国家的同类新闻，都可以作为论据，增强文章的信息量，增加读者的阅读兴趣，也对论点起到很好的支撑。

获得第 33 届中国新闻奖评论类一等奖的作品《对"时时放心不下"来源的追问》围绕习近平总书记在 2022 年 4 月 29 日中央政治局会议上"时时放心不下"的重要论述展开评论，梳理了这一重要论述在党史上的来源和意蕴，并结合当下形势阐述了领导干部做到"时时放心不下"的重要意义。作者以自己寻找"时时放心不下"的最初来源为故事叙述过程，并且直接使用了"于是，我开始在网上搜""我在搜寻的过程中"等故事讲述的关键词汇。与以往普遍说理、说教的新闻评论不同，文章把具有吸引力的故事讲述作为论证的现实依据，将历史上优秀的党员事迹，不同时期党和国家领导人对这句话的阐述进行了梳理，生动具体地阐述论点。

又如第 33 届中国新闻奖获奖作品、新媒体形式新闻评论作品《〈我的县长父亲〉风波：遭遇脑补式嘲讽岂能一删了之?》从山东德州作协发布"廉洁文化主题文学作品征文获奖名单"中《我的县长父亲》获得一等奖而引发网友对于征文真实性和评奖公正性的强烈质疑的故事说起，从多个视角论证了"真假文章"的对比内涵，"县长"生平故事与评论观点相穿插，点面结合地剖析事件真相，探究了争议源头。

案例：

对"时时放心不下"来源的追问
许宝健 《学习时报》

4 月 29 日的中央政治局会议引人注目。上午开的会，中午即发消息，稳市场、强信心的信息传递十分清晰，效果明显。会议的新闻通稿中有一段话是针对领导干部讲的：会议强调，各级领导干部在工作中要有"时时放心不下"的责任感，担当作为，求真务实，防止各类"黑天鹅""灰犀牛"事件发生。各级党委和政府要团结带领广大干部群众齐心协力、顽强拼搏，以实际行动迎接党的二十大胜利召开。

在这段话中，我特别注意到"时时放心不下"这几个字。这几个字是加了引号的，说明"话"有来源。

半个月前，习近平总书记在海南考察时也同样引用过这句话："'慎终如始，则无败事。'百年变局，一件事一件事出来，一会儿灰犀牛，一会儿黑天鹅。对变化莫测的形势要有一种底线意识、危机意识……诸葛一生唯谨慎，吕端大事不糊涂。有位革命前辈曾说过这样的话，'时时放心不下'。我听了很有共鸣。"

在这段话中，习近平总书记不仅引用了"时时放心不下"，而且提示我们，是一位革命前辈说的。

那么，究竟是哪一位革命前辈说的呢？于是，我开始在网上搜寻。一搜发现，虽然中央政治局会议消息公布不足半天，但已经有包括中央主要媒体在内的评论文章。再往前，转载量比较大的是 2018 年 10 月《人民日报》上的一篇言论，标题是《领导干部干好工作要"时时放心不下"》。文章的第一段是这样写的：一位领导同志在一次会议上回忆他在地方工作时春节不回家团聚、仍然守在岗位上的往事。当时有位老领导问他原因，他说："春节怎么回家啊，回家了有事了，我不还得跑回来，省得折腾了，我得随时准备有事啊。"这位领导同志解释说："我是按照一位老前辈的话来工作的。这位老前辈说，我们的工作状态就应该是时时放心不下。我听到这句话，就一直作为座右铭。"文章虽没有直接说哪一位老前辈说的这话，但举了两位老前辈的例子：聂荣臻同志心系当年一起战斗生活的阜平乡亲们，留下了"阜平不富，死不瞑目"的心愿。任弼时同志长期抱病工作，竭诚奉献，"能坚持走一百步，就不该走九十九步"，被称为"党的骆驼、中国人民的骆驼"。

我在搜寻的过程中，读到习近平总书记也讲过类似的话，那是 2015 年 1 月 13 日，在十八届中央纪委五次全会上，习近平总书记说："我在地方工作时，逢年过节都得值班，生怕出了什么事。很多地方和部门的负责同志一到节假日就不见了，到外地去休假了。跑到那么远的地方怎么放得下心？一旦有个什么事怎么办？"可见，对党的事业和人民群众的利益，习近平总书记是时时放心不下的。时时放心不下，就是习近平总书记从政经历的真实心声和写照。

在网上花了几个小时，看了数十篇资料，没有得到我想要的答案。于是，我想到朋友圈，便在微信朋友圈把这个问题提了出来。很快就有人回复。有人说这位革命前辈应该是罗荣桓。其实我在网上搜寻的时候，已经发现了罗荣桓"放心不下"的故事。让这位元帅放心不下的究竟是什么呢？在罗荣桓生命的最后时刻，他拉着妻子林月琴的手含泪说道：我死后只有一个要求，组织上分给我的房子你就不要住了，搬到一般的房子就行，不能搞任何的特殊。这么多年来，你为我做出了巨大的牺牲，我的心中很是感激。罗帅去世后，林月琴不顾众人劝阻，毅然从国家分配的房子里搬出来。有人说是焦裕禄。焦裕禄是县委书记的榜样，习近平总书记曾多次讲到他当年听到焦裕禄事迹时受到的震撼，"1966 年 2 月 7 日，《人民日报》刊登了穆青等同志的长篇通讯《县委书记的榜样——焦裕禄》，我当时上初中一年级，政治课老师在念这篇通讯的过程中多次泣不成声。特别是念到焦裕禄同志肝癌晚期仍坚持工作，用一根棍子顶着肝部，藤椅右边被顶出一个大窟窿时，我受到深深震撼……"他认为焦裕禄是一个"很高很高的标杆"，要求领导干部要见贤思齐，向焦裕禄学习。但是我所能查到的，也是有文章评论焦裕禄时用到了这句话，称赞他对人民、对工作"时时放心不下"的精神境界。看来微信朋友圈的朋友所能抵达的范围和我也是差不多的。还有一位朋友说，应该是周恩来，周总理常常提到"战战兢兢，如履薄冰"，这与"时时放心不下"具有相同的意蕴……

虽然没有得到准确答案，但是，我突然醒悟到，其实在搜寻过程中我已经得到答案了，这个答案就在我的心里，就在每一位党员干部的心里——时时放心不下，就是要时时放在心上。

这次中央政治局会议主题重大，意义重大。会议是中央政治局召开的，"强调"当然是党中央强调了，"强调"又"明确要求"，可见"三项任务"是多么重要而紧迫。各级领导干部对此要深刻理解和体悟，要把党中央的要求作为"国之大者"放在心上，以"时时放心不下"的责任感做好自己所承担的工作。

分析：论据故事化在这篇评论中体现在以下方面："时时放心不下"这一表述的来源追问就是一个典型的论据故事化的例子。将抽象的观点具体化，帮助读者更好地理解复杂或深奥的概念和论点。通过对多个历史人物和现代领导人的引用，文章不仅传达了中央政治局会议的精神，也展现了领导干部应有的责任感和担当精神。这种追问和探索的过程，本身就是一种故事化的叙述，它引导读者去思考这一表述背后的深层含义和价值。

"在章某欣家守了几天之后：替没有被看见的痛苦辩护"

上观新闻 2019-07-15

我们能不能接受人性的复杂？能不能拒绝二元思维？能不能拒绝仅凭猜测得出情绪化的结论？这恐怕是互联网围观时代里，对所有人的质问和挑战。

已经记不清沿着山路去了章某欣家多少趟，也已经记不清看见多少次爷爷奶奶泪流满面的场面。自事件发生以来，网上对这个家庭的种种猜测甚至恶意指责，作为记者，也都看在眼里。

随着警方调查公布，事件暂告一段落。这些天来，面对铺天盖地的"网络暴力"，我认为有必要替那些没被看见的痛苦做一些辩护。这不仅事关这个不幸的家庭，更事关我们如何理解人性，如何理解我们自己。

部分网友对痛苦的理解实在太过简单，近乎儿戏。比如他们觉得，痛苦就是茶不思饭不想，就是号啕大哭，就是昏倒在地，这多符合常理啊。

这种痛苦当然有，我多次看到奶奶哭着捶打自己，也看到爷爷瘫坐在沙发上喘不过气来。如果要写，作为记者尽可以不放过在场的任何细节去写，以满足读者的想象。但是，且不说这对家人可能造成的二次伤害，难道这就是全部的痛苦吗？

作为在场者看来，这些戏剧性的场面描写，比起家中真正的痛苦，实在太过轻薄。那些痛苦是迟钝的，沉潜的，无声暗涌的。那些痛苦在哪里？它们弥散在这个家庭的每一处空气里，在墙上挂着的"吉祥如意"对联里，在章某赶回家抱起外甥时微笑的刹那里，在奶奶沉默转身给记者端上来的那杯苦茶里。

太多的痛苦没有被看见，而更多的痛苦是看不见的。我没有能力将全部感受还原至笔端，文字所述，不及万一。问题在于，在屏幕前围观的人群，可以理解这种痛苦吗？他们能理解，世界上有一种痛苦，会是以微笑表达出来的吗？

与其说这是考验读者的阅读能力，不如说是考验读者对自身人性之幽微的理解。如果能接受痛苦的复杂，就能接受更多的自己。

关于人性，永远没有非黑即白的答案。一如眼前这千岛湖，在秀美的岛屿和平静的湖水底下，是深不可测的千万沟壑。我们能不能接受人性的复杂？能不能拒绝二元思维？能不能拒绝仅凭猜测得出情绪化的结论？这恐怕是互联网围观时代里，对所有人的质问和挑战。

说一个没写在稿子里的细节，我希望它不会引来网友的大肆谩骂。记得14号上午，也就是这个家庭得知噩耗的第二天，我看见女孩的爷爷挎着竹篮从院外经过，我远远看着他瘦小的背影往林子里走去，不一会儿，他采了一篮桃子回家。

某些网民大概会骂吧，说你都这个样子了，怎么还有心情去采桃子？他们不知道的是，当时家里有很多亲戚，爷爷奶奶是很淳朴善良的人，我去他们家采访时，奶奶都会洗一篮子桃子端上来招待，即使再三拒绝，他们也一直劝我们尝尝。老人对陌生记者都如此，何况面对亲戚？可是这种再自然不过的单纯善良，在另一个场域里，套用另一种框架，就可能变成冷漠自私。

　　媒体有义务去澄清一些猜测。比如章某和姐夫连夜赶回，有人说孩子都还没找到你们就回家了。网民不知道的是，8号报案到当天，章某一刻没停连笔录都没来得及做就赶到宁波，回家时还是那件衣服没换，这次回来一方面是补笔录；另一方面，网民不知道的是，章某父母状态很差，他怕老人出意外，必须亲自前来安抚。这也会被说成冷漠，你让章家还能说什么呢？

　　还有说爷爷奶奶重男轻女，甚至把视频里的奶奶看护小外甥当成爷爷奶奶重男轻女的证据，网民不知道的是，小外甥平时在杭州，并不在淳安，这次特意带回来，是姑姑特意让爸妈照看，给他们一些寄托，晚上也睡在一起。可是，这份善意，在互联网上，就变成了重男轻女。

　　出事后，家里人几天没有正经做过饭，根本吃不下，只能随便应付。我到的那天，他们认认真真做了几个菜，邀请我和同行的记者一起上桌，他们依然淳朴善良，活着的人要吃饭，要活下去。这在我们看来，完全可以理解的事情，姑姑却突然提醒我们，你们拍照还是不要拍到这桌子菜吧，她怕网友看到做了几个菜会骂他们家庭还有心思做这么多菜。可他们明明是受害者，没有正经吃过饭的也是他们，不是网友。他们凭什么要受到这些指责呢？

　　这是一个围观时代，具体来说，是一个凭二手信息围观的时代，基于此的结论常常不可靠，甚至危险。这或许就是记者这份工作的意义和福利，在场给了一种不同的价值判断维度，但也正因如此，我需要以在场者的身份，尽可能为当事人，为所有没被看见的痛苦，做一些辩护。

　　7月14日，警方发布调查通告。当天傍晚，我买好回上海的车票，从章某欣家离开。下山的路上，霞光烈烈，从远方湖中千岛射进山里来，让人睁不开眼睛。痛苦并没有消散，它们在往后的数年里，会弥散在这座山里，弥散在这个村庄，弥散在某户普通人家里。

　　可是我只能逼自己相信，天地仁慈，生生不息，人终究还要走出这座山。

　　分析：这是一篇非常典型的运用故事来评论的优秀作品，面对汹涌的网络暴力，如何引导处于情绪中的网民？这篇作品做了一个示范。

　　作者深入新闻第一现场，通过直接观察与第一手的报道，让读者感受到记者的在场，也很容易带动读者情感投入。文章中一些细腻的细节描述，比如"记得14号上午，也就是这个家庭得知噩耗的第二天，我看见女孩的爷爷拎着竹篮从院外经过，我远远看着他瘦小的背影往林子里走去，不一会儿，他采了一篮桃子回家"让读者能够感受到场景中的情感和氛围。作者客观描述了一个失去孩子家庭的悲痛，这些故事性的描写是新闻事实，这些现场报道又是有力的论据。在充分展开这个故事的基础上，作者对网民进行引导，如："某些网民大概会骂吧，说你都这个样子了，怎么还有心情去采桃子？"作者指出了网络公众的偏见和对真实情况的无知。又如"关于人性，永远没有非黑即白的答案"这句话揭示了人性的复杂性，呼吁读者拒绝简单的二元思维，指出自己的立场——"媒体有义务去澄清一些猜测"。作者强调了作为媒体工作者的责任，去纠正公众的误解和不实信息。

　　总之，在评论中，通过将事件具体化和个人化，读者可以更深刻地感受到事件的影响和人物的情感状态。评论通过叙述事件的多个面向，促使读者对事件背后更深层次的社会和人性问题进行思考，帮助读者走出一元思维，从多个角度理解事件，发挥了媒体的积极作用。

三、诗歌体的呈现方式

在新媒体时代，电子媒介为大众阅读提供了便捷的平台，但同时也带来了一些问题。例如，新媒体文字作品中过长的段落可能导致读者视觉疲劳。为了适应快节奏的阅读需求，新媒体文本创作形成了一套特有的格式。这些作品强调创新性，段落结构更为灵活，通常每段文字较短，且被分割成小块，每块通常不超过移动设备的 5 行显示。

以荣获第 33 届中国新闻奖评论类一等奖的作品《致敬重庆 致敬人民》为例，该文段落设置极具特色，最长段落不超过 110 字，最短仅 6 字，整体段落数量超过 100 段。文章通过数字编号将内容分为多个区块，使得结构层次分明。这种类似诗歌段落的排列并未造成内容的碎片化，反而增强了重点信息的传达效果。例如，通过单独成段的方式强调了"解放碑江北嘴霓虹闪耀的电子大屏熄灭了"和"洪崖洞暂停景观照明"等节电措施，凸显了每个细节的重要意义。如：

这座城市，有巴蔓子刎颈存城、忠勇诚信的基因。

这座城市，曾遭受日军长达五年半的轰炸，但这座城市举起的标语是"愈炸愈强"。

这座城市，有中国共产党人精神谱系的"红岩精神"。

这座城市，有为国家舍小家完成三峡百万大移民的"国家行动"。

分析：诗句体的语言通常具有规律的韵律和节奏，这使得评论读起来更加悦耳动听，容易吸引读者的注意力，使读者能够更深入地感受到评论所要表达的精神和情感。这几句诗通过提及巴蔓子、红岩精神、三峡大移民等，展现了城市深厚的历史和文化背景，增强了评论的文化底蕴，有助于激发读者的民族自豪感和凝聚力，强化社会共同体的认同，在重庆山火肆虐的特殊时刻，能够整合民心民意，集中力量，共克时艰。

四、图文、音/视频结合的融合传播

新的媒介生态改变了新闻评论的生产方式，网络新闻评论的海量话题和广泛参与造就了来势汹汹的"观点风暴"。这种"风暴"的表现之一就是将多方见解整合于一篇评论文章中。例如，"东湖评论"开设了"网友评论"专栏，编辑将网友对热点事件的短评汇聚于此。当自由激荡的多方观点同时"席卷"互联网时，网评媒体自身便收获了难以估量的注意力资源。

文字的融合表现在微信、微博、报纸的联动传播上。如第 32 届中国新闻奖获奖作品光明日报《躺平不可取》系列评论，《躺平不可取》《躺赢不可能》《奋斗正当时》依据内容选择平台，配合平台设置话题，写作组与官微编辑讨论后，根据 3 篇评论关键词开设了#接续奋斗是我们的唯一选择#、#奋斗的你让世界如此不同#、#新征程是出彩人生的宽阔跑道# 等多个与主标题有区别性的话题，将评论观点发散成为更具讨论性、可参与性更强的议题，让网民在参与讨论的过程中产生共鸣、共情。光明日报微信 3 篇推送的阅读量均达到 10 万+，相关微博话题登上热搜，3 篇文章全网各平台浏览量超过 6 亿。

新媒体平台文章发布还有一个重要特征就是与传统媒体文章排版方式不同。新媒体新闻评论作品会运用更多的网络符号，表情包、图片与文字进行穿插，使文章更具生动性与趣味性，也辅助文字进行进一步论点阐述。获得第 33 届中国新闻奖评论类一等奖的作品《三年：三问三答》就较好地运用了新媒体排版方式，加粗了重点句子与段落，将 3 个问答以不同的

字体字号配上网络流行元素制作成图片的形式进行一问一答，使问题和答案都比正文中的文字更加醒目。又如获得二等奖的作品《"建议专家不要建议"是希望专家好好说话》则是配上了"建议专家不要建议"相关话题微博热搜图片、"可闭嘴吧你"网络表情包来增加文章的可读性，符合网络受众的喜好。

第四节　网络突发事件中新闻评论的运用

网络突发事件中，媒体作为信息的传播者，以其自身接触面广、信息来源渠道多、接收信息迅速高效、辐射渗透能力强等特点，在舆论引导中发挥着巨大的引导和疏通作用。新闻评论作为媒体的旗帜与灵魂，在突发事件中与新闻其他文体一起，正确报道突发公共事件，充分发挥媒介作为社会信息枢纽的作用，及时有效地传递信息、沟通情况。

一、网络突发事件中舆论的特点

网络技术和网络平台提供了网民相对平等的话语权；网络自媒体和网络信息符号的发展提供了网民碎片化表达的便利，媒介传播的形式、渠道更加多种多样。网络舆论行为的特点是浏览多、参与少；情绪宣泄多，理性思考少；娱乐八卦多，宏大叙事少。意见表达过程中多主张，少论据，去权威，反世俗，弱规范，好戏谑，形成了网络舆论的非主流性、负面性、非理性、从众性、逆反性、娱乐性。网络舆论传播的移动化、互动化、及时化和平民化，使得网络舆论的生成、传播和演化的机制比以往任何时候都更加复杂多变。意见、观点的共享与扩散，刺激、感染和调动着社会群体的情绪，分化、聚集、叠加着网民的意见观点。权力型、专家型、娱乐型、公共型、利益型、技术型等网络舆论领袖增多，网络舆论危机和网络群体性事件增多。

（一）传播关系更加复杂，理性讨论让位于情感诉求

一方面，信息传播的碎片化、海量化以及传播者对于进入传播渠道信息的随意性，使得普通民众很难有获取和驾驭这些信息的能力，并从中分析抽取真相。因此在一个舆论事件中，公众更多地停留在对于新闻本身的情感消费上，容易被裹挟。另一方面，社交媒体的出现打破了传统媒体话语权的垄断，在事件推进的过程中，多元化的声音和更多的细节涌现，导致大众媒体上的新闻报道常常出现"反转"。网民群体缺乏理性思考问题的能力，媒介素养不高，面对舆论热点，容易受到群体情绪的感染，形成盲目跟风站队的情绪化表达。

（二）传播生态转变下的舆论失焦

互联网时代的到来，特别是社交媒体的日益崛起，改变了传统媒体的信息传播方式，当下的传播呈现出信息内容的碎片化、传播速度的实时性和传播范围的圈层性等特点。在快节奏的现代社会，受众的信息需求更加简便和快捷，但一定程度上也有受众无法了解全面的信息的问题。这使得热点事件中容易出现舆论偏颇的现象。信息内容的碎片化意味着文本要素的不完整性和零散性，在语境缺失、逻辑混乱、刻意突出或隐藏某些重要信息的新闻报道中容易造成观点的分化，以及引起某一强烈的情感指向。

（三）持续周期短，舆论热点转移速度快

一般情况下，一个网络事件的爆发需要历经四个阶段：潜伏期、成长期、成熟期和衰退期。而在新媒体时代，信息迭代的速度不断加快，四个阶段的持续时间被压缩，在一个新闻事件中，舆论热点尚未尘埃落定便被另一个取代。受众对于一个问题持续关注的周期越来越短，给形成社会共识与进行舆论引导增加了难度。在互联网背景下成长起来的一代，更倾向用娱乐和戏谑的方式表达意见和看法，而非严肃认真的态度。这种以情绪为主导的方式，对于舆论的演进起着推波助澜的作用。而情绪化的表达削弱了理性讨论对于热点事件的正向影响，主观臆测往往造成对事实的错误解读，真相在变动纷呈中扑朔迷离，呈现出"后真相"的景象。

除了注意力经济和情绪化表达的两个因素，场景的变动也使舆论热点表现出转移速度快的特点。移动互联网下营造的各种场景对于热点事件的关注、社会心理的建构等方面有着重要影响。场景的更新和变换，创造了新的参与主题，也在一定程度上改变了舆论的关注点和表达方式。一方面，这种自我更新为舆论场注入生机与活力，另一方面也形成了"前者未尽，后者接续"的现象，网民的注意力被消耗，舆论热点中的诉求与问题也未能解决。

二、突发事件研判与评论时间点介入

在众声喧哗的网络世界，评论时间点的介入显得非常重要。过早，事件真实性及完整性不足；过晚，起不到引导舆论的作用。

当突发事件发生时，首先要对突发事件进行研判。一般来说，社会事件引起公众强烈关注，需要积极应对和采取有效措施；政治话题引发争议，需要及时回应和澄清；企业事件涉及风险的，需要加强危机公关。在一个突发事件发生的最初几小时之内，意见的呈现是多元的、弱小的。人民网的舆情监测室根据网络突发事件的生成和发展规律，提出了"黄金4小时媒体"之说，即在事发4小时内，利用微博、微信、BBS论坛、QQ群、抖音等媒体传播平台及时有效地发布信息。

对于新闻评论来说，在做好新闻价值判断的基础上，新闻评论介入的时间要一分为二。第一种情况是及时发声，立场坚定。在一些网络热搜事件的应对中，评论介入的时间以小时计，有的甚至同步进行。

例如，2022年9月18日，山东德州作协发布"廉洁文化主题文学作品征文获奖名单"，《我的县长父亲》获得一等奖，因题目引发网友对于征文真实性和评奖公正性的强烈质疑。其后主办方删除获奖名单，导致争议进一步升级，舆论场呈现出一边倒的风向。荔枝新闻第一时间主动发声，多方求证事件原貌，深入探究舆情本源。2022年9月20日荔枝新闻及时发表《〈我的县长父亲〉风波：遭遇"脑补"式嘲讽岂能一删了之？》一文，用客观立场廓清事实真相，用理性辨析探究争议源头，用公允态度做到以理服人。文章一经发布，引发网友广泛讨论，在留言区收获了众多支持之声，有力有效起到了正面引导作用，促使依据事实的理性讨论重新成为舆论主流。在短时间内，荔枝锐评这篇文章为当时喧闹沸腾的舆论场注入了冷静公允的声音，有效引导了舆论风向转变。不少网友评价，自己通过该文章认识到客观看待热点事件、理性探讨热点事件的重要性。线上线下，更多的人开始关注文章中提到的县长生平事迹，依据事实的讨论开始回归，促进社会共识的再次形成。该文章成为网络评论有力有

效引导舆论的优秀示范，被十余家网站、客户端以及自媒体账号转载转发，阅读量达 370 万。

第二种情况是事件不断发展反转，真相始终没有明确。而真相未明时就开始出现不同意见的各方博弈和热烈讨论，不断成为事件的参与者推动事件的进程。各种观点与评论层出不穷，使事件持续发酵。自媒体新闻与社交媒体舆论场"互动"，内容以"观点为主"，读者在不经意间把观点当作事实，进一步扭曲事实的本来面目。对于这种情况，需要在核查事实之后，在记者于新闻第一现场搞清事实的基础上，评论才发声，从而维护媒体的公信力。

三、评论要态度鲜明，一锤定音

在舆论风暴的中心，理性的声音最为难能可贵。在信息如潮水般涌来的今天，评论如同航海中的灯塔，为公众指明思考的方向。这要求主流媒体既要积极发声，又要态度鲜明。

"一锤定音"，顾名思义，即一语中的，不容置疑。在信息爆炸的时代，评论如同潮水般涌来，主流媒体以其公信力，在纷繁复杂中直指要害，引导舆论。一篇态度鲜明的评论文章，通过收集、整理和分析大量的事实数据和权威信息，支撑自己的观点和立场，直接指出问题核心，提出建设性意见。这样的评论，使公众对于事件的认识也更加清晰。这正是"一锤定音"的力量所在——它能穿透迷雾，引领公众思考的方向。

2019 年 7 月的某地一女童失踪受到了全国媒体的关注，网络上各种意见纷呈，对女童爷爷奶奶、爸爸妈妈恶意攻击，网络暴力对受害女童的家长造成了极大的二次伤害。7 月 14 日，警方公布了女童死讯。在女童失踪下落不明时，记者在女童家中采访多日，发表多篇现场报道。7 月 14 日在警方发布新闻后，记者返回上海，7 月 15 日发表评论文章。文章从记者视角出发，以在场者的身份书写，具有可信度和说服力；笔触感性，对痛苦的阐释能够引发读者共鸣；通过"为痛苦辩护"引出"人性的复杂"。评论从事件本身跳脱出来，引导人们思考如何互联网时代下理性围观，通过层层说理，号召网友拒绝非黑即白的二元对立思维、拒绝仅凭猜测得出情绪化的结论。该篇评论扭转了当时网络上铺天盖地的对当事家庭的负面质疑，舆论开始反思网络暴力，并对"键盘侠"的行为进行批评。该文章对网络舆论起到了正面积极的引领作用，也引发了舆论热议，上观新闻平台阅读量近 100 万，上观新闻阅读量 23 万+，今日头条阅读量 31 万+，跟评两千余条，文章被多家主流媒体转载，人民日报转载阅读量 10 万+，@头条新闻转载阅读量 65 万+。大部分网民对文章的观点都表示认同，文章对当事家庭所遭受的网络暴力起到了抑制作用。作者以自己的亲身观察，对这一现象进行了猛烈抨击，并呼吁人们不能简单地以二元思维方式来看待和评判一些社会现象和事件。这样的评论没有空洞的口号和说教，具有针对性和现实性，读来真实感人。

2019 年某地山火，数十名消防员献出自己宝贵的生命。在举国哀痛之际，却有个别不负责任的网民恶意调侃救火牺牲英雄等丧失人性、充满地域性歧视的侮辱性言论，严重伤害了广大网友的感情，还往牺牲英雄的家属们伤口撒盐。这些言论不仅是对英雄的侮辱，更触碰了法律的红线。2018 年，我国通过了《中华人民共和国英雄烈士保护法》，习近平总书记强调"不要让英雄既流血又流泪""和平年代同样需要英雄情怀"。在恶意调侃牺牲英雄的人刚刚被拘留的第二天，中青在线及时刊出《决不允许恶意调侃救火牺牲英雄》这篇有力度、有深度的网评，对这种丧失底线的调侃进行严肃警告和有力驳斥，明确指出"互联网绝不是没有幽默没有调侃，严肃死板地存在。但有些底线不能突破，有些玩笑不能开，建立在别人痛苦上的恶意玩笑和侮辱英雄的行为、言论我们坚决抵制、唾弃"，可谓一锤定音。新华网、人民网等主流新闻网站进行了转载。

要做到"一锤定音"并非易事。它要求评论者具备扎实的专业知识、广阔的社会视野以及高度的责任感，只有这样，才能在纷繁复杂的信息中保持清醒，发出掷地有声的声音。

四、融合联动、全媒体传播

全媒体传播是指在新媒体技术不断发展的背景下，综合运用文字、图片、音频、视频等多种表现手段，通过报纸、广播、电视、网络、移动媒体等多种渠道和平台，实现信息的全方位、立体式传播。在突发网络事件中，新闻评论可借助全媒体传播，获得更大的影响力。

一篇新闻评论作品可以通过不同平台转发传播。如评论《货拉拉道歉：每次改进都用生命来换，代价太惨痛！》一文在工人日报客户端刊发后，又在工人日报微博、微信、中工网、"强国号"等平台进行了二次推送，被人民网、腾讯网、澎湃新闻、网易等转发。文章引发了不少网友共鸣，多个传播渠道均有网友留言和评论，在全网收获百万级别传播效果。

评论形式可以综合运用文字、图片、音频、视频等多种表现手段。现在很多评论同时以文字、音频、视频形式在网络上传播。评论《躺平不可取》系列评论写作组注重内容选取、话题设置与传播平台的适配，根据平台特征选择不同传播手段，整体强化全媒体传播效果。例如，创作组与光明官微编辑讨论后，根据 3 篇评论关键词开设了 # 接续奋斗是我们的唯一选择#、#奋斗的你让世界如此不同#、#新征程是出彩人生的宽阔跑道# 等多个与主标题有区别性的话题，将评论观点发散成为更具讨论性、可参性更强的议题，让网民在参与讨论的过程中产生共鸣、共情。全媒体传播产生叠加效应，增强了传播力。评论《躺平不可取》传播效果显著。光明日报微信 3 篇推送的阅读量均达到 10 万+，相关微博话题登上热搜，3 篇文章全网各平台浏览量超过 6 亿。而从深层影响看，开放而延展的讨论空间也激 发了青年的深度思考。网友留言称"躺平"也是"蓄力"，指出年轻人自嘲的同时仍在奋斗，认为提升能力是解决"躺平"的最好办法。

参考文献

[1] 5年后，与Z112再次共度的48小时[EB/OL].（2024-02-09）[2024-08-08]. https://mp.weixin. qq.com/s/ZChq8yzvgOewtK2DEwHu1w.

[2] 爱德华·萨丕尔. 语言论[M]. 陆卓元，译. 陆志韦，校订. 北京：商务印书馆，1985.

[3] 半岛都市报. 惊险！景区突发雪崩，游客边跑边拍！现场画面曝光…[EB/OL].（2022-01-29）[2022-05-15]. https://www. thepaper.cn/newsDetail_forward_16519538.

[4] 报道战高温劳动者的他们也一样值得被报道啊[EB/OL].（2016-07-28）[2024-08-09]. https://mp.weixin.qq.com/s/i7CuaQ6jngAgm3Xi85joFQ.

[5] 本书编写组. 媒介融合案例教程[M]. 北京：中国人民大学出版社，2022.

[6] 比尔·科瓦奇，汤姆·罗森斯蒂尔. 真相：信息超载时代如何知道该相信什么[M]. 陆佳怡，孙志刚，译. 北京：中国人民大学出版社，2014.

[7] 不舍昼夜，澎湃前行——《江河奔腾看中国》特别报道后记[EB/OL].（2022-10-13）[2024-08-09]. https://mp.weixin.qq.com/s/wNfFS8O3YHYVuNS6ooDMAg.

[8] 操慧. 转型中的守正与创新："红星新闻"典型案例解析[M]. 成都：四川大学出版社，2023.

[9] 陈超，李帅. 当下融合新闻报道中的误区及对策[J]. 声屏世界，2018（4）：23-24.

[10] 陈作平. 媒介分析[M]. 北京：中国人民大学出版社，2015.

[11] 杜骏飞. 深度报道写作[M]. 北京：中国广播电视出版社，2000.

[12] 高钢. 如何判定新闻写作主题和角度[J]. 新闻与写作，2018（3）：103-105.

[13] 古船安家了，又一次乘风破浪的报道收官了[EB/OL].（2022-11-29）[2024-08-08]. https:// mp.weixin.qq.com/s/JSafPPYQCp8vuVttDOZXXg.

[14] 广告文案写作 [EB/OL].（2020-10-04）[2022-08-19]. https://www.docin.com/p-2467798568. html.

[15] 郭艳民，刘培. 媒介进化论视域下的VR现场直播价值内涵与实践路径[J]. 中国新闻传播研究，2022（3）：143-157.

[16] 哈罗德·伊尼斯. 传播的偏向[M]. 何道宽，译. 北京：中国人民大学出版社，2003.

[17] 赫拉利. 人类简史：从动物到上帝[M]. 林俊宏，译. 北京：中信出版社，2014.

[18] 红星新闻. 景区突发雪崩！现场画面曝光[EB/OL].（2022-01-29）[2022-05-15].https://k. sina.com.cn/article_6105713761_ v16bedcc61019011igi.html.

[19] 红星新闻. 重庆被保时捷女司机扇耳光男子：我也确实打了她 对不起[EB/OL].（2019-07-31）[2022-07-04].https:// baijiahao.baidu.com/s？id=1640504094857053407&wfr=spider&for=pc.

[20] 胡革辉. 全媒体时代前方记者如何做好奥运报道[J]. 新闻前哨，2021（10）：66-67.

[21] 胡明川. 复制对作为信息体的人的影响[J]. 天府新论，2017（1）：55-62.

[22] 胡明川. 网络新闻编辑[M]. 北京：中国人民大学出版社，2020.

[23] 记者也要学"挖井"[EB/OL].（2021-05-21）[2022-07-04]. https://mp.weixin.qq.com/s/TMEn7zVA9hpV5WkMkFugSg.

[24] 揭秘洪涝现场！垃圾袋、橡皮筋，竟是记者大赞的好用神器[EB/OL].（2024-07-05）[2024-08-09]. https://mp.weixin.qq.com/s/kc_u68H1zN3OajiFnHDdTw.

[25] 金旭东. 电视解说词的非独立性[EB/OL].（2003-01-01）[2024-04-19]. https://purple.nj.gov.cn/gb/content/2003-01/01/content_1428.htm.

[26] 李沁. 融合新闻学概论：理念、实务、操作解析[M]. 北京：中国人民大学出版社，2021.

[27] 林文刚. 媒介环境学：思想沿革与多维视野[M]. 北京：北京大学出版社，2006.

[28] 刘涛. 融合新闻学[M]. 北京：高等教育出版社，2021.

[29] 罗伯特·M. 奈特. 最佳写作要领[M]. 方辉盛，孙廷政，译. 北京：新华出版社，1999：95-97.

[30] 马歇尔·麦克卢汉. 理解媒介——论人的延伸[M]. 北京：商务印书馆，2000.

[31] 南方报业传媒集团团委. 记者不下班[M]. 北京：中国发展出版社，2012.

[32] 南香红. 巨灾时代的媒体操作——南方都市报汶川地震报道全纪录[M]. 广州：南方日报出版社，2009.

[33] 让-诺埃尔·卡普费雷. 谣言：世界最古老的传媒[M]. 郑若麟，译. 上海：上海人民出版社，2008.

[34] 上观新闻. 女子民宿中玩智能音箱，发现多名房客被拍！涉事品牌回应[EB/OL].（2022-07-06）[2022-07-06]. https://www.jfdaily.com/news/detail？id=505195.

[35] 邵蓝. 网络新闻直播内容与传播优化策略[J]. 西部广播电视，2022，43（23）：49-51.

[36] 斯蒂芬·奎恩. 融合新闻报道[M]. 北京：北京大学出版社，2015.

[37] 宋建华，刘峰. 致新记者：如何顺利找到并说服采访对象[J]. 新闻与写作，2019（5）：108-109.

[38] 孙芙佳. 从"新华社中国网事"谈微博新闻的叙事结构[J]. 中国地市报人，2013（4）：61-63.

[39] 王星. 给网络提出的问号划上句号[J]. 南方传媒研究，2008.

[40] 吴晨光. 记者境界：小记者写事 大记者写势[J]. 新闻与写作，2016（2）：75.

[41] 线索突破：在全局与细节中发现选题线索[EB/OL].（2021-07-29）[2022-07-24]. https://v.qq.com/x/page/r3264a7d3eb.html.

[42] 新京报. 做记者的最怕啥？看看行李箱就知道[EB/OL].（2020-11-08）[2022-08-08]. https://baijiahao.baidu.com/s?id=1682746310233478071&wfr=spider&for=pc.

[43] 新京报传媒研究. 2020年了，记者的采访包里都放些什么？[EB/OL].（2020-10-17）[2022-08-08]. https://www.sohu.com/a/425393489_257199.

[44] 新闻自由委员会. 一个自由而负责的新闻界[M]. 展江，等，译. 北京：中国人民大学出版社，2004.

[45] 许林. 解读《华盛顿邮报》图片处理的15条"军规"[J]. 新闻实践，2005（7）：58-60.

[46] 杨锋. 新媒体时代记者如何巧用网络拓展新闻报道[D]. 杭州：浙江大学，2013.

[47] 尹忠伟. 人民网微博新闻的叙事研究[D]. 重庆：重庆工商大学，2016.

[48] 原澎湃新闻记者蓝天彬：用一万字，谈谈我眼中的新闻采访与写作[EB/OL].（2022-04-01）[2022-07-06]. https:// new.qq.com/omn/20220401/20220401A09M8W00.html.

[49] 詹新惠. H5 产品的基本样式及其在新闻领域的应用[J]. 新闻与写作，2017（6）：75-78.

[50] 张洋. 新闻事件中如何迅速找到被采访对象[J]. 记者摇篮，2020（5）：162-163.

[51] 张臻慧. 融媒体时代电视新闻主持人的转型——以移动视频新闻直播为例[J]. 西部广播电视，2023，44（02）：194-196.

[52] 章淑贞，王珏，李佳咪. 短视频新闻的突围之路 [J]. 新闻与写作，2019（6）：87-91.

[53] 珍妮特·柯罗茨. 融合新闻学实务[M]. 北京：清华大学出版社，2016.

[54] 中国记协网. H5丨种草记——"幸福草"从西海固走向世界的故事[EB/OL].（2023-10-16）[2024-08-08]. http://www.zgjx.cn/2023-10/16/c_1212289291.htm.

[55] 中国记协网. 超强台风"利奇马"登陆浙江温岭 浙视频记者夜闯台风眼[EB/OL].（2020-06-28）[2023-07-24]. http://www.zgjx.cn/2020-10/21/c_139454084.htm.

[56] 中国记协网. 大国工程我来建[EB/OL].（2023-10-31）[2024-08-08]. http://www.zgjx.cn/2023-10/31/c_1310746655.htm.

[57] 中国记协网. 地震瞬间，她们抱出 26 个新生儿：要把孩子的安全置于我们之上！[EB/OL].（2021-10-29）[2022-08-14]. http://www.zgjx.cn/2021-10/29/c_1310277699.htm.

[58] 中国记协网. 高级！广西云推出 100 秒平陆运河卫星实景 3D 动画 全景式感受世纪工程[EB/OL].（2023-10-31）[2024-08-08]. http://www.zgjx.cn/2023-10/31/c_1310747301.htm.

[59] 中国记协网. 海拔四千米之上[EB/OL].（2019-05-24）[2024-08-08]. http://www.zgjx.cn/2019-05/24/c_138082237.htm.

[60] 中国记协网. 请记住这里，王家坝！[EB/OL].（2020-06-28）[2023-07-24]. http://www.zgjx.cn/2021-10/28/c_1310272039.htm.

[61] 中国记协网. 三星堆国宝大型蹦迪现场！3000 年电音乐队太上头！[EB/OL].（2022-11-01）[2024-08-08]. http://www.zgjx.cn/2022-11/01/c_1310667173.htm.

[62] 中国记协网. 长幅互动连环画丨天渠：遵义老村支书黄大发 36 年引水修渠记[EB/OL].（2024-01-18）[2024-08-09]. http://www.zgjx.cn/2024/01/18/c_1212305005.htm.

[63] 中国新闻一等奖《天渠》是怎么诞生的？[EB/OL].（2018-11-15）[2024-08-09]. https:// mp.weixin.qq.com/s/T49b3_o9clQr5E101pUuxw.

[64] 中国政府网. 中华人民共和国政府信息公开条例[EB/OL].（2019-04-15）[2022-05-15]. https://www.gov.cn/zhengce/content/ 2019-04/15/content_5382991.htm.

[65] Csikszentmihalyi M. Beyond Boredom and Anxiety[M]. San Francisco:Jossey-Bass, 1975: 79.

[66] Csikszentmihalyi M. Play and Intrinsic Rewards[J]. Journal of Humanistic Psychology, 1975, 15(3): 135-153.

[67] Hoffman D L, Novak T P. Flow Online: Lessons Learned and Future Prospects[J]. Journal of Interactive Marketing, 2009, 23(1): 23-34.

[68] Hoffman D L, Novak T P. Marketing in Hypermedia Computer-Mediated Environments: Conceptual Foundations[J]. Journal of Marketing, 1996, 60(3): 50-68.

[69] Huang L T, Chiu C A, Sung K, et al. A comparative study on the flow experience in web-based and text-based interaction environments[J]. Cyberpsychology Behavior & Social Networking, 2011, 14(1-2): 3.

后 记

随着数字技术的迅猛发展和媒体环境的深刻变革，新闻传播的领域正经历着前所未有的融合与创新。在撰写《融合新闻实务》的过程中，我们力求把理论与实践相结合，通过对融合新闻采访、写作、编辑、评论等方面丰富的实际案例分析，总结提炼出融合新闻报道中多个实操方法和技巧。我们希望，通过这本书，能够增进读者对融合新闻的理解，能够为新闻传播专业学生及新闻从业人员的融合新闻实践提供有益的参考。

本书受西南交通大学研究生教材（专著）经费建设项目专项资助（项目编号：SWJTU-GHJC2022-013）。全书共十章，西南交通大学梅红老师撰写了第八章到第十章，西南交通大学人文学院胡明川老师撰写了第三章到第七章，西南财经大学的吴军老师撰写了第一、第二章。

在本书的写作过程中，我们参考了大量业界案例资料和学界研究文献，在此向所有为本书内容贡献了辛勤劳动和智慧的人们表示衷心的感谢。感谢我们的编辑和出版团队，他们的专业和敬业使得这本书得以顺利出版。同时，我们也期待读者能够在使用这本书的过程中提出宝贵的意见和建议，帮助我们不断完善和进步。